जीतना है तो ज़िद करो

आपकी कामयाबी के लिए हमारा उपहार

एस हुण्डिवाला

arihant
Inspiring Minds.Inspiring Lives
अरिहन्त पब्लिकेशन्स (इण्डिया) लिमिटेड

अरिहन्त पब्लिकेशन्स (इण्डिया) लिमिटेड

卐 वाणिज्यिक कार्यालय

4577/15, अग्रवाल रोड, दरिया गंज, नई दिल्ली-110002

☎ 011-47630600, 23280316; **फैक्स** : 011-23280316

मुख्य कार्यालय

कालिन्दी, टी०पी० नगर, मेरठ (यूपी)-250002

☎ 0121-2401479, 2512970, 4004199; **फैक्स** : 0121-2401648

卐 शाखा कार्यालय

आगरा, अहमदाबाद, बंगलुरू, भुवनेश्वर, चेन्नई, दिल्ली, गुवाहाटी, हल्द्वानी, हैदराबाद, जयपुर, जालन्धर कोलकाता, कोटा, लखनऊ, नागपुर, मेरठ तथा पुणे

卐 **ISBN**

978-93-5176-705-3

टाइप सेट : अरिहन्त डीटीपी यूनिट, मेरठ

'अरिहन्त' के प्रोडक्ट्स के बारे में अधिक जानकारी के लिए हमारी वेबसाइट www.arihantbooks.com पर लॉग इन करें या info@arihantbooks.com पर सम्पर्क करें।

दो शब्द.....

हर व्यक्ति जीवन में सफल होना चाहता है। हर व्यक्ति श्रेष्ठतम जीवन जीना चाहता है। सफलता व्यक्ति की सोच में होती है। बिना, उचित मार्गदर्शन के व्यक्ति सुषुप्त अवस्था में रहता है। यह पुस्तक, एक अनूठी, शानदार पुस्तक है जो आपको जीवन में सफल होने हेतु मार्गदर्शन करती है।

इस पुस्तक में सफलता प्राप्ति हेतु आवश्यक विभिन्न तत्त्वों का विस्तृत विवेचन करने के साथ–साथ, असफल होने के विभिन्न कारणों का भी विवेचन किया गया है।

वस्तुतः सफलता, असफलता जीवन रूपी सिक्के के दोनों फलक ही तो हैं। **सफलता का जन्म असफलता की कोख से ही होता है**। इस पुस्तक में सफलता की राह में आने वाली परिस्थितियाँ एवं उनके समाधान की विशेष रूप से चर्चा की गई।

इस पुस्तक के अन्य दो प्रमुख भाग हैं–

1. **प्रेरणास्पद प्रसंग एवं**
2. **सफलता को बनाया इन्होंने दासी**

ये भाग आपमें सफलता हेतु आवश्यक जोश, शक्ति, विश्वास एवं ऊर्जा का संचार करेंगे। इन्हें पढ़कर आपमें पुनः मेहनत करने की इच्छाशक्ति जाग्रत होगी। ये प्रेरणापुँज आपकी सुषुप्त ऊर्जा को ज्वालामुखी के लावे की शक्ति में परिवर्तित करते हैं। इस पुस्तक की सबसे मुख्य बात यह है कि आप इसे जितनी बार पढ़ेंगे, आप इसे उतना ही अधिक पसन्द करेंगे और आप इसे बार-बार पढ़ना चाहेंगे।

यह पुस्तक, यदि आपको अच्छी लगे, आप इसे पसन्द करें, आपको लगे कि वास्तव में इस पुस्तक ने आपमें जोश भर दिया है, आपमें ऊर्जा का संचार किया है, आपके सोचने के ढंग एवं अन्दाज में वांछित परिवर्तन हुआ है तो एक पोस्टकार्ड लेखक के नाम अवश्य प्रेषित करें।

यह मेरा अनुग्रह है, आपका पोस्टकार्ड मेरा वास्तविक पारितोषिक होगा।

एस हुण्डिवाला

129-साउथ वेस्ट ब्लॉक
ईदगाह पास, अलवर-301001
टेलीफोन : 0144-2700438

विषय-सूची

सफलता के महत्त्वपूर्ण घटक 69-108

समय प्रबन्धन एवं सफलता 109-145

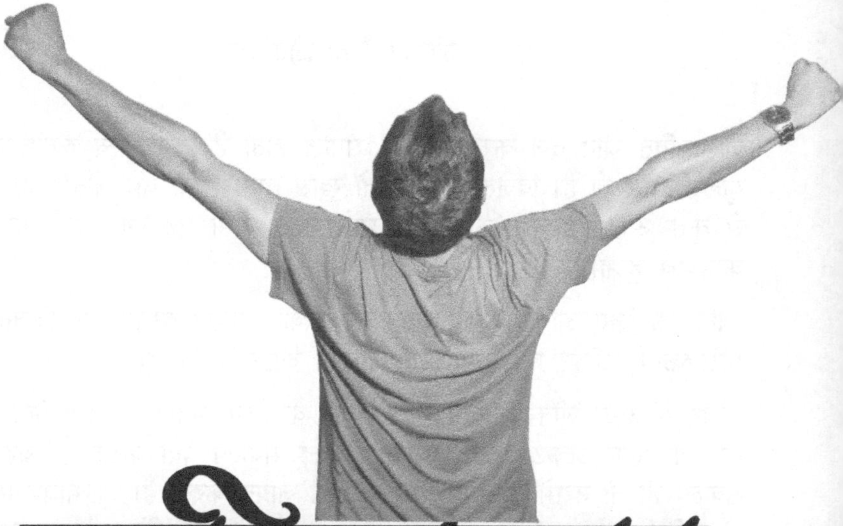

जीतना है तो ज़िद करो

हर कोई जीतना चाहता है, सफल होना चाहता है,
विजेता की तरह अपनी पहचान चाहता है,
सफल व्यक्तियों की पंक्ति में अपना स्थान बनाना चाहता है, पर क्या सब जीतते हैं?
क्या सब सफल होते हैं?
सीधा सा उत्तर है—नहीं।

जो व्यक्ति जीत दर्ज करता है, या सफल होता है, वह अन्य व्यक्तियों से कुछ हटकर तो है। विजेता में कुछ तो खास बात है कि वह जीत गया। भीड़ से कुछ अलग हटकर करने की उसने ठानी, तभी वह जीत दर्ज करने में कामयाब हुआ।

'जीत' के लिए आवश्यक है जीतने की उत्कट इच्छा। वस्तुत: हर विजेता के मस्तिष्क में जीतने की अपरिमित लालसा व्याप्त रहती है।

जीवन में अगर जीतना चाहते हैं, तो जीत के लिए अदम्य लालसा पैदा करें। जीत के लिए उत्कट इच्छा, व्यक्ति में दृढ़ संकल्प पैदा करती है। यह दृढ़ संकल्प ही तो उसमें आत्मविश्वास की लौ जाग्रत करता है। आत्मविश्वास से ही व्यक्ति में मेहनत करने का ज़ज़्बा जाग्रत होता है। हर जीत एवं हर सफलता हेतु सर्वभूत केन्द्रित मेहनत की आवश्यकता है।

ज़िद का अर्थ

ज़िद का अर्थ है—अपनी सारी शक्तियों एवं योग्यताओं को जीत हेतु संकल्पित करें। अपनी ज़िद की पूर्ति हेतु पुरुषार्थ करें। ज़िद का अर्थ बच्चों की ज़िद जैसा नहीं, बल्कि किसी ऊँचाई को छूने और किसी सफलता को अर्जित करने हेतु किया गया अदम्य या अटूट संकल्प है। ज़िद का अर्थ, अपनी इच्छा शक्ति को समेटकर, अपनी योग्यता शक्ति एवं काबिलियत से भी बढ़कर, पुरुषार्थ कर, किसी इच्छित सफलता को प्राप्त करने हेतु संकल्पित होना है। किसी भी सफलता हेतु, सर्वप्रथम आवश्यकता है संकल्प (Determination) करने की। यदि आपका संकल्प अटूट और अदम्य और, तो सफलता निश्चित ही मिलेगी।

अदम्य संकल्प के बल पर ही तो निहत्थे स्वतन्त्रता सेनानी, समूचे विश्व में पताका फहराने वाले ब्रिटिश साम्राज्य से, हमारे देश को स्वतन्त्र कराने में सफल हुए। यह ज़िद ही तो थी, महात्मा गाँधी की, पण्डित जवाहरलाल नेहरू की, सरदार पटेल की, भगत सिंह की, चन्द्रशेखर आजाद की एवं स्वतन्त्रता के अन्य महान् शूरवीरों की, जिससे अंग्रेजों को भारत छोड़ना ही पड़ा। संकल्प शक्ति के बल पर ही, असम्भव सा दिखाई देने वाला कार्य, सम्भव हो सका। मात्र लंगोटी, अंगोछे में रहने वाले गाँधी, अपनी संकल्प शक्ति के बल पर, अंग्रेजों को देश से बाहर निकालने में सफल हो पाए। ज़िद की पूर्ति हेतु अगर सही रूप एवं सही दिशा में प्रयास किया जाए, पुरुषार्थ किया जाए, तो सफलता मिलती ही है।

ज़िद तो करो ...

निश्चय करो, एक विचार बनाओ, मन में दृढ़ प्रतिज्ञ हो, फिर देखो जीत क्यों नहीं मिलेगी। एक निश्चय करने के बाद, रास्ते स्वयं निकलते हैं। कहते भी हैं जहाँ चाह, वहाँ राह। यह चाह ही तो महत्त्वपूर्ण है, आपने मन में ठान ली, तो फिर कोई भी मंजिल कठिन नहीं है। मुझे स्कूल में पढ़ी एक कविता की कुछ पंक्तियाँ याद आती हैं।

> **है कौन विघ्न ऐसा जग में,**
> **टिक सके आदमी के मग में।**

यदि आपने एक बार ज़िद कर ली, निश्चय कर लिया तो ऐसा कोई विघ्न नहीं है, जो आपके रास्ते में रुकावट बनकर आपको मंजिल तक पहुँचने से रोक सके। मंजिल जितनी ही दूर हो, आपका निश्चय उतना ही प्रबल होना चाहिए।

याद रखें, सफलता के मार्ग में छोटी-मोटी परेशानियाँ/कठिनाइयाँ तो आती ही हैं। सफलता का मार्ग यदि बिना काँटों का हो, सरल हो, तो उस सफलता का मजा ही नहीं आता। संघर्ष ही तो पुरुषार्थ की पहचान कराता है। जीवन भी तो संघर्ष का ही नाम है।

कठिनाइयाँ वस्तुतः ऐसी खराद की तरह होती हैं, जो मनुष्य के समूचे व्यक्तित्व को हीरे की तरह तराश कर, उसमें अद्वितीय चमक पैदा करती हैं। कठिनाइयों से जूझकर निकलने वाले मुनष्य में दृढ़ आत्मविश्वास एवं अदम्य आत्मबल का विकास होता है। यह ऐसी अमूल्य और अनूठी ऊर्जा है, जो सफलता की राह में आने वाले सभी झाड़-झंखाड़ों को जलाकर राख कर सकती है।

हम अक्सर संघर्षों की तपती धरा से बचने के लिए, शीतलतायुक्त सरल मार्ग की तलाश में, मंजिल से च्युत होकर भटकने लगते हैं। आपकी मंजिल जितनी ऊँची होगी, आपकी महत्त्वाकांक्षा जितनी बड़ी होगी, आपका लक्ष्य जितना उत्कर्ष होगा, आपको उतना ही अधिक संघर्ष करना होगा। निश्चय उतना ही दृढ़ होना चाहिए। आपकी ज़िद उतनी ही पक्की होनी चाहिए। ज़िद के पक्के व्यक्ति के समक्ष हर चुनौती बौनी हो जाती है। जो व्यक्ति संघर्ष करने से नहीं कतराता है, जो परेशानियों से निरन्तर जूझने की क्षमता और कुव्वत रखता है, वही अन्ततः सफल होता है।

कहते हैं—

> **No Pain, No Gain**
> बिना परेशान हुए, लाभ नहीं मिलता।

अत: संघर्षों से डरना कैसा? संघर्षों को जीवन का हिस्सा मानकर, सफलता के पथ पर पूर्ण आत्मविश्वास के साथ, पूर्ण दृढ़ता के साथ अग्रसर होएँ, सफलता आपका विजेता की तरह स्वर्णिम फूलों की माला से स्वागत करेगी, अंगीकार करेगी।

जीत का अर्थ क्या है?

'जीत' एक बहुत व्यापक अर्थ वाला शब्द है। वैसे जीत का अर्थ, किसी की पराजय में निहित है अर्थात् 'जीत' सापेक्ष है, कोई हारेगा, तभी तो आप जीतेंगे या यह कहें कि किसी को पराजित करने पर ही तो आपको 'जीत' का मजा आएगा। वर्तमान सन्दर्भ में जीत को सफलता का पर्याय माना जा सकता है। जिस तरह से आपका जीतना, किसी की पराजय पर निर्भर है उसी प्रकार वर्तमान में सफलता भी निरपेक्ष नहीं है, बल्कि यह सापेक्ष है। सफलता का अर्थ अपने आस-पास, मित्रों, रिश्तेदारों, एक ही उद्योग एवं व्यापार में सम्बद्ध व्यक्तियों से आगे बढ़ना है। सफलता या जीत का अर्थ, अन्य से श्रेष्ठता प्राप्त करना है। इस बात को अच्छी तरह समझ लेना चाहिए कि वर्तमान परिप्रेक्ष्य में सफलता का अर्थ श्रेष्ठ होना नहीं, बल्कि अन्य से अधिक श्रेष्ठ होना है।

यह मात्र एक उपदेश ही है कि अन्य की सफलता का हमें स्वागत करना चाहिए। कौन चाहता है कि अन्य व्यक्ति उससे आगे बढ़े? कौन पराजय का आलिंगन करना चाहता है? कौन नहीं चाहता कि वह ही हमेशा जीते? कहीं-न-कहीं हम अन्य को, स्वयं से श्रेष्ठ पाकर आहत होते ही हैं, इसलिए हम कहते हैं कि सफलता सापेक्ष है।

किसी लक्ष्य की प्राप्ति आज यदि सफलता है, तो यह लक्ष्य, किसी अन्य व्यक्ति/संगठन/संस्था/समुदाय/व्यापार/उद्योग आदि के सन्दर्भ में ही तो तय किया जाता है। किसी लक्ष्य की प्राप्ति तभी तो सफलता मानी जाएगी, जब समान परिस्थितियों में अन्य उस लक्ष्य तक नहीं पहुँच सके एवं आपने वह लक्ष्य प्राप्त कर लिया।

क्या सफलता एक बार की लक्ष्य-प्राप्ति है?

यह प्रश्न कई बार किया जाता है। लक्ष्य बदलते रहते हैं, जब लक्ष्य ही परिवर्तनशील है, तो सफलता को एक बार की लक्ष्य प्राप्ति समझना हमारी भूल है। सफलता एक लगातार चलने वाली प्रक्रिया है, जो बदलती परिस्थितियों में, बदलते वातावरण के अनुसार परिवर्तनशील है।

क्या सफलता का अर्थ धन कमाने से है?

बहुत-से लोग कहते हैं कि जिसने धन कमा लिया या जो आज समाज में धनी लोगों की गिनती में है, वह सफल है। यह सच नहीं है। आज हर धनी व्यक्ति को हम सफल व्यक्ति कह सकते हैं क्या? ऐसे बहुत से व्यक्तियों को आप जानते होंगे, जो बहुत धनी हैं, लेकिन आप उनसे घृणा करते हैं, आपके विचार से वे मानवता के दुश्मन हैं। अत: धन कमाना, सफलता का पर्याय नहीं कहा जाना चाहिए। इसी सन्दर्भ में आप इस बिन्दु पर भी गौर करें कि किसी धनी व्यक्ति को देखकर, हम तो उसे सफल मान सकते हैं, हमारे विचार से वह सफल हो सकता है, लेकिन क्या वह स्वयं को सफल समझता है? धन एक ऐसी वस्तु है, जिसकी लिप्सा, लालसा, धन की वृद्धि के साथ उत्तरोत्तर बढ़ती जाती है। धनी व्यक्ति हमेशा और अधिक धनी बनने की चेष्टा में व्यग्र रहता है।

> सफलता फिर है क्या?
> हम किसे सफल मानेंगे?
> कौन वास्तव में सफल है?

सफलता क्या खुशी प्राप्ति की कुंजी है या खुशी सफलता प्राप्ति की कुंजी है? सफलता को कुछ पन्नों में परिभाषित करना बहुत कठिन है। यदि कोई व्यक्ति, अपने द्वारा किए जा रहे कार्य से सन्तुष्ट या प्रसन्न है, तो वह सफल है। सफलता तो परिवर्तनशील है, जिसे आज हमने सफलता माना है, उसका मापदण्ड कल बदल जाएगा। सफलता हमेशा सापेक्षता के सन्दर्भ में आँकी जाती रही है। जीत का अर्थ, अन्य से अधिक सफल होना है।

ज़िद को पूरी करने हेतु तैयारी करें

आपने ज़िद की है तो उस ज़िद को पूरा करने हेतु तैयार हो जाएँ। मात्र ज़िद करने से जीत नहीं मिलती है। जिद करना, एक संकल्प करना है, जिसे पूरा करने हेतु व्यक्ति को बहुत धैर्य से तैयारी करनी होती है। वर्तमान प्रतिस्पर्द्धा के युग में जीतने के लिए न केवल स्वयं की योग्यता, काबिलियत व ज्ञान में वृद्धि

करने की आवश्यकता है, बल्कि अपनी कमजोरियों के आकलन की भी आवश्यकता है। हर व्यक्ति जीतना चाहता है। हर व्यक्ति दूसरे से आगे बढ़ने हेतु प्रयत्नशील है। जीतेगा कौन? जीतेगा वही, जो सबसे श्रेष्ठ होगा। अत: जीतना है, तो स्वयं को सर्वश्रेष्ठ बनाने हेतु यत्न करो। जो सर्वश्रेष्ठ है, जिसमें जीतने की अधिक भूख है, जिसमें टॉप पर पहुँचने की अदम्य ललक है, वही इस युग में अपनी जीत दर्ज कर सकेगा।

मात्र **ज़िद** करने से जीत सुनिश्चित नहीं हो जाती है।

> **Dreaming in necessary for a winner, but executing the dreams to reality is must to 'win'.**
> **विजेता के लिए सपने देखना आवश्यक है, लेकिन सपनों को हकीकत में बदलना जीत के लिए परम आवश्यक है।**

हर व्यक्ति सपने देखता है। हर व्यक्ति चाहता है कि वह सबसे ऊँची चोटी पर पहुँचे। हर व्यक्ति की ख्वाहिश होती है कि वह अन्य सभी से श्रेष्ठ बने, लेकिन, क्या हर व्यक्ति ऐसा कर पाता है?

ध्यान रखें, जीत की राह में अड़चनें ही अड़चनें हैं। जीत की डगर बहुत कठिन है। कई बार 'हार' भी झेलनी पड़ती है, लेकिन जिसने भी इस 'हार' को अपनी 'जीत' के लिए, एक सबक के रूप में लिया, जिसने भी 'हार' को प्रेम से गले लगाया, लेकिन स्वयं के संकल्प पर हावी नहीं होने दिया, अन्तत: 'जीत' तो उसी की होगी।

> एक बार सोचकर देखें, यदि आप हार कर घर बैठ गए, तो 'जीत' स्वयं आकर आपके गले में वरमाला डाल देगी क्या? नहीं ना!!

अत: जीत की राह में आने वाली रुकावटों से घबराएँ नहीं, उनका सकारात्मक दृष्टिकोण से मुकाबला करें, बाधाओं एवं रुकावटों को दूर करें, लगातार बढ़ते रहने के संकल्प को दोहराते रहें, अपने आत्मविश्वास को टूटने न दें। इस बात को याद रखें कि आपको दिखाई देने वाला आज का हर विजेता, सफल व्यक्ति न जाने कितनी ही बार हारा है, लेकिन चूँकि वह हर बार दोगुने, तिगुने उत्साह से पुन: अपने कर्म में लगा रहा है, इसलिए आज विजेता बन सका है।

अत: तैयार करें स्वयं को अपनी ज़िद, अपना संकल्प पूरा करने हेतु।

अपनी सामर्थ्य/योग्यता के अनुरूप ही ज़िद करें

इस ज़िद का व्यावहारिक महत्त्व समझें। आप जो ज़िद कर रहे हैं, क्या वह व्यावहारिक है? क्या वह आपकी सामर्थ्य/योग्यता के हिसाब से पूरी होने योग्य है। ज़िद करना, संकल्प करना, लक्ष्य निर्धारित कर लेना, मन में कुछ विशेष करने की ठान लेना, निश्चित ही आपकी चारित्रिक विशेषता को व्यक्त करता है, परिलक्षित करता है, लेकिन यह भी एक विचारणीय बिन्दु है कि क्या आप के द्वारा किया गया संकल्प, आपकी सामर्थ्य, योग्यता के सन्दर्भ में पूरणीय है।

यह कहा जाता है कि **असम्भव कुछ भी नहीं**। सफल व्यक्तियों में असम्भव को सम्भव करने की सामर्थ्य होती है। यह भी कहा जाता है कि यदि व्यक्ति ठान ले, तो क्या कुछ नहीं कर सकता है। यह सब सच है।

> **The difference between the impossible and the possible lies in a person's determination.**
>
> **Tommy Lasorda**
>
> **असम्भव एवं सम्भव के बीच का अन्तर वस्तुतः व्यक्ति की इच्छाशक्ति में निहित होता है।** *टॉमी लासोर्डा*

एवरेस्ट पर चढ़ाई शुरू करने से पूर्व, छोटी-छोटी पर्वत श्रृंखलाओं पर विजय प्राप्त करने की आदत डालनी होती है। सीढ़ी पर सबसे ऊपर चढ़ने से पूर्व, नीचे की सीढ़ी से ही शुरू करना होता है अर्थात् अपनी सामर्थ्य के अनुसार, सर्वप्रथम अपने लक्ष्य का निर्धारण करें, फिर लक्ष्य को बढ़ाते जाएँ। हम यह नहीं कहना चाहते कि सामर्थ्य, योग्यता में वृद्धि नहीं की जा सकती है। निश्चित रूप से की जा सकती है, लेकिन वृद्धि की सीमा होती है एवं सामर्थ्य में वृद्धि शनैः-शनैः ही की जा सकती है। व्यक्ति का सामर्थ्य अकूत है, लेकिन सामर्थ्य वृद्धि दर, आपकी लगन, निष्ठा, मेहनत एवं अन्य कई परिस्थितियों पर निर्भर करती है।

एक व्यक्ति यदि बॉक्सिग में विश्व विजेता बनने की ज़िद कर बैठे, तो उसे पहले जिला, राज्य, राष्ट्रीय स्तर की बॉक्सिग चैम्पियनशिप जीतनी होगी। सीधे विश्व विजेता से लड़ने की, न तो उसे अनुमति मिलेगी और न ही, उसे ऐसा दुस्साहस करना चाहिए।

कहने का अर्थ है कि आप अपनी सामर्थ्य वृद्धि अवश्य कर सकते हैं, लेकिन वह शनैः-शनैः ही हो सकती है।

आप द्वारा की गई ज़िद, आपका संकल्प, यदि आपकी सामर्थ्य/योग्यता के अनुरूप उचित नहीं है, तो आपकी ज़िद पूरी नहीं हो सकती है। ज़िद की पूर्ति हेतु आवश्यक है कि व्यक्ति अपनी क्षमता, योग्यता का भी उचित आकलन करे।

जीत के लिए खुद से वादा करें

जीतने के लिए आवश्यक है कि आप स्वयं को इसके लिए तैयार करें। अपनी गलत आदतों को छोड़ने, कुछ अच्छी आदतों को अपनाने हेतु तैयारी करें। जीतने के लिए स्वयं को सुधारने की, स्वयं की आदतों में कुछ छोटे-छोटे सकारात्मक बदलाव की आवश्यकता होती है। देखिए जब आपने जीतने का संकल्प ले ही लिया है, जीतने की ज़िद कर ही ली है, जीतने की मन में ठान ही ली है, तो उस ज़िद को पूरा करने हेतु, स्वयं को तैयार तो करना ही होगा। दैनिक जीवन में की जा रही बहुत-सी गलतियों को सुधारना होगा। स्वयं को विजेता की तरह तैयार करना होगा। स्वयं के आचरण में जीतने की आवश्यकता के सन्दर्भ में, कुछ परिवर्तन करने होंगे। स्वयं से वादा करना होगा। आपके द्वारा की जा रही वादा खिलाफी हेतु, न अन्य कोई निरीक्षक है, न कोई आपको उसके लिए रोकेगा, न टोकेगा। आप स्वयं ही वादाकर्ता हैं और स्वयं ही पर्यवेक्षक हैं। अतः खुद से किया गया वादा, एक ऐसा संकल्प है, जिसे आप जीतने के लिए कर रहे हैं। स्वयं से किया गया वादा आपकी जीतने हेतु की गई ज़िद की पूर्ति के लिए आवश्यक है। अतः स्वयं से पूर्ण ईमानदारी से वादा करें एवं उसे हर हाल में निभाएँ।

मान लीजिए आपने स्वयं से वादा किया कि आप प्रतिदिन अपने पूर्व-निर्धारित समय से एक घण्टा पूर्व उठ जाएँगे एवं सुबह 8 बजे से अपने कार्य में (चाहे पढ़ाई ही आपका कार्य हो) लग जाएँगे। ऐसे में आपको इस छोटे से वादे को पूर्ण सम्मान के साथ पूर्ण करना होगा। यदि आप स्वयं से किए गए इस वादे को पूरी ईमानदारी से निभाते हैं, तो आपको स्वयं में एक आत्मविश्वास परिलक्षित होगा। यह छोटी-सी सफलता, आपको बहुत ऊँचे शिखर पर ले जाने की शुरूआत होगी।

वस्तुतः होता क्या है? हम कोई 'वादा' तो कर लेते हैं, लेकिन उसकी पूर्ति के समय में स्वयं से ही बहाने बनाने लगते हैं; जैसे—आज मौसम ठीक नहीं है, कल अवश्य उठ जाऊँगा। आज कुछ काम तो कर नहीं सकूँगा। आज रात कुछ अधिक नींद आई, कल से जरूर उठ जाऊँगा।

इसी तरह के बहुत से बहाने बनाकर हम स्वयं से बेईमानी करते हैं। एक बात ध्यान रखें, **जीत** निरपेक्ष नहीं है। आज के इस प्रतिस्पर्द्धा के युग में **जीत** सापेक्ष है। आपके द्वारा जो समय नष्ट किया जा रहा है, उस समय का समुचित उपयोग अन्य व्यक्ति सकारात्मक रूप से कर रहा है, तो वह आपसे श्रेष्ठतर होगा ना!

जीतने के लिए, स्वयं से वादा करें। किए गए 'वादे' को आप यदि 15 से 20 दिन भी निर्विघ्न पूर्ण कर लेते हैं, तो आपने जीत का अहम् पड़ाव प्राप्त कर लिया। यह छोटी-सी सफलता, आप में भरपूर आत्मविश्वास पैदा करती है और यह आत्मविश्वास आपको जीवन में संघर्ष करके जीतने की ओर बहुत तेजी से आगे बढ़ने को प्रेरित करता है। अतः खुद से किए गए 'वादे' को पूर्ण निष्ठा एवं ईमानदारी से निभाएँ।

जीतने का ज़ज़्बा, अनुशासन एवं व्यवहार कुशलता के साथ ईश्वर में आस्था, आपको सफल होने में निश्चित ही मदद करते हैं।

मजबूत इच्छाशक्ति से ही सम्भव है जीत ...

बिना इच्छाशक्ति के कुछ भी सम्भव नहीं है। दृढ़ इच्छाशक्ति के बल पर व्यक्ति, असम्भव को भी सम्भव कर सकता है। इतिहास में ऐसे बहुत से उदाहरण मिल जाएँगे, जब व्यक्तियों ने प्राय: असम्भव कार्य को मजबूत इच्छाशक्ति के बल पर सम्भव किया।

व्यक्ति इस संसार में बहुत कुछ पाने की इच्छा तो रखता है, लेकिन दृढ़ इच्छाशक्ति के अभाव में, वह यथोचित प्रयास नहीं कर पाता। अत: उसे पराजय का मुँह देखना पड़ता है। बहुत से व्यक्ति अपनी असफलता/पराजय के लिए भाग्य को कोसते हैं। कुछ लोग थोड़ी-सी सफलता में ही सन्तुष्ट हो जाते हैं एवं आगे प्रयास नहीं करते हैं। उच्चस्तरीय सफलता, पूर्ण जीत के लिए मजबूत इच्छाशक्ति की आवश्यकता होती है।

अदम्य इच्छाशक्ति की सच्ची कहानी

वर्ष 1883 में अमेरिका में जॉन रैम्बलिंग नाम के इंजीनियर को न्यूयॉर्क एवं लांग आइलैण्ड को जोड़ने वाला भव्य पुल बनाने का विचार आया। इस बारे में जब उसने अन्य इंजीनियर्स से बात की, तो उन्होंने रैम्बलिंग का मजाक बनाया एवं उसे ऐसा बेवकूफी भरा कार्य नहीं करने हेतु समझाने का प्रयास किया। सभी का कहना था कि यह पुल बनना असम्भव है।

जॉन रैम्बलिंग इस बात से सहमत नहीं थे, उनका हृदय कहता था कि वे यह पुल निश्चित रूप से बना सकते हैं, उन्होंने किसी तरह अपने अड़ियल पुत्र वाशिंगटन को पुल निर्माण के लिए तैयार कर लिया।

दोनों पिता-पुत्र ने रात-दिन एक करके, इस पुल के सैकड़ों नक्शे तैयार किए एवं इस कार्य में आने वाले हर व्यवधान का समाधान ढूँढ़ते हुए आगे बढ़े।

अपूर्व उत्साह एवं लगन से वे इस चुनौतीपूर्ण एवं लगभग असम्भव से कार्य में जुट गए। काम सही तरह से चल रहा था। कुछ ही महीने गुजरे थे कि निर्माण स्थल पर एक दुःखद हादसे में जॉन रैम्बलिंग की मृत्यु हो गई। उनके पुत्र वाशिंगटन के मस्तिष्क में कुछ ऐसा आघात लगा कि वह अब चलने-फिरने एवं बात करने लायक नहीं रहा। लोग उसके बारे में तरह-तरह की बातें करने लगे। किसी ने भी उसके हौसले की तारीफ नहीं की, दूसरे इंजीनियरों ने कहा कि अब काम समेट लेना चाहिए।

शारीरिक असमर्थता के बाद भी वाशिंगटन हतोत्साहित नहीं हुआ। वह अपंग होने के बाद भी दोगुने उत्साह एवं लगन से अपने पिता के सपने को पूरा करने में जुट गया। उसका शरीर ध्वस्त हो चुका था। अस्पताल में अपने कमरे में लेटे हुए उसके दिमाग में एक अद्‌भुत विचार कौंधा, उसने अपनी अँगुली हिलाकर, अपनी पत्नी से संवाद करने का तरीका खोज लिया। वह अपनी पत्नी को हाथ की अँगुलियों की थिरकन से यह बताता कि इंजीनियरों को क्या करना चाहिए। ऐसी अवस्था में किसी तरह काम पुनः शुरू हो गया और अगले 13 वर्षों तक वाशिंगटन अपनी पत्नी की बाँह पर अपनी अँगुलियों से संकेत दर्शाकर निर्देश देता रहा। अन्ततः पुल बन गया। आज वह शानदार 'ब्रुकलिन पुल', अपनी विराटता एवं कारीगरी से देखने वालों को मुग्ध कर देता है। वह हमें बताता है कि अदम्य इच्छाशक्ति एवं लगन के सामने हर परिस्थिति पराजित हो जाती है। साथ ही, वह हमें उन जीवट वाले लोगों के बारे में भी बताता है, जिन्हें दुनिया पागल समझती है। वह उस स्त्री के अपने पति के लिए प्रेम एवं समर्पण की भी कहानी सुनाता है, जो वर्षों तक अपनी बाँह पर अपने विकलांग पति के सन्देशों को उसकी

अँगुली की थिरकन से समझ-समझ कर, इंजीनियरों को बताती रही कि उन्हें क्या करना है?

यह सच्ची कहानी, अदम्य इच्छाशक्ति के बल पर, असम्भव को सम्भव बनाने का सन्देश देती है।

हमारे दैनिक जीवन में हमारे सामने अनेक छोटी-मोटी बाधाएँ एवं समस्याएँ आती हैं। हम उनसे लड़ने की अपेक्षा चुपचाप हार मानकर बैठ जाते हैं। संसार में ऐसे लाखों लोग हैं, जिन्होंने अत्यन्त विकट एवं विकराल मुश्किलों से उन पर अपनी जीत दर्ज की है। अदम्य इच्छाशक्ति रखने वाले, लगन एवं परिश्रम से अपने सपनों को पूरा करने हेतु तत्पर व्यक्ति को किस्मत भी परास्त नहीं कर सकती।

अदम्य इच्छाशक्ति के बल पर जीत हासिल करने वालों में महादेव डेका की प्रेरणास्पद कहानी, इच्छाशक्ति के बल पर कुछ भी हासिल कर लेने का जीता-जागता प्रमाण है।

हमारे देश के असम प्रदेश में महादेव डेका नाम के एक व्यक्ति शरीर सौष्ठव में अपना नाम कमाने हेतु प्रयासरत थे। अचानक वर्ष 2002 में उनके दिल का ऑपरेशन (ओपन हार्ट सर्जरी) हुआ। तीन महीने तक वह आराम करते रहे। उनकी तमन्ना थी कि वह शरीर सौष्ठव में पूरे विश्व में अपनी पताका फहराएँ। एक दिन उन्हें लगा कि वह बिल्कुल स्वस्थ हैं, उन्होंने डॉक्टरों से सम्पर्क किया। डॉक्टरों ने उनकी जाँच की, तो पाया कि वह पूरी तरह स्वस्थ हैं, उन्हें व्यायाम की इजाजत दे दी गई। मिस्टर डेका ने बहुत कड़ी मेहनत की और विश्व चैम्पियनशिप में अपनी जीत दर्ज करने की ठान ली। फ्लोरिज में हुई विश्व चैम्पियनशिप में वह मिस्टर यूनिवर्स चुन लिए गए। यह केवल असम के लिए ही नहीं, बल्कि पूरे देश के लिए गौरव का दिन था।

महादेव से पूछा गया कि जब उसके दिल का ऑपरेशन किया गया, तो क्या वह निराश हो गया था कि अब कभी वह विश्व चैम्पियन नहीं बन पाएगा? इसका जवाब महादेव ने कुछ इस प्रकार दिया, "नहीं, मैने ठान लिया था कि चाहे कुछ भी हो, मुझे तो विश्व चैम्पियन बनना है। मैं आत्मविश्वास से भरा हुआ था। जैसे-जैसे मैं व्यायाम करता गया, मैं जोश से भरता गया और मुझे लगा कि मैं मिस्टर यूनिवर्स बनने जा रहा हूँ।"

मिस्टर डेका का कहना है कि इच्छाशक्ति, लगन, मेहनत आदि के साथ ईश्वर पर भरोसा रखने वाला हमेशा विजयी होता है।

जीत के लिए सकारात्मक सोच अहम्

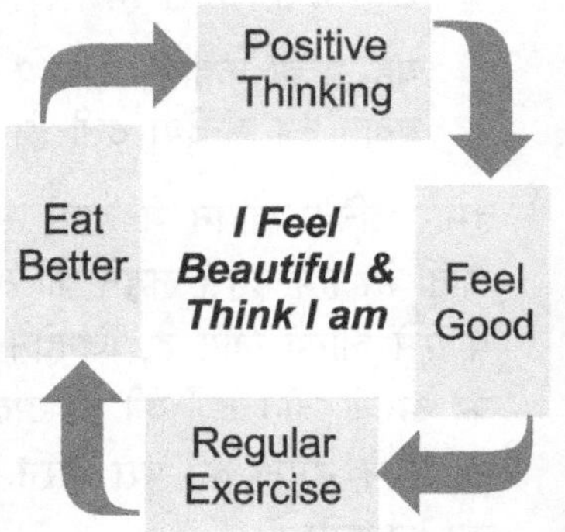

सकारात्मक सोच एक मानसिक स्थिति, दृष्टिकोण और विचारों की एक अवस्था है। हमारा सकारात्मक दृष्टिकोण, हमें विकास की ओर उन्मुख करता है। हमें आगे, और आगे बढ़ने को प्रेरित करता है। सकारात्मक सोच के व्यक्ति जीवन में नई बुलन्दियों की ओर अग्रसर होते जाते हैं। उनके जीवन में अपार सफलताएँ, अनगिनत 'जीत' एवं चारों ओर बेहद खुशनुमा माहौल रहता है। सकारात्मक सोच के व्यक्ति, विपरीत परिस्थितियों में भी सन्तुष्टि का कारण ढूँढ़ लेते हैं। सकारात्मक सोच हमेशा अच्छे परिणाम की आशा करती है। सकारात्मक सोच के कारण आपका व्यवहार उदार होता है।

जीतने के लिए जिस तरह कठिन मेहनत, योग्यता, क्षमता एवं बेहतर कार्यप्रणाली की आवश्यकता होती है, उसी तरह जीत के प्रति आश्वस्त होने के लिए आपको सकारात्मक सोच एवं सकारात्मक चिन्तन की आवश्यकता है।

नकारात्मक सोच का व्यक्ति कठिन मेहनत नहीं कर सकता है एवं छोटी-सी समस्या से वह तनाव से घिर जाता है। थोड़ी-सी मुसीबत में भी उसे स्वयं की बर्बादी नजर आने लगती है। नकारात्मक सोच के व्यक्ति को चारों ओर निराशा और असफलता ही नजर आती है।

किसी व्यक्ति की सोच, उसके व्यक्तिगत एवं सार्वजनिक जीवन को सुचारु बनाने में बहुत अहम् भूमिका अदा करती है। अधिकांश व्यक्ति नकारात्मक सोच से घिरे रहते हैं और अधिकांश व्यक्तियों को स्वयं पर विश्वास नहीं होता। वे परिस्थितियों के गुलाम होते हैं। वे स्वयं अपने जीवन में असफल रहते हैं एवं दूसरों को भी आगे बढ़ने से रोकने में बढ़-चढ़ कर हिस्सा लेते हैं।

नकारात्मक सोच के लोगों से दूर रहें

आपने एक कहानी सुनी होगी। एक बार एक गाँव में स्कूल के कक्षा आठ के बच्चों में पहाड़ की चोटी पर चढ़कर वापस आने की शर्त लग गई। दस बच्चे शर्त के लिए तैयार हो गए। जैसे ही बच्चों ने चढ़ना शुरू किया, अन्य बच्चे कहने लगे कि इतनी ऊँची पहाड़ी पर नहीं चढ़ा जा सकता। प्यास लग जाएगी। आगे घना जंगल है। पत्थर बारिश में भीगे हुए हैं, फिसल जाओगे। ऐसी बातें सुनकर चढ़ने वाले बच्चे हताश होते रहे और नौ बच्चे तो बीच में ही रुक गए। एक बच्चा चलता गया एवं सकुशल वापस भी आ गया। सभी ने उसकी सफलता का राज जानना चाहा। पता चला कि वह बच्चा बहरा था।

यह कहानी बहुत प्रेरणास्पद है। सकारात्मक सोच रखने वाले व्यक्ति आत्मविश्वास से भरपूर एवं जीवन्त दिखाई देते हैं। उनका मानसिक स्तर, सामान्य व्यक्तियों से उच्च एवं आशावान होता है।

एक बार स्वामी विवेकानन्द, एक निर्माणाधीन मन्दिर के पास से गुजर रहे थे, उन्होंने वहाँ पर कार्य कर रहे एक कारीगर से पूछा, "भाई! क्या रह रहे हो? उसका जवाब था, "गधागिरी कर रहे हैं। दीखता नहीं कि इस गर्मी में गधे की तरह मेहनत करनी पड़ रही है।" स्वामी विवेकानन्द वहाँ से हँसकर चल दिए। उन्होंने दूसरे कारीगर से पूछा, "भाई! क्या कर रहे हो? उसने कहा, "स्वामी जी, ईश्वर की कृपा से, मैं इस भव्य मन्दिर निर्माण में अपना तुच्छ योगदान दे रहा हूँ। मैं बहुत भाग्यशाली हूँ कि मुझे यहाँ काम करने का सौभाग्य मिला।" इस तरह एक आदमी की सोच कितनी नकारात्मक थी, जबकि दूसरा व्यक्ति सकारात्मक सोच के कारण बहुत खुश होकर अपना कार्य कर रहा था।

आपकी सोच, आपके आचरण को प्रभावित करती है और आपका आचरण जीवन में आपको नई बुलन्दियों की ओर अग्रसर करता है। जीत के लिए सकारात्मक सोच बहुत अहम् है।

> **We must not share our dreams with negative people, nor feed your dreams with negative thoughts.**

अर्थात् "**अपने सपनों को नकारात्मक लोगों के साथ मत बाँटिए और न ही नकारात्मक विचारों को अपने सपनों के मध्य आने दें।**"

जीत के लिए आत्मविश्लेषण करें

आत्मविश्लेषण का अर्थ है स्वयं को जानना, स्वयं की कमजोरियों को जानना। अपनी पराजय/असफलता हेतु उत्तरदायी, स्वयं की कमियों का ईमानदारी से विश्लेषण करना।

अधिकांश व्यक्ति जीतने के लिए संकल्प करते हैं, प्रयास करते हैं। यदि वह असफल हो जाते हैं, तो हताश होकर बैठ जाते हैं। अपनी पराजय/असफलता के लिए भाग्य को दोष देते हैं या परिस्थितियों को या फिर किसी व्यक्ति विशेष को अपनी पराजय हेतु जिम्मेदार मान लेते हैं, लेकिन इस पराजय हेतु वह स्वयं कितने उत्तरदायी हैं, स्वयं उन्होंने क्या गलतियाँ की हैं, स्वयं उसके द्वारा जीत के लिए की गई तैयारियों में क्या कमी रह गई? इसका आकलन, इसका विश्लेषण वह नहीं करते हैं।

अपनी जीत के लिए, बिना योजना बनाए किए गए प्रयास से सफलता संदिग्ध रहती है। पूर्ण लगन एवं निष्ठा के बिना किए गए प्रयास से जीत दर्ज करना नामुमकिन है।

हम ख्वाब तो देखते हैं। ख्वाब देखना, सपने देखना, कोई गलत बात नहीं है, लेकिन इन ख्वाबों को, हकीकत में बदलने के लिए, जिस जुझारूपन की आवश्यकता है, जिस जिजिविषा की जरूरत है, जिस कठोर मेहनत, जिस सघन एवं निरन्तर प्रयास की जरूरत है, वहाँ हम पीछे रह जाते हैं।

इसके अतिरिक्त, हम अपनी पराजय का ठीकरा दूसरों के सर पर फोड़ते हैं, अपनी असफलता के लिए किसी अन्य को जिम्मेदार ठहराना उचित समझते हैं।

ऐसा करने से, हमें कोई लाभ नहीं होता। हम स्वयं के प्रति ईमानदार नहीं रहते हैं। हम स्वयं अपनी पराजय को पक्का कर लेते हैं। 'जीत' की राह में, पराजय की सीढ़ियाँ आती हैं, लेकिन पराजय के कारणों का आप पूरी ईमानदारी से विश्लेषण करें एवं बिना ठिठके, इन कारणों का निस्तारण करते हुए आगे बढ़ें, तो पराजय की ये सीढ़ियाँ आपको 'जीत' के दरवाजे तक ले जाएँगी और आप जीत का आलिंगन कर सकेंगे, इसलिए जीत के लिए आत्मविश्लेषण का अत्यधिक महत्त्व है।

अपनी गलतियों का विश्लेषण करें, जिससे उनकी पुनरावृत्ति न हो। जीत की राह में गलतियाँ होना, एक सामान्य बात है। भूल उसी से होती है, जो कुछ करना चाहता है, लेकिन सफलता के लिए आवश्यक है कि अपनी गलतियों तथा भूलों का विश्लेषण करें। विश्लेषण का उद्‌देश्य यह रहे कि गलतियों की पुनरावृत्ति न हो। *इसके लिए आप निम्न तरीके अपना सकते हैं*

- सर्वप्रथम स्वयं द्वारा की गई भूलों/गलतियों को सही तरीके से परिभाषित करें। यह समझें कि आपके द्वारा की गई भूल की प्रकृति क्या है? भूल का कारण क्या है? हमारी याददाश्त बहुत कमजोर होती है। अतः कुछ ऐसा तरीका ढूँढ़े कि स्वयं द्वारा की गई गलतियाँ/भूलों को आप भूला न दें। आप एक डायरी में ऐसी गलतियों को नोट कर लें एवं उन पर बार-बार गम्भीरता से चिन्तन करें, जिससे वे गलतियाँ मस्तिष्क में बनी रहें एवं हम उन्हें दोहराएँ नहीं।
- स्वयं के द्वारा की गई गलतियों/भूलों को आप पूरी ईमानदारी एवं सकारात्मक दृष्टिकोण से स्वीकार करें। अपनी असफलता हेतु अन्य किसी को जिम्मेदार ठहराने का प्रयास न करके, स्वयं की कमियों, स्वयं के द्वारा की गई भूलों, एवं कोताही का आकलन ईमानदारी से करें। आपका यह चिन्तन आपको की गई गलतियों/भूलों की पुनरावृत्ति करने से रोक सकेगा।
- ऐसा सुप्रयास करें, स्वयं को इतना सतर्क रखें कि भूल होने ही न पाए। आप समस्या के समाधान की अपेक्षा समस्या को पैदा ही न होने दें। आपका ऐसा प्रयास होना चाहिए कि भूल हो ही नहीं। इसका अर्थ यह नहीं है कि भूल होना कोई असामान्य बात है, या भूल होने का अर्थ असफल होना है। वस्तुतः सफलता की राह में भूल या गलतियाँ एक सामान्य बात है। इसके प्रति आप जितने अधिक जागरूक होंगे, उतनी ही इसमें कमी आ सकेगी।
- अन्तिम, लेकिन सबसे महत्त्वपूर्ण बिन्दु है, गलती या भूल होने पर उसे सुधारने में देरी न करना। ऐसी किसी स्थिति में शुरू से पुनः प्रारम्भ करने की अपेक्षा गलती को तुरन्त सुधारकर आगे बढ़ना अधिक उचित होता है। अपनी भूल को सुधारने की पहल तुरन्त करें। यह बात अच्छी तरह समझ लें कि भूल तो होगी ही, लेकिन आपने जितनी शीघ्रता से अपनी भूल का निराकरण कर दिया, आप उतने ही शीघ्र 'जीत' के करीब पहुँच जाते हैं। गलतियाँ होना, भूल होना, सफलता की राह में सामान्य घटना है, लेकिन आप इस घटना से कैसे रू-ब-रू होते हैं, कैसे निबटते हैं? इसी निर्णय को लेने की क्षमता/योग्यता पर 80% सफलता निर्भर करती है।

जीत के लिए औसत से ऊपर उठें

जीतने के लिए आवश्यक है कि हम बेहतर हों। बेहतर का अर्थ है, हम अन्य से श्रेष्ठ हों अर्थात् औसत व्यक्ति से ऊपर उठें। स्वयं को बेहतर बनाने का प्रयास करें। स्वयं का आकलन अन्य की तुलना में करें। जंग में जीत उसी की होती है, जो स्वयं को अन्य से श्रेष्ठतर बना सके। आप द्वारा की गई मेहनत, कार्य करने की धुन, सफल होने की लिप्सा आदि इतनी होनी चाहिए कि अन्य व्यक्ति आपके बराबर पहुँच ही न सकें।

सर्वश्रेष्ठ बनने की चाहत का अर्थ सर्वश्रेष्ठ के अनुरूप स्वयं को कड़ी मेहनत करने के लिए तैयार करना है। बहुत से व्यक्ति बहुत बड़ा लक्ष्य सामने रखकर चलते हैं, लेकिन उनका प्रयास उस लक्ष्य के अनुरूप नहीं होता है। कड़ी मेहनत की आदत डालें, समय का अपव्यय न होने दें। हम बहुत से ऐसे व्यक्तियों को जानते हैं, जो समय की कमी का रोना रोते हैं, लेकिन यदि उनकी दिनचर्या को खंगालें, तो वे अपने समय का अत्यधिक अपव्यय करते हैं। यह एक औसत व्यक्ति का आचरण है। आपको 'औसत' से ऊपर उठना होगा।

आप भी ऐसे बहुत से व्यक्तियों से परिचित होंगे, जो थोड़ी-सी भी समस्या आने पर अपना आपा खो बैठते हैं। तनाव में आ जाते हैं। जिस काम को हर सम्भव पूरा करने का पहले दम्भ भरते थे, उसे क्रोध में आकर त्याग देते हैं। ऐसा नहीं है कि उनमें सामर्थ्य की कमी है या वे योग्यता नहीं रखते, लेकिन स्वयं की आदतें, धैर्यहीनता, व्यावहारिक ज्ञान की कमी आदि के कारण वे लक्ष्यहीनता का शिकार हो जाते हैं एवं दिशाहीन होकर भटक जाते हैं। स्वयं को बेहतर बनाने का अभिप्राय हर क्षेत्र में स्वयं को बेहतर बनाना है। कठिन मेहनत से, स्वयं की कमजोरियों एवं खराब आदतों पर विजय प्राप्त करने से अपनी योग्यता एवं सामर्थ्य में वृद्धि करना सम्भव हो सकता है।

औसत व्यक्ति, एक साधारण जीवन जीता है। वह न तो जीतने के प्रति लालायित होता है और न जीतने की इच्छा रखता है, उसमें विजेता बनने हेतु आवश्यक मेहनत करने की लगन भी नहीं होती है। आपको यदि जीतना है, तो औसत से ऊपर उठना होगा, स्वयं को बेहतर बनाना होगा।

दृढ़ इच्छाशक्ति की कोई सीमा नहीं : नरेन्द्र मोदी

एक अत्यन्त साधारण परिवार में जन्म लेकर भारत जैसे विशाल लोकतान्त्रिक देश का लोकप्रिय प्रधानमन्त्री बनना सभी के लिए सम्भव नहीं है, इसके लिए जिन गुणों की आवश्यकता होती है, वे गुण कुछ गिने-चुने दृढ़ प्रतिज्ञ व्यक्ति ही अर्जित कर पाते हैं। जी हाँ! मैं बात कर रहा हूँ 17 सितम्बर, 1950 को गुजरात के वडनगर में जन्मे नरेन्द्र मोदी की।

अपने बचपन में अनेक विषमताओं एवं विपरीत परिस्थितियों का सामना करने वाले नरेन्द्र मोदी ने राजनीतिशास्त्र विषय में एमए की पढ़ाई पूरी की, उन्होंने अभावों के बीच रहते हुए भी अपने जीवन-समर को सदैव एक योद्धा-सिपाही की तरह लड़ा। उन्होंने अपने उदान्त चरित्र बल एवं साहस से अपने तमाम अवरोधों को अवसर में परिवर्तित कर दिया। उन्होंने कॉलेज के दिनों में कठोर संघर्ष एवं दक्षण मन:ताप से घिरे नरेन्द्र मोदी के चरित्र में अद्‌भुत दृढ़ता का समावेश हुआ। यही कारण है कि आज तक वे अपना कदम एक बार आगे बढ़ाने के बाद फिर पीछे मुड़कर नहीं देखते। जीवन में सफलता प्राप्त करने के लिए वे स्पष्ट दृष्टि, अपने लक्ष्य का स्पष्ट निर्धारण, कठोर एवं ईमानदार अध्यवसाय को अत्यन्त आवश्यक मानते हैं।

गुजरात के सर्वाधिक सफल मुख्यमन्त्री के रूप में उन्होंने इस राज्य को भारत का सबसे अधिक विकास करने वाला राज्य बनाया, जिसके कारण उनकी चर्चा देश में ही नहीं, बल्कि दुनिया भर में हुई। भारत के लोगों ने पूरे भारत को ही गुजरात जैसा विकसित करने की जिम्मेदारी देते हुए नरेन्द्र मोदी को देश का प्रधानमन्त्री निर्वाचित किया।

युवावस्था में अपने भाई के साथ चाय की दुकान चलाने वाले नरेन्द्र मोदी आज देश के सर्वाधिक लोकप्रिय राजनेता हैं। मजबूत इच्छाशक्ति, कठिन परिश्रम, दूर दृष्टि एवं लगन के दम पर एक साधारण व्यक्ति से प्रधानमन्त्री के प्रतिष्ठित पद पर पहुँचने वाले नरेन्द्र मोदी आज युवा-वर्ग के लिए अक्षय प्रेरणा के स्रोत बन गए हैं।

विजेता बनने हेतु अनिवार्य बिन्दु

- यदि आप विजयी होना चाहते हैं, सफलता पाना चाहते हैं, तो यह समझ लें कि विजय-पथ संघर्षपूर्ण है। सफलता/विजय, प्राप्ति की राह आसान नहीं है, इसके लिए आपको बहुत धैर्य एवं संयम से कठोर मेहनत करनी होगी।

- विजयी होने के लिए आपको योजना बनाकर अपने लक्ष्य की ओर बढ़ना होगा। आपका लक्ष्य भी व्यावहारिक होना चाहिए। छोटे-छोटे लक्ष्य बनाकर आगे बढ़ना श्रेयस्कर होता है। छोटी-छोटी सफलताएँ, व्यक्ति को आगे बढ़ने के लिए उत्साहित/प्रोत्साहित करती हैं। इससे व्यक्ति में आत्मविश्वास जाग्रत होता है।

- जीतने की चाह रखने वालों में आत्मविश्वास के साथ-साथ, तीव्र इच्छाशक्ति, कठिन मेहनत करने का ज़ज़्बा एवं धैर्य की आवश्यकता होती है। सफल व्यक्ति बहुत धैर्यवान एवं आत्मविश्वास से लबालब भरे होते हैं।

- सफलता की राह में, जीत के पथ में, असफलता की कई खाइयाँ आती हैं। असफलता की खाइयों को आपको बिना डरे हुए, बिना रुके हुए, पार करना है।

- विजय पथ पर चलने वाला राही, कई भूल करता है, कई गलतियाँ करता है। यह एक व्यावहारिक स्थिति है। मुख्य बात यह है कि आप कैसे इन भूलों का सामना करते हैं? सर्वप्रथम यह समझ लें कि जो व्यक्ति योजना बनाकर, दूरदर्शिता से काम करता है वह बहुत कम गलतियाँ करता है। सही सोच से, आने वाली कठिनाइयों एवं समस्याओं के सन्दर्भ में पूर्व में ही चिन्तन/मनन करने से कम-से-कम त्रुटियाँ होती हैं। फिर भी गलतियाँ/भूल/त्रुटियाँ होना एक सामान्य बात है, जो होगी ही। आप इन गलतियों से सबक लें एवं भविष्य में इनकी पुनरावृत्ति न हो, ऐसा सुनिश्चित करें।

- विजयी पथ के राही के लिए स्वयं पर अटूट विश्वास रखना एवं आशावादी होना आवश्यक है। असफलताओं से भयभीत होकर, न तो आत्मविश्वास का साथ छोड़ना चाहिए और न ही निराश होना चाहिए।

- कई बार शुरूआत गलत हो जाती है, तो ऐसी स्थिति में पीछे हटने की आवश्यकता नहीं है, बल्कि उसी समय से एक नई शुरूआत करें। गलती के लिए, स्वयं को अपने भाग्य को कोसना नहीं चाहिए। ऐसी भूलें/गलतियाँ हो जाती हैं, तभी तो कहा जाता है कि विजेता का पथ संघर्षपूर्ण होता है।
- स्वयं को न तो कोसें और न ही किसी अन्य व्यक्ति की शिकायत करें। असफलता के लिए स्वयं को भाग्यहीन समझना भी गलत है। साहसी बनें। सकारात्मक सोचें। सकारात्मक सोच में सफलता का मार्ग सुगम होता है।
- दु:खी न हों। यदि आप आज असफल होते हैं, तो कल सफल भी होंगे ही, इसी विश्वास से आगे बढ़ते रहें। आत्मविश्वास, साहस, दृढ़ इच्छाशक्ति, कड़ी मेहनत आदि से हर असम्भव-सा दीखने वाला कार्य भी सम्भव हो जाता है।
- चिन्ता न करें अपनी सफलता के प्रति आशंकित न रहें। चिन्तन करें। स्वयं के द्वारा उठाए गए कदमों की स्वयं समीक्षा करें। सकारात्मक सोच के व्यक्तियों की राय ली जा सकती है। यह आवश्यक नहीं कि आप किसी की राय को हू-ब-हू मान लें। आप उस राय में अपने अनुसार परिवर्तन/परिवर्द्धन कर सकते हैं। उचित चिन्तन आपकी सफलता का मार्ग प्रशस्त करता है।
- नकारात्मक सोच के व्यक्तियों से दूरी बनाए रखें। ऐसे व्यक्ति स्वयं अपने जीवन में असफल होते हैं तथा सफलता की राह में अग्रसर व्यक्तियों को बिना माँगे अपनी राय देकर हतोत्साहित भी करते हैं।

लक्ष्य के अनुरूप योजनाबद्ध कार्यनीति, सकारात्मक एवं दूरदर्शितापूर्ण सोच के साथ कामयाब होने का ज़ज़्बा लिए, किया जाने वाला कठोर परिश्रम आपको सफलता की बुलन्दियों पर अवश्य पहुँचा देगा।

जीत के प्रमुख पड़ाव

1 लक्ष्य निर्धारण

बिना लक्ष्य निर्धारण के व्यक्ति इधर-उधर भटकता रहता है, जब तक आपको यह पता नहीं है कि आपकी मंजिल क्या है? आप क्या प्राप्त करना चाहते हैं? आपकी आकांक्षा क्या है? तब तक आप द्वारा की गई कोशिश, बिना दिशा ज्ञान के चलने वाली नौका के समान है। ऐसी नौका का नाविक बस पतवार चलाता रहता है। वह कहाँ पहुँच गया या वापस वहीं आ गया, जहाँ से चला था, इसका उसे कुछ पता ही नहीं रहता।

> **Goals are the fuel in the furnace of achievement.** Brian Tracy
>
> **उपलब्धि प्राप्ति हेतु लक्ष्य ईंधन के समान होते हैं।**
>
> *ब्रायन ट्रेसी*

अपना लक्ष्य तय करने के बाद से ही व्यक्ति उस लक्ष्य प्राप्ति हेतु गम्भीरता से प्रयास करने लगता है। अनेक व्यक्ति अपने सामने बहुत बड़ा लक्ष्य रखकर, उस लक्ष्य प्राप्ति हेतु पूरी लगन एवं निष्ठा से स्वयं को झोंक देते हैं। इनमें से कई व्यक्ति अपने लक्ष्य की प्राप्ति भी कर लेते हैं, जबकि कुछ असफल भी हो जाते हैं।

हमारा मानना है कि यदि सम्भव हो, तो अन्तिम बड़े लक्ष्य की अपेक्षा छोटे-छोटे लक्ष्य निर्धारित कर लेने चाहिए। मान लो आप किसी बड़े लक्ष्य की प्राप्ति हेतु दो वर्ष देना चाहते हैं, तो आप अपने लिए 6-6 माह के लिए लक्ष्य निर्धारित कर लें और इन लक्ष्यों को प्राप्त करने में आने वाली समस्याओं एवं कठिनाइयों का स्वयं आकलन करें, समीक्षा करें। अपने प्रयासों का विश्लेषण, समीक्षा और अपनी कमियों का ज्ञान अगले लक्ष्य की प्राप्ति में अत्यधिक मददगार होता है।

एक बात का और भी ध्यान रखें। यह एक व्यावहारिक बात है कि लक्ष्य, आपकी योग्यता, क्षमता के अनुरूप हो, इसका अर्थ यह नहीं है कि हम अपनी योग्यता, क्षमता में वृद्धि नहीं कर सकते। अपनी योग्यता, क्षमता में वृद्धि निश्चित रूप से की जा सकती है, लेकिन इस हेतु जिन साधनों की आवश्यकता है, उनके सन्दर्भ में निर्णय करें। एक और महत्त्वपूर्ण बिन्दु यह है कि जितना बड़ा आपका लक्ष्य होगा, आपको उतनी ही अधिक मेहनत करनी होगी। बड़े लक्ष्य की प्राप्ति हेतु किया गया प्रयास भी उतना ही वृहत् होना चाहिए।

- लक्ष्य निर्धारण करने के बाद ही आप उस लक्ष्य की प्राप्ति हेतु अपनी योग्यता और क्षमता को एक निश्चित दिशा में प्रयुक्त करना शुरू करते हैं।
- लक्ष्य निर्धारण से आपको एक निश्चित दिशा में कार्य करने की प्रेरणा मिलती है।
- लक्ष्य निर्धारण से तात्पर्य यह है कि आप में उस लक्ष्य को प्राप्त करने की इच्छाशक्ति और आत्मविश्वास है।
- लक्ष्य निर्धारण करने के बाद ही आप आत्मविश्लेषण कर, स्वयं को उस लक्ष्य प्राप्ति हेतु तैयार करते हैं और स्वयं को अनुशासित कर, लक्ष्य प्राप्ति के पथ पर अग्रसर होते हैं।

> लक्ष्य करो तय, बढ़ो आगे
> लक्ष्यहीन व्यक्ति कभी इधर भागे
> तो कभी उधर भागे।

- लक्ष्य निर्धारण के बाद आप योजना बनाकर बहुत समझदारी से, मेहनत से, लगन एवं निष्ठा से उस लक्ष्य को प्राप्त करने में जुट जाते हैं।
- लक्ष्य की प्राप्ति से आपका आत्मविश्वास बढ़ता है, स्वयं के प्रति सम्मान बढ़ता है, स्वयं की क्षमता एवं योग्यता पर विश्वास बनता है। आप में और अधिक संघर्ष करने की लौ जागती है।

अत: लक्ष्य निर्धारण बहुत महत्त्वपूर्ण है, यह जीत की राह का अहम् पड़ाव है।

2 संघर्ष का दौर

लक्ष्य तय करने के बाद, शुरू होता है आपका संघर्ष का दौर। आपने जो मंजिल तय की है, उसे प्राप्त करने हेतु आप अपनी पूर्ण शक्ति और लगन के साथ जुट जाते हैं। यह वह दौर है, जिसमें व्यक्ति स्वयं की योग्यता एवं क्षमता का आकलन करता है। यह ऐसा दौर होता है, जिसमें व्यक्ति स्वयं की इच्छाशक्ति, अपनी मेहनत करने की क्षमता एवं स्वयं के गुणों को आँकता है। इस दौर में व्यक्ति को स्वयं की कमियों तथा अक्षमताओं का ज्ञान होता है।

होता यह है कि व्यक्ति जोश-जोश में लक्ष्य निर्धारित कर लेता है। वह बहुत उत्साह एवं उल्लास से सोच लेता है कि वह इस लक्ष्य को तो हर परिस्थिति में प्राप्त करके ही रहेगा, लेकिन जब संघर्ष का दौर और स्वयं की कुव्वत को आँकने का मौका आता है, तो पता चलता है कि वह कहाँ पर है, जिस कार्य को वह बहुत आसान समझता था, वही उसे बहुत कठिन जान पड़ता है।

कुछ व्यक्ति संघर्ष के दौर में शुरू के कुछ दिनों में बहुत अनुशासन में, बहुत गम्भीरता से प्रयास करते हुए देखे जाते हैं, लेकिन बाद में वे बिल्कुल ढीले हो जाते हैं एवं निष्क्रिय होकर, अपने लक्ष्य प्राप्ति अभियान से उन्मुख होकर, उदासीन से बैठ जाते हैं।

यह कठिनाइयों और समस्याओं से मुकाबला करने का दौर है। इस दौर में बहुत आत्मविश्वास और दृढ़ इच्छाशक्ति की आवश्यकता होती है।

यह एक ऐसा दौर है, जब आपको बहुत अनुशासित रहकर, धैर्यपूर्वक, पूर्ण लगन एवं निष्ठा से परिश्रम करते हुए शनैः-शनैः अपनी मंजिल की ओर आगे बढ़ना है।

इस दौर में आने वाली कठिनाइयों से घबराना नहीं है। आपको सकारात्मक दृष्टिकोण से आशावादी होकर आगे बढ़ना है।

छोटी-मोटी असफलताएँ आपको विचलित न कर दें, इसका ध्यान रखें। विजय पथ पर, कई बार पराजय होती है, लेकिन जो पराजित होकर बैठ गया, वह कभी विजेता नहीं बन सकता है।

> **गिरते हैं घुड़सवार ही मैदाने जंग में**
> **तो तिल्म क्या गिरेंगे जो घुटनों के बल चले।**

असफलताओं से सीखें एवं अपनी कमियों को दूर करें। पुनः प्रयास करें। सफल होंगे ही।

अब्राहम लिंकन की जीवनी को पढ़ो, तो वह एक **विजेता** की अपेक्षा एक पराजित व्यक्ति की दास्तान जान पड़ती है, लेकिन लिंकन ने कभी साहस नहीं छोड़ा और एक दिन, वे 'विजेता' बने, इतिहास रचा, जिसे आज सफलता के दौर में निराश होकर बैठ जाने वाले व्यक्ति के लिए मुख्य प्रेरणास्रोत के रूप में पहचाना जाता है।

यह संघर्ष का दौर एक कसौटी है, जिसमें आप स्वयं को परखते हैं, स्वयं को आँच में तपाते हैं एवं स्वयं में निखार लाते हैं। यह दौर स्वयं को बेहतर बनाने का, स्वयं को निखारने का, स्वयं को परखने का एवं आत्मविश्लेषण का शानदार दौर है।

3 जीत का दौर

यह वह समय है, जब आप निर्धारित लक्ष्य को प्राप्त कर चुके होते हैं, इस दौर में आप हर्ष, उल्लास, आत्मविश्वास से भरे होते हैं। आप स्वयं की योग्यता/क्षमता पर नाज कर रहे होते हैं। यह दौर विजेता की तरह खुश होने का, गर्व करने का है। जीवन में जीत दर्ज करना एक महत्त्वपूर्ण पड़ाव है, जो आकस्मिक नहीं मिलता, इसके लिए बहुत त्याग और तपस्या की आवश्यकता

होती है। व्यक्ति को अपनी जीत का जश्न अवश्य मनाना चाहिए। जश्न मनाने का अर्थ, सार्वजनिक रूप से किसी पार्टी आदि से नहीं, बल्कि अपने 'जीत' के मार्ग में आने वाली समस्याओं एवं आपके द्वारा उनका किए गए निराकरण से सम्बन्धित अनुभवों को अपने ही कुछ खास मित्रों एवं परिवारजनों के साथ बाँटने से है। यह जश्न आपको आगे बढ़ने को प्रेरित करता है। अपने मित्रों एवं परिवारजनों की बधाइयाँ आपको और ऊँचे लक्ष्य प्राप्त करने को प्रेरित करती हैं।

इस शानदार, हर्ष एवं आनन्द से भरपूर दौर में आप स्वयं को आत्मविश्वास से ओत-प्रोत पाते हैं। आप में कुछ और बड़ा कार्य करने की इच्छाशक्ति जाग्रत होती है। यह जीत का दौर आपको और अधिक बड़े लक्ष्यों को हासिल करने हेतु प्रेरित करता है।

4 जीत बरकरार रखने का दौर

जीत हासिल करने के बाद का यह दौर बहुत महत्त्वपूर्ण दौर है। जीवन में जितना महत्त्व 'जीत' का है, उससे भी अधिक महत्त्व इस जीत को बरकरार रखने का है।

एक ऊँचाई प्राप्त करने के बाद, उससे और ऊपर चढ़ना तो हमें अच्छा लगता है, लेकिन उस स्तर से नीचे यदि उतरना पड़े, तब बहुत पीड़ादायक स्थिति बन जाती है।

आपने बहुत लगन, निष्ठा, और मेहनत से एक स्तर को पार किया है। एक जीत दर्ज करके, एक मंजिल तय की है। अब आपका प्रयास न केवल उस स्तर को बरकरार रखने का होना चाहिए, बल्कि उस स्तर से ऊपर के स्तर को या नई बुलन्दियों को तय करने का होना चाहिए।

ध्यान रखें !!!

सफलता एक गंतव्य न होकर, लगातार जारी रहने वाली एक यात्रा है, जिसमें यात्री आगे-से-आगे बढ़ता जाता है। थककर, या सन्तुष्ट होकर बैठना सफलता नहीं है।

जब तक आप नई बुलन्दियों को छूने हेतु प्रेरित नहीं होते, तब तक आपको प्राप्त ऊँचाई को खोने का डर बना रहेगा। अतः आवश्यक है कि आप अपनी इच्छाशक्ति को और आगे बढ़ने हेतु बनाए रखें।

याद रखें, प्रतिस्पर्द्धा के इस युग में, हर व्यक्ति दूसरे से आगे बढ़ना चाहता है। आपकी तरह, आपके प्रतिद्वन्द्वी भी नई बुलन्दियाँ छूने हेतु, नई ऊँचाइयों पर पहुँचने हेतु तत्पर हैं, प्रयासरत हैं। आपको सजग रहना है, स्वयं को और आगे बढ़ाने हेतु प्रेरित करना है। जो स्तर आपने प्राप्त कर लिया, वह हर स्थिति में बरकरार रहे, इसके लिए लगातार प्रयास करना नितान्त आवश्यक है।

5 लक्ष्य का पुनः निर्धारण

आपने जो सफलता अर्जित की है, वह बहुत महत्त्वपूर्ण है। अपनी जीत पर आप स्वयं गर्व महसूस करते हैं, अच्छी बात है, लेकिन जैसा हमने स्पष्ट किया है, सफलता का दौर, एक ऐसा दौर है, जो लगातार आपका ध्यान चाहता है। बहुत से व्यक्ति, एक शिखर छूने के बाद सन्तुष्ट होकर, कुछ निष्क्रिय से हो जाते हैं। ऐसे व्यक्ति कुछ दिनों बाद अन्य लोगों से पिछड़ जाते हैं। सफलता कोई मंजिल नहीं, बल्कि सापेक्षिक रूप से अन्य से आगे बढ़ना है।

अपने लक्ष्य का पुनः निर्धारण करें एवं उस लक्ष्य की प्राप्ति हेतु प्रयास शुरू करें, जुट जाएँ। स्वयं की सारी शक्तियों, योग्यताओं एवं क्षमताओं को एकत्रित कर उस लक्ष्य को प्राप्त करने हेतु जुट जाएँ। पुनः वही दौर शुरू होगा।

जीत की मंजिल के पड़ाव वहीं रहेंगे, लेकिन मंजिलें बदलती रहेंगी। संघर्ष लगातार जारी रहेगा, जीत पुनः दर्ज होगी एवं लक्ष्य का पुनः निर्धारण होगा। यही है जीत की राह।

जीतने के लिए चाहिए खेल–भावना

आपने क्रिकेट के कई मैच टीवी पर या क्रिकेट के मैदान पर देखे होंगे। हर व्यक्ति अपने देश की टीम को जिताना चाहता है। टीवी से चिपके हुए, हमारे देश में ही नहीं, विदेशों में भी लोग क्रिकेट के दीवाने हैं।

दर्शकों में कभी सन्नाटा छा जाता है, कभी तालियों से मैदान गूँज उठता है। कभी दर्शक उछलते देखे जाते हैं, तो कभी अपनी टीम के किसी खिलाड़ी के शीघ्र आउट होने से उनके चेहरे पर मायूसी छा जाती है।

आपने कभी इन खिलाड़ियों की मनोस्थिति और मानसिकता के बारे में सोचा है? खिलाड़ी किसी भी देश का हो वह अपनी टीम को, अपने देश को जिताने में अपनी पूरी ताकत, योग्यता, क्षमता, सब झोंक देता है। वह अपनी टीम को विजय दिलाने के लिए पूरी एड़ी–चोटी का जोर लगा देता है।

हर खिलाड़ी अपनी टीम को जिताने के लिए सर्वश्रेष्ठ प्रयास करता है, यदि वह बॉलर है, तो वह यही सोचकर बॉलिंग करता है कि इस बॉल पर बैट्समैन अवश्य आउट होना चाहिए। वह अपनी सारी कुशलता/दक्षता से बॉलिंग करके बैट्समैन को आउट करना चाहता है।

यदि वह बैट्समैन है, तो हर बॉल पर रन बनाने, चौका, छक्का लगाने हेतु प्रयास करता है। इस हेतु, अपनी पूरी योग्यता, क्षमता का प्रयोग करता है। फिल्डिंग करने वाला खिलाड़ी, किसी भी बॉल को अपने पास से न निकलने देने हेतु संकल्पित होता है एवं हर कैच वह लेना चाहता है। एक–एक रन को रोकने हेतु अपना पूरा दम–खम लगा देता है।

इन खिलाड़ियों से हमें जीवन में जीतने हेतु बहुत महत्त्वपूर्ण व्यावहारिक ज्ञान सीखने को मिलता है। हम इनसे सीखते हैं कि जीवन हर पल संघर्ष करने का नाम है। यहाँ दुश्मनी जैसी कोई बात नहीं है। हर खिलाड़ी का ध्यान अपनी जीत पर है। हर खिलाड़ी पूरे दम–खम से जीतने हेतु संघर्ष करता है। मन में हार का डर रखकर कभी संघर्ष नहीं किया जा सकता।

> वे लोग, जो कुछ करने की कोशिश करते हैं और असफल हो जाते हैं, वे उनसे कहीं अच्छे हैं, जो बगैर कोई कोशिश किए ही सफलता प्राप्त कर लेते हैं।

आप एक और महत्त्वपूर्ण बिन्दु पर ध्यान दें

किसी भी मैच का एक परिणाम होता है, जीत या हार। हार की स्थिति में, अनेक जगह चर्चाएँ होती हैं। इस मैच में राहुल, सहवाग, तेन्दुलकर कोई भी नहीं चल पाया। बॉलर ने भी अपना काम नहीं किया। हरभजन ने एक ही ओवर में इतने अधिक रन दे दिए। बहुत आक्षेप लगते हैं, बुराइयाँ भी मिलती हैं, आलोचनाएँ भी होती हैं। तो क्या वे लोग हारकर घर बैठ जाते हैं? क्या यह सोचकर अगला मैच नहीं खेलते कि पिछला मैच हार चुके हैं, नहीं न?

वे फिर खेलते हैं, और जीतते हैं। पुनः स्वयं को साबित करने में जुट जाते हैं। सारी आलोचनाओं और आक्षेपों के बाद भी वे हार नहीं मानते। पूर्ण आत्मविश्वास, दृढ़ इच्छाशक्ति से पुनः जूझते हैं एवं अपने देश को 'जीत' दिलाते हैं।

हार मानकर बैठने का अर्थ, हमेशा के लिए पराजित होना है।

विपरीत परिस्थितियों का डटकर सामना करें

विषम परिस्थितियाँ हर मनुष्य के जीवन में आती ही हैं। व्यग्रता और उद्विग्नता की मनोस्थिति में सही निर्णय लिया जाना सम्भव नहीं होता है। प्रतिकूल एवं विषम परिस्थितियों में मनुष्य घबरा जाता है और ऐसी स्थिति में किए गए प्रयास प्रायः असफल हो जाते हैं।

आवेश एवं अवसाद, दोनों ही मनुष्य को व्यग्रता की ओर धकेलते हैं। ऐसी अवस्था में लक्ष्यों को पूरा कर पाना, उचित कदम उठाकर, सही दिशा में अग्रसर होना यदि असम्भव नहीं है, तो बहुत कठिन अवश्य है। विपरीत परिस्थितियों में मनुष्य अपना सन्तुलन खो बैठता है, जिससे कई बार वह उपहासास्पद स्थिति में पहुँच जाता है। मनुष्य को विपरीत परिस्थितियों में घबराना नहीं चाहिए। मनुष्य को पुरुषार्थ और, पूरे आत्मविश्वास के साथ, इन परिस्थितियों का डटकर सामना करना चाहिए, जो व्यक्ति ऐसी विषमताओं में

अपना सन्तुलन बनाए रखने में सक्षम होते हैं, वे ही व्यक्ति अन्ततः सफल होते हैं, विजेता कहलाने के योग्य होते हैं। इसका बहुत अच्छा उदाहरण भारतीय महिला मुक्केबाज एवं ओलम्पिक कांस्य पदक विजेता मैरीकॉम की सफलता है।

भारत के पूर्वोत्तर राज्य मणिपुर में भूमिहीन किसान माता-पिता के यहाँ जन्मी मैरीकॉम की कहानी अथक् संघर्ष और मुक्केबाजी के प्रति न मुरझाने वाले जोश की कहानी है। उनकी दृढ़ इच्छाशक्ति एवं आक्रामकता ने राजनीति के दाँव-पेंच से परे उस मैदान से होकर रास्ता बनाने में उनकी मदद की, जो भारत के सभी खेलों में नज़र आता है।

किसी भी व्यक्ति की दृढ़ इच्छाशक्ति को कोई भी बाधा कभी भी नहीं रोक सकती है। मैरीकॉम का बचपन अत्यन्त निर्धनता में बीता। मैरीकॉम के ही शब्दों में—"सच तो यह है कि मैं और मेरा परिवार अक्सर अपनी भूख उन मौसमी फलों को खाकर मिटाते, जो गाँव में लगे होते।"

मैरीकॉम ने अपनी आत्मकथा 'Unbreakable : An Autobiography' में लिखा है कि- "जो एकमात्र जूते मेरे माता-पिता की बिसात में थे, वे रबड़ के बने होते और स्कूल जाने-आने का लम्बा फ़ासला पार करते हुए वे घिस जाते, लेकिन अनु (माँ) चिमटा गर्म करके फटे हुए हिस्से को दबाकर उसे जोड़ने में माहिर हो गई। जब तक स्कूल का साल खत्म होता, रबड़ के जूते तार-तार हो चुके होते।"

मुक्केबाजी को अपना सब कुछ समर्पित करने वाली मैरीकॉम के अन्दर सफलता या जीत का वह जज़्बा ही था, जिसने बचपन से ही अनेक कठिनाइयों एवं विपरीत परिस्थितियों का सामना करने वाली एक अति सामान्य लड़की को पुरुषों वाले खेल, मुक्केबाजी में न केवल अपने कैरियर, बल्कि अपने देश को भी विश्व स्तर पर गौरवान्वित किया।

विजेता बनने हेतु प्रमुख योग्यताएँ

यदि आप विजेता बनना चाहते हैं, जीवन में सफल होना चाहते हैं, तो यह अवश्य ध्यान में रखें कि जीवन में सफल होने वाले व्यक्ति, सामान्य व्यक्तियों से कुछ हटकर होते हैं। वे सामान्य व्यक्तियों की तरह, जीवन को व्यर्थ नहीं करते। उनका जीवन सुनियोजित होता है। वे समय का मूल्य समझते हैं। उनमें कुछ ऐसे गुण हैं, जिनसे उनकी विजेता बनने की राह आसान होती है

1 अनुशासित एवं सुनियोजित जीवन

महान् लोगों की जीवनी में एक बात सभी में सामान्यतया समान होती है कि महान् लोग, अपना जीवन सुनियोजित रखते हैं एवं उनके जीवन में अनुशासन बहुत महत्त्व रखता है। अपने अनुशासित एवं सुनियोजित जीवन से वे ऐसा कुछ कर पाने में सफल हुए, जो सामान्य व्यक्ति सोच भी नहीं सकता। समय का

सदुपयोग, सब कार्य समय पर करना, समय व्यर्थ व्यतीत करना, आदि सम्बन्धी सोच उनकी जीवनचर्या में अहम् रही हैं। जीवन में विजेता वही है, जिसने स्वयं पर विजय प्राप्त कर ली है। ऐसा महान् दार्शनिक अरस्तू का मानना था।

एक छोटी-सी बात समझ लेनी चाहिए कि सफल या विजयी होने के लिए आपको अन्य से बेहतर होना होगा। स्वयं के विकास हेतु अधिक समय देना होगा। इन सबके लिए अनुशासित एवं सुनियोजित जीवन जीना होगा। सभी महान् लोग समझते हैं कि बिना अनुशासन एवं सुनियोजन के वे स्वयं का विकास नहीं कर सकते हैं।

कुछ व्यक्ति अनुशासित होने का दिखावा मात्र करते हैं। ध्यान रखें, कृत्रिम अनुशासन, रूखी-सूखी पेड़ की टहनी के समान है, जो निष्प्राण है एवं किसी को सम्बल नहीं दे सकता। कुछ लोग अनुशासन को व्यक्तिगत स्वतन्त्रता का दुश्मन समझते हैं। वस्तुतः व्यक्तिगत स्वतन्त्रता का अर्थ मनमौजीपन या अमर्यादित स्वच्छन्दता नहीं है। अनुशासन सफल व्यक्तियों के जीवन का प्रमुख आधार है।

- अनुशासन जीवन का नियम है।
- अनुशासन हमारे जीवन में शक्ति, संयम एवं चरित्र को विकसित करता है।
- अनुशासन से हममें आत्मविश्वास, आत्म-स्वाभिमान जाग्रत होता है।

अनुशासन न केवल व्यक्तिगत उन्नति, व्यक्तिगत विकास के लिए प्रेरक है, बल्कि यह समाज एवं राष्ट्र निर्माण को भी गति प्रदान करता है। जीवन को सफल बनाने में आत्मानुशासन अहम् भूमिका निभाता है। अनुशासन एवं सुनियोजन से आपकी योग्यता, दक्षता एवं कुशलता में वृद्धि होती है। अनुशासन से संघर्ष करने की शक्ति प्राप्त होती है।

अनुशासन आपको आन्तरिक रूप से दृढ़ और शक्तिशाली बनाता है। एक अनुशासित व्यक्ति, सामान्य व्यक्ति की अपेक्षा निश्चित रूप से 'विजय' के अधिक करीब पहुँचता है। जीवन में विजयी एवं सफल होने के लिए, अनुशासन एवं सुनियोजन बहुत महत्त्वपूर्ण हैं।

2 लक्ष्य आपकी रुचि के अनुरूप हो

आप जीवन में जो बनना चाहते हैं, उसका लक्ष्य आपकी रुचि एवं पसन्द का होना चाहिए। यदि आप एक बुद्धिजीवी हैं और राजनीति का आपको कोई अनुभव नहीं है, राजनीति आपको कभी रास नहीं आई, तो आपका लक्ष्य राजनैतिक क्षेत्र में कुछ हासिल करने का नहीं होना चाहिए।

यदि लक्ष्य आपकी पसन्द का होगा, तो उस हेतु आपके प्रयास अधिक गहन एवं परिणामदायक होंगे। लक्ष्य तय करते समय, किसी अन्य की नकल न करके, स्वयं की इच्छा, अनिच्छा, पसन्द, नापसन्द का विश्लेषण कर लेना अधिक उचित है।

हमारे एक मित्र कवि हैं, उनका अपने क्षेत्र में अच्छा नाम है, सभी लोग उनकी कविताओं की प्रशंसा करते हैं। उन्हें देखकर, एक अन्य मित्र भी कविताएँ लिखने लगे, लेकिन उन्हें सफलता नहीं मिली।
इसी प्रकार,

> हर व्यक्ति संगीतज्ञ नहीं हो सकता,
> हर व्यक्ति लेखक नहीं हो सकता।
> गाना तो हर कोई गुनगुनाता है,
> लेकिन वह गायक तो नहीं हो सकता।

एक व्यक्ति में कुछ विशिष्ट गुण एवं विशेषताएँ होती हैं, इसलिए उसे उसी क्षेत्र में अपने लक्ष्य तय करने चाहिए।

लक्ष्य स्पष्ट होना चाहिए। लक्ष्य यदि अस्पष्ट होगा, तो आप हमेशा दुविधा में रहेंगे। आपके प्रयासों में पैनापन नहीं होगा। आप अपने प्रयासों को किसी स्पष्ट दिशा में एकजुट नहीं कर पाएँगे। दो नावों पर सवार व्यक्ति हमेशा नुकसान में ही रहता है।

रुचिपूर्ण एवं स्पष्ट लक्ष्य होने पर व्यक्ति अपनी सृजनशीलता, रचनात्मकता को सही दिशा की ओर उन्मुख करके मनचाही सफलता पा सकता है। दुविधा एवं द्वन्द्व सफलता के मार्ग में बड़ी बाधाएँ हैं। आपकी योग्यता, क्षमता, कल्पनाशक्ति, सृजनशक्ति और रचनात्मकता के सही उपयोग के लिए आवश्यक है कि आपका लक्ष्य रुचि के अनुकूल एवं स्पष्ट हो।

3 लक्ष्य प्राप्ति हेतु स्वयं को तैयार करें

लक्ष्य प्राप्ति या सफलता प्राप्ति यानि जीत की राह, सरल एवं सुगम नहीं है। इसके लिए कठिन प्रयासों की आवश्यकता है, अदम्य इच्छाशक्ति की आवश्यकता है, अटूट आत्मविश्वास एवं कठोर मेहनत की आवश्यकता है। लक्ष्य निर्धारण करना सामान्य बात है, लेकिन उसकी प्राप्ति हेतु स्वयं को तैयार करना, एक कठिन परिश्रम है।

एक छात्र अपनी रुचि के अनुसार प्रशासनिक सेवा IAS में पास होने का लक्ष्य निर्धारित कर सकता है। एक मध्यम वर्गीय व्यक्ति स्वयं को करोड़पति बनाने का लक्ष्य निर्धारित कर सकता है, लेकिन उस लक्ष्य को प्राप्त करने हेतु उसे तैयार होना पड़ेगा। स्वयं को कठिन परिश्रम करने हेतु संकल्पित करना पड़ेगा। अपनी सारी योग्यताओं एवं क्षमताओं को एक ही दिशा में फोकस करना होगा। स्वयं को अनुशासित और समय का सही नियोजन करना होगा। उन सभी आदतों, क्रिया-कलापों का त्याग करना होगा, जो किसी भी तरह, आपको लक्ष्य प्राप्ति से च्युत करती हैं। उन आदतों को दैनिकचर्या में अपनाना होगा, जो लक्ष्य प्राप्ति हेतु आवश्यक हैं। अपना सारा ध्यान, अपनी सारी शक्तियों एवं अपनी सभी भावनाओं को लक्ष्य प्राप्ति की दिशा में केन्द्रित करना होगा।

जैसा शुरू में ही बताया गया है कि लक्ष्य प्राप्ति की राह सरल या सुगम नहीं है। यह राह त्याग, तपश्चर्या, संयम, अनुशासन, संकट एवं समस्याओं की है।

सफलता की राह में कठिनाइयाँ आती ही हैं, इन कठिनाइयों से डरने की आवश्यकता नहीं है। आवश्यकता है इनका उचित निराकरण करते हुए आगे बढ़ने की। आत्मविश्वास को डिगने नहीं देना है। आपका आत्मविश्वास, दृढ़ इच्छाशक्ति और प्रयासों की एकजुटता आपके लक्ष्य प्राप्ति को सुगम बनाते हैं।

> **याद रखें, अर्जुन की वह बात, जब उसने कहा कि मुझे कुछ नहीं, केवल चिड़िया की आँख दिख रही है।**

इतनी तैयारी के बाद किसी लक्ष्य का सन्धान करना या, लक्ष्य भेदना कठिन नहीं है। अत: लक्ष्य प्राप्ति हेतु स्वयं को पूरी तन्मयता, लगन एवं निष्ठा से तैयार करें।, सफलता आपके कदम अवश्य चूमेगी, आप निश्चित रूप से जीवन में विजयी होंगे।

अक्सर सभी लोग सफलता के सपने देखते हैं, लेकिन कुछ लोग ही सफल होते हैं और अधिकांश असफल। इसका कारण यह है कि अधिकांश लोग पूरी तैयारी करने में स्वयं से ही बेईमानी करते हैं, जो व्यक्ति पूरी तैयारी करके रणक्षेत्र में उतरते हैं, ऐसे रणबाँकुरों को 'विजय' अवश्य मिलती है।

4 असफलताओं/गलतियों से सबक लें

जीत की राह में गलतियों के बहुत से स्टॉप आते हैं, क्योंकि सफलता कई असफलताओं का योग है। जैसे ही आप असफल होते हैं या गलतियाँ करते हैं, वैसे ही आप सफलता के और नजदीक पहुँचते हैं। असफलताओं से सबक लें। स्वयं के द्वारा की गई गलतियों का विश्लेषण करें। आगे इनकी पुनरावृत्ति न हो, ऐसा प्रयास करें। असफलताओं से निराश न हों। धैर्य रखें। पुनः प्रयास करें। पुनः स्वयं को तैयार करें। अपनी योग्यता एवं क्षमताओं पर विश्वास रखें। सफल होने के लिए आपको धैर्यवान होना होगा, क्योंकि आप कई बार असफल भी होंगे, आप गलतियाँ भी करेंगे, लेकिन असफलताओं को स्वयं पर हावी न होने दें।

> **The only man who never makes a mistake is the one who never does anything.**
>
> **Theodore Roosevelt**
>
> केवल वही व्यक्ति गलती नहीं करता, जो कभी कुछ नहीं करता।
>
> *थियोडोर रूजवेल्ट*

थॉमस एल्वा एडीसन जिन्होंने बल्ब का आविष्कार किया, 10,000 प्रयोग असफल हुए, लेकिन उन्होंने धैर्य नहीं छोड़ा एवं असफलताओं को स्वयं पर हावी नहीं होने दिया अन्ततः एक दिन वह सफल हुए और कितने ही आविष्कारों के जन्मदाता बने।

परिस्थितियों के सम्मुख नतमस्तक नहीं होने वाले एवं असफलताओं को सफलता की सीढ़ी बनाने वाले जुझारू और दृढ़ निश्चयी इन्सान अन्ततः सफल होते हैं। पराजित वे हैं, जो एक बार असफल होकर बैठ जाते हैं। असफल उसे ही कहा जाता है, जो एक बार असफल या निराश होकर, मैदान से हट जाता है। असफलताओं के आघात से निराश होकर बैठ जाना ही कायरता है।

असफलताओं की कसौटी पर ही आपके पुरुषार्थ, साहस, धैर्य एवं आत्मविश्वास की परख होती है। जो इस कसौटी पर खरा उतरता है, वही विजयी होता है। सफलता रूपी पथ पर, गलतियाँ रूपी काँटे बिखरे होते हैं, जो आपको चुभते हैं। आप उन काँटों से सबक लें, उन्हें दूर करें अथवा उनकी पहचान करें एवं आगे बढ़ें।

असफलता अथवा पराजय से निराश एवं निष्क्रिय होने वाले व्यक्ति का नहीं, बल्कि अपनी कमियों एवं गलतियों का विश्लेषण कर, उन्हें अपना मार्गदर्शक बनाकर, दोगुने उत्साह से आगे बढ़ने वाले व्यक्ति का विजयश्री स्वागत करती है, वन्दन करती है। उन्हें अपना विजयहार पहनाती है, उन्हें गले लगाती है।

> हुमायूँ 21 बार हारकर जीता एवं
> दिल्ली का राजसिंहासन पठानों से छीना

पराजय से ही विजय का जन्म होता है, असफलताओं से ही सफलता पनपती है। जब मनुष्य इन्हें अपना मार्गदर्शक बनाकर, नई स्फूर्ति, उत्साह एवं नए अनुभव के साथ आगे बढ़ता है, तब वह अन्ततः विजयी होता है। जिसने असफलता को केवल असफलता समझकर छोड़ दिया, उससे कोई शिक्षा ग्रहण नहीं की, कोई सबक नहीं सीखा, उन्हें अपना मार्गदर्शक नहीं बनाया, उसकी उपेक्षा कर दी, तो आप समझ लीजिए कि वह सफलता से कोसों दूर चला गया।

अमेरिकी राष्ट्रपति (अब्राहम लिंकन) ने 21 वर्ष की उम्र से 51 वर्ष की उम्र तक असफलता का ही वरण किया, लेकिन 52 वर्ष की उम्र में सफलता ने उनका वरण किया। हिन्दी सिनेमा के सुपरस्टार अमिताभ बच्चन को ही लें। शुरूआत के दिनों में असफल लम्बू कहलाने वाला यह उपेक्षित अभिनेता आज तक सबके दिलों पर राज कर रहा है।

वुडरो विल्सन ने कहा है

> मैं उस काम में असफल होना पसन्द करूँगा, जो
> आखिर में सफल हो।

जब आप असफल होते हैं, तो यह साबित हो जाता है कि सफलता का प्रयास पूर्ण मनोयोग से नहीं किया गया अर्थात् उसमें कुछ गलतियाँ, कमियाँ रह गईं। बस इन कमियों, गलतियों से सीखें और पूरे आत्मविश्वास से पुनः प्रयास करें, विजयश्री आपका वरण करेगी।

5 अपनी सामर्थ्य बढ़ाएँ

सामर्थ्यवान की जीत होती है, दुर्बल की पराजय। अपनी योग्यता और क्षमताओं में वृद्धि करें। नई तकनीक, नए आविष्कार और नए प्रकार के उपकरणों से स्वयं को परिचित रखें। आजकल हर क्षेत्र में नूतन प्रयोग हो रहा है, आपको अपने क्षेत्र में हो रहे विकास एवं प्रयोगों आदि का ज्ञान होना चाहिए।

प्रतिस्पर्द्धा के इस युग में जानकारी का अभाव, आपको पीछे धकेल सकता है। जितना बड़ा लक्ष्य एवं जितनी बड़ी आपकी महत्त्वाकांक्षा होगी, आपको स्वयं की क्षमता एवं योग्यता में उतना ही विस्तार करना होगा। जीवन में सफलता के लिए आवश्यक है कि आप स्वयं को लक्ष्य के अनुरूप इतना योग्य और सामर्थ्यवान बनाएँ कि असफलता असम्भव हो जाए।

सफल एवं असफल में यही अन्तर है कि असफल व्यक्ति लक्ष्य के अनुरूप थोड़ा ही कम योग्य होता है, जबकि सफल व्यक्ति लक्ष्य के सन्दर्भ में थोड़ा अधिक योग्य होता है। टॉपर्स छात्रों के अंकों में कोई बहुत अधिक अन्तर नहीं होता है।

जीतने के लिए, जो व्यक्ति पूर्ण निष्ठा एवं लगन से अपने लक्ष्य को फोकस कर विचार करता है, वह स्वयं ही अपनी सामर्थ्य का आकलन करने में सक्षम होता है। आपकी सामर्थ्य आपके लक्ष्य की तुलना में इतनी अधिक होनी चाहिए कि आप लक्ष्य प्राप्ति में थके नहीं।

व्यक्तिगत परिष्कार एवं उत्कृष्टता प्राप्त करने की असीम एवं उत्कट इच्छा आपको सफलता की ओर अग्रसर करती है। सफलता प्राप्त करने की, विजयी होने की ललक, लिप्सा सभी में रहती है, लेकिन उसे पा सकने में सामर्थ्यवान शूरवीर ही सफल होते हैं। भौतिक जीवन में विजयी होने के लिए सामर्थ्य एवं संकल्प बल की आवश्यकता पड़ती है। सामर्थ्यवान एवं आत्मबल सम्पन्न व्यक्ति ही सफलता के मार्ग में आने वाली कठिनाइयों से जूझ पाने में सक्षम हो पाते हैं।

व्यायामशाला में क्षणिक उत्साह लेकर बहुत से लोग प्रवेश करते हैं, लेकिन इस कठिन राह से खिन्न होकर वे शीघ्र ही मैदान छोड़कर बाहर बैठ जाते हैं। नित नए कार्य करने वाले और कुछ ही समय में उसे छोड़कर बैठ जाने वाले मूर्खों की बहुत बड़ी मण्डली सर्वत्र विचरण करते देखी जा सकती है। आलसी, प्रमादी, कमजोर, अधीर, सामर्थ्यहीन एवं आशंकाग्रस्त मनुष्य, असफल होंगे ही। ऐसे व्यक्ति अपंग और असहाय की तरह जीवन-यापन करते देखे जा सकते हैं।

सामर्थ्य में वृद्धि की जा सकती है, इससे आपका आत्मविश्वास बढ़ता है, आपकी कार्यक्षमता में वृद्धि होती है। आप इससे किसी भी प्रकार की समस्याओं से, कठिनाइयों से जूझने की या मुकाबला करने की शक्ति प्राप्त करते हैं।

सफलता, विजयश्री और अपनी जीत दर्ज करने के लिए अपनी सामर्थ्य में वृद्धि करें।

> उचित लक्ष्य के निर्धारण के पश्चात्, अपनी योग्यता और क्षमता का उपयोग पूर्ण निष्ठा एवं लगन से करने वालों को अवश्य ही सफलता मिलती है।

6 उचित एवं शीघ्र निर्णय लें

जीवन के हर क्षेत्र में या किसी भी व्यवसाय में, आपको निर्णय लेने पड़ते हैं। आपके द्वारा लिए गए निर्णय, आपकी सफलता और असफलता में महत्त्वपूर्ण भूमिका निभाते हैं। सही एवं उचित निर्णय हमें सफलता की ओर ले जाते हैं, जबकि गलत निर्णय हमें सफलता से दूर कर देते हैं। उचित निर्णय लेने के लिए, काफी सोच-विचार की आवश्यकता होती है। परिस्थितियों की जानकारी, साधनों की उपलब्धता, आकस्मिक घटनाओं की सम्भावना इत्यादि कई तथ्यों का विश्लेषण, इन पर बहुत सोच-विचार करने से आप सही निर्णय पर पहुँच सकते हैं।

देखा गया कि यह गलत निर्णयों के लिए जल्दबाजी, परिस्थितियों की जानकारी का अभाव एवं मानसिक दबाव जिम्मेदार होते हैं। गलत प्राथमिकताएँ तय करने से भी निर्णय गलत हो जाते हैं।

वर्तमान जेट युग में न केवल उचित निर्णय लेने की आवश्यकता है, बल्कि निर्णय सही समय पर लिया जाना भी आवश्यक है। निर्णय लेने में देरी आपकी सफलता को प्रभावित करती है।

उचित निर्णय कभी भी आकस्मिक नहीं होता है। यह गम्भीर सोच, दूरगामी प्रभाव एवं कुशल नेतृत्व में दीर्घ अनुभव के आधार पर लिया जाता है। आपके द्वारा लिया गया निर्णय, आपके लक्ष्य के अनुरूप होना चाहिए। आप अपने लक्ष्य के प्रति जितने स्पष्ट होंगे, आपके द्वारा लिए गए निर्णय उतने ही सटीक एवं उचित होंगे। कहते हैं

> **Doing is not difficult but deciding to do is.**
> **कार्य करना मुश्किल नहीं है, लेकिन क्या करना है,**
> **इसका निर्णय करना निश्चित ही मुश्किल है।**

ध्यान रखें, जब तक आप निर्णय नहीं लेंगे, कुछ नहीं होगा। कई बार बहुत छोटे-छोटे निर्णय लेने में व्यक्ति काफी समय लगा देते हैं। वे बहुत दुविधा में होते हैं, अनेक अनावश्यक तत्त्व इन्हें परेशान करते हैं। उनके पास जानकारी का अभाव एवं, साहस की कमी होती है। उनमें जोखिम उठाने की क्षमता नहीं होती। अत: वे छोटे-छोटे निर्णय लेने में भी स्वयं को असक्षम पाते हैं। वे किसी की राय की आकांक्षा रखते हैं, जिससे असफल होने पर वे उसे जिम्मेदार ठहरा सकें।

अनिर्णायक होने का अर्थ, देरी करना है। अनिर्णायक होने की अपेक्षा निर्णय में गलती करना अधिक उचित है। गलती सुधारी जा सकती है, लेकिन जब आप कुछ निर्णय ही नहीं लेंगे, तो निष्क्रियता आपको समाप्त कर देगी। उचित एवं शीघ्र निर्णय आपको सफलता के नजदीक ले जाता है। अत: निर्णय लेने हेतु स्वयं को तैयार करें।

7 नई चुनौतियों हेतु तैयार रहें

सफलता की राह में हर दिन नई चुनौतियों का सामना करना पड़ता है। प्रतिदिन नई-नई समस्याएँ आती हैं। विजेता को पूर्ण आत्मविश्वास से इन चुनौतियों का सामना करने को तैयार रहना होगा। चुनौतियों के निराकरण हेतु किया गया संघर्ष आपको तपा देता है। यह संघर्ष आपको सफल होने हेतु परिपक्व करता है। बिना संघर्ष के मिलने वाली सफलता, बेमजा एवं स्वादहीन होती है। चुनौतियों का सामना वही व्यक्ति कर सकता है, जिसमें सामर्थ्य है, जो पुरुषार्थ करने योग्य है, जिसमें कठिन मेहनत करने की कुव्वत है, जो आत्मविश्वास एवं आत्मबल से सराबोर है। मात्र भौतिक साधनों के बल पर विजय प्राप्त नहीं की जा सकती है, उसके लिए व्यक्ति को आन्तरिक रूप से सुदृढ़ होना होगा। उसमें दृढ़ इच्छाशक्ति, असीम साहस एवं स्वयं पर अटूट विश्वास होना चाहिए।

मानव वह है, जो परिस्थितियों के आगे झुके नहीं, बल्कि परिस्थितियों को अपने अनुकूल कर ले। बड़ी-से-बड़ी चुनौतियाँ भी शूरवीर के आगे नतमस्तक हो जाती हैं। हर सफल व्यक्ति ने सफल होने से पूर्व बहुत कठिन चुनौतियों का सामना किया है। कुछ असफल भी हुए हैं, लेकिन पूर्ण आत्मविश्वास के साथ, लगातार संघर्षशील रहकर, उन्होंने सफलता प्राप्त की है।

चुनौतियों से घबराकर या हारकर जो घर बैठ गया, वह विजयी तो हो ही नहीं सकता। विजयी होने के लिए व्यक्ति को संघर्षशील एवं निरन्तर प्रयासरत रहना जरूरी है।

सिफलिस रोग की औषधि का आविष्कार करने वाले प्रसिद्ध वैज्ञानिक डॉक्टर अर्लिक ने अपनी दवा का नाम 606 रखा। ऐसा उन्होंने इसलिए किया, क्योंकि इसमें वे 605 बार असफल रहने के बाद 606वीं बार सफल हुए। यदि वे हिम्मत हार जाते, तो वे यह महत्त्वपूर्ण खोज नहीं कर पाते। सफलता हेतु लगातार संघर्ष एवं चुनौतियों का सामना करने का जुझारूपन आवश्यक है।

प्रतिकूल परिस्थितियाँ, विभिन्न जानी-अनजानी अड़चनें, आपके पुरुषार्थ की धार को कुण्ठित नहीं कर सकती हैं, यदि आप में आत्मविश्वास, साहस और दृढ़ निश्चय है, विजेता बनने का।

Optimist and Pessimist

Have you ever met a happy pessimist?
Have you ever met a successful pessimist?

1. **Optimist** breathes life into you each day.
   Pessimist drains you.

2. **Optimist** helps you to take needed risk.
   Pessimist plays it safe and never accomplishes much.

3. **Optimist** improves those around you.
   Pessimist drags them down.

4. **Optimist** views a negative situation as an opportunity to grow and learn.
   Pessimist views negativity in every situation.

सफलता बनाम असफलता

सफलता एवं असफलता वस्तुत: हर व्यक्ति के जीवन में घटने वाली अपरिहार्य घटनाएँ हैं। ऐसा कोई व्यक्ति नहीं है, जिसने कभी असफलता का स्वाद नहीं चखा हो। वर्तमान में दिखाई देने वाला हर सफल व्यक्ति, कितनी ही बार असफल होने के बाद सफल हुआ है। अधिकांश व्यक्ति सफलता का स्वागत एवं असफलता का तिरस्कार करते हैं। वे यह भूल जाते हैं कि सफलता एवं असफलता, जीवन रूपी सिक्के के ही दो फलक हैं।

सफलता का जन्म असफलता की कोख से ही होता है। सफलता वस्तुत: कई असफलताओं का योग ही है।

> **A failure establishes only this, that our determination to succeed was not strong enough.** **John Christian Bovee**
>
> **असफलता केवल यह दर्शाती है कि सफलता के प्रति हमारा संकल्प पर्याप्त मजबूत नहीं था।**
>
> ***जॉन क्रिश्चियन बॉवी***

सफलता के राही को, असफलता का तिरस्कार न करके, उसे अपना मार्गदर्शक बना लेना चाहिए तथा असफलता के मूलभूत कारणों का उचित विश्लेषण करके, पूर्ण मनोयोग से पुन: प्रयास करना चाहिए, तभी सफलता आपका वरण करेगी, आपके कदम चूमेगी।

सफलता की राह में असफलता के कई स्टॉप्स आ सकते हैं, लेकिन आप कहीं ठहरें नहीं। बस पूर्ण आत्मविश्वास, आत्मबल के साथ मेहनत करने का ज़ज़्बा लिए दृढ़ता से आगे बढ़ते रहें, सफलता की मंजिल आपको अवश्य मिलेगी।

> The winner always sees a support near every trap and a loser always sees a trap near every support. The winner always says, "It may be difficult but it is posible", and the loser always says, "It may be possible but it is difficult."

आखिर क्यों कुछ लोग हमेशा सफल होते हैं?

यह एक बहुत गूढ़ प्रश्न है, जिसके बारे में अधिकांश संघर्षशील व्यक्ति कभी-न-कभी अवश्य विचार करता है। हमने भी इस बिन्दु पर विचार किया तो पाया कि सफल होने वाले लोग, सामान्य या असफल होने वाले व्यक्तियों की तरह ही दिखाई देते हैं, लेकिन उनमें कुछ ऐसे गुण होते हैं, जो उन्हें सफल होने में मदद करते हैं। उनमें पाई जाने वाली वैयक्तिक खूबियाँ, उन्हें सामान्य लोगों से अलग करती हैं। कुछ लोग समझते हैं कि सफल होने वाले लोग अधिक बुद्धिमान (Intelligent) होते हैं, सामाजिक रूप से अधिक लोकप्रिय (Popular) होते हैं, उनमें अधिक ऊर्जा होती है।

वस्तुत: इन गुणों के अतिरिक्त सफल होने वाले व्यक्तियों में कुछ अन्य गुण भी पाए जाते हैं, जिनसे वे स्वयं पर नियन्त्रण रखते हैं एवं अपनी सारी शक्तियों, योग्यताओं एवं ऊर्जा को एक लक्ष्य की ओर उन्मुख करने में सक्षम हो पाते हैं।

बहुत से सफलतम व्यक्तियों; जैसे—**माइकल जोर्डन** (Michael Jordan), **थॉमस एडीसन** (Thomas Edison), **ऐलनर रूजवेल्ट** (Eleanor Roosevelt), **हेनरी फोर्ड** (Henry Ford) आदि के बारे में पढ़ने, सुनने एवं जानकारी एकत्र करने से उनकी सफलता हेतु मददगार कुछ *निम्न बिन्दुओं की जानकारी मिलती है—*

1 निर्णय लेने की योग्यता

ऐसे व्यक्ति तुरन्त निर्णय लेने में चूकते नहीं। निर्णय गलत या सही है, यह एक अलग बात है, लेकिन निर्णयहीनता की स्थिति तो असफलता ही दिलाएगी। निर्णय लेने से डरना या उसमें देरी करना, आपकी निर्णय लेने की क्षमता पर प्रश्न-चिह्न है।

> **It is common sense to take a method and try it. If it fails, admit it frankly and try another, But above all, try something.** **Franklin Roosevelt**
>
> **यह सामान्य बुद्धि की बात है कि आप एक तरीका काम में लें, यदि वह असफल हो जाता है, तो इसे खुले मन से स्वीकार करें एवं दूसरा तरीका काम में लें। सबसे बड़ी बात है कि कोई-न-कोई तरीका अवश्य अमल में लाएँ।** ***फ्रैंकलिन रूजवेल्ट***

2 ऐसा कार्य करना, जिसे आप सम्भवतः पसन्द न करते हों

यह एक बहुत ही महत्त्वपूर्ण बिन्दु है। हम में से बहुत से व्यक्तियों को जब कोई नापसन्द कार्य करना पड़ता है तो हम पीछे हट जाते हैं, अपना रास्ता बदल लेते हैं, चाहे वह कार्य हमें वास्तविक रूप से सफलता के द्वार पर ले जाने वाला ही क्यों न हो। लेकिन सफल होने वाले व्यक्ति ऐसा कार्य बिना हिचकिचाहट के, प्रसन्न मन से बार-बार करते हैं। उनका एक ही लक्ष्य होता है— सफलता, सफलता एवं सफलता प्राप्त करना। लक्ष्य प्राप्ति के आगे उनके लिए अन्य चीजें गौण हो जाती हैं।

3 सबसे महत्त्वपूर्ण कार्य, सबसे पहले करते हैं

सफल व्यक्तियों में एक खूबी, महत्त्वपूर्ण एवं कम महत्त्वपूर्ण कार्यों में अन्तर कर सकने की योग्यता एवं क्षमता का पाया जाना है। ऐसे व्यक्ति ऊर्जा एवं समय को व्यर्थ के काम या कम महत्त्वपूर्ण कार्यों में व्यय नहीं करते हैं, बल्कि वे अपनी प्राथमिकताएँ तय कर लेते हैं और उसी के अनुसार, अपनी कार्य सूची तय करते हैं। वे अपनी कार्य सूची बनाते समय पूरी गम्भीरता से विचार करते हैं अर्थात् वे कार्यों की प्राथमिकता तय करते समय बहुत सावधानी बरतते हैं, जिससे समय का अधिकतम सदुपयोग हो सके।

4 एक कार्य पर पूर्ण फोकस

अधिकांश सफल व्यक्तियों में एक और महत्त्वपूर्ण बात यह पाई जाती है कि वे अपना पूरा ध्यान किसी एक कार्य को पूर्ण गुणवत्ता के साथ सम्पन्न करने में लगाते हैं। उनकी पूरी क्षमता, योग्यता एवं ऊर्जा बस उसी एक कार्य के प्रति समर्पित हो जाती है।

ऐसे सफल व्यक्ति एक बार में एक ही काम पर अपना पूरा फोकस रखते हैं, बहुकार्यों (Multi Task) पर ध्यान नहीं रखते। ऐसा करने से न केवल, जिस कार्य पर आप ध्यान केन्द्रित करते हैं, वह सही समय पर, पूर्ण गुणवत्ता के साथ सम्पन्न होता है, बल्कि सारा कार्य बहुत सुचारु रूप से तनावरहित माहौल में सम्पन्न होता है। कार्य में गुणवत्ता, वस्तुतः आपकी श्रेष्ठता साबित करती है।

5 सकारात्मक दृष्टिकोण

सफल व्यक्तियों में एक और मुख्य विशेषता यह पाई जाती है कि उनका हर बिन्दु पर दृष्टिकोण सकारात्मक होता है। वे हर असफलता में भी सकारात्मक पहलू देखते हैं। उन्हें हर कठिनाई, हर समस्या में सकारात्मक लाभ दिखाई देता है।

वस्तुतः सकारात्मक दृष्टिकोण के कारण आप निराश नहीं होते हैं एवं बिना थके, बिना हारे, हर विपरीत परिस्थितियों में, पूर्ण विश्वास के साथ आगे बढ़ते जाते हैं। सकारात्मक व्यवहार एवं सकारात्मक दृष्टिकोण, जीवन में सफलता की आवश्यक शर्त है।

6 असफलता का भय

सफल व्यक्ति जब कोई कार्य करते हैं, तो असफलता के भय से हिचकिचाते नहीं हैं। ऐसे व्यक्ति अदम्य आत्मविश्वास के धनी होते हैं, साहसी होते हैं। इनका कार्य पूर्व योजना के अनुसार शुरू होता है एवं पूर्व निर्धारित समय पर पूर्ण हो जाता है। योजना बनाते समय ये काफी गम्भीरतापूर्वक विचार करते हैं एवं हर आने वाली अच्छी-बुरी परिस्थितियों का आकलन करने का प्रयास करते हैं। इनके द्वारा लिए गए निर्णय त्वरित एवं तार्किक होते हैं।

7 जीवन में एक उद्देश्य हमेशा मौजूद

सफल व्यक्ति जीवन में एक उद्देश्य लेकर चलते हैं। ऐसे व्यक्ति आन्तरिक रूप से दृढ़ होते हैं। वे अपनी दृढ़ इच्छापूर्ति को अपना उद्देश्य बनाकर चलते हैं। अन्य लोग क्या सोचते हैं? वे इसकी परवाह कभी नहीं करते। वे वही करते हैं, जो उनकी इच्छा होती है, जो उद्देश्य उन्होंने तय कर रखा है।

वे स्वयं से ही अधिकांश परिस्थिति में प्रेरित होते हैं। अपनी इच्छा की पूर्ति हेतु, अपने उद्देश्य को प्राप्त करने हेतु ऐसे व्यक्ति पूर्ण उत्साह से, पूरी तन्मयता से, दृढ़ निश्चय के साथ पूरी निष्ठा से मेहनत करते हैं एवं सफलता हासिल करते हैं।

8 समय का महत्त्व

सफल व्यक्ति समय का महत्त्व एवं इसकी कीमत समझते हैं। सफल व्यक्ति अपने समय को व्यर्थ के कार्यों में नहीं गँवाते हैं। कुछ सफल व्यक्ति तो समय पाबन्दी के मामलों में कुछ अधिक ही नियम-कानूनों में स्वयं को बाँधे रखते हैं। हर कार्य के लिए समय निर्धारित करके, बहुत अधिक अनुशासित जीवन जीते हैं। हर सफल व्यक्ति इतना अनुशासित नहीं होता, लेकिन अधिकांश सफल व्यक्ति समय की कीमत एवं उसके महत्त्व का पूर्ण सम्मान करते हैं।

9 खुला मस्तिष्क एवं सीखने की आन्तरिक इच्छा

अधिकांश सफल व्यक्तियों में यह भी एक गुण पाया जाता है कि वे अपना मस्तिष्क खुला रखते हैं। अपने उद्देश्य/लक्ष्य प्राप्ति हेतु यदि कोई नई चीज उन्हें नजर आती है, तो उसकी जानकारी प्राप्त करने की ऐसे व्यक्तियों में उत्कण्ठा एवं जिज्ञासा पाई जाती है। नई तकनीक सीखने हेतु, नए तरीकों को अमल में लाने हेतु ऐसे व्यक्ति तत्पर रहते हैं एवं इच्छा रखते हैं। कहने का अर्थ यह है कि ऐसे व्यक्ति जीवन को जीवन्तता से जीते हैं। आधुनिक तकनीकों के प्रयोग को वर्जित नहीं समझते हैं। उनका दृष्टिकोण रूढ़िवादी (Conservative) नहीं होता है।

10 असफलता से मित्रवत् होना

सफल व्यक्तियों की सबसे महत्त्वपूर्ण विशेषता है, असफलता से मित्रवत् व्यवहार। ऐसे व्यक्ति असफलता का स्वागत करते हैं। असफल होने पर वे रोते नहीं, निराश नहीं होते, बल्कि असफलता के कारणों का बहुत संयम एवं गम्भीरता से अध्ययन करते हैं। उनका समाधान कर पुन: आगे बढ़ते हैं। ऐसे व्यक्ति, असफलता को अपनी भविष्य की सफलता की सीढ़ी बनाकर आगे चलते जाते हैं। यह एक सर्वविदित तथ्य है कि सफलता की राह में कई असफलता रूपी स्टॉप आते हैं। इन स्टॉप्स पर थोड़ा विश्राम तो किया जा सकता है, लेकिन आपका सफर निरन्तर आगे जारी ही रहना चाहिए। सफल व्यक्ति असफलता को अपना मार्गदर्शक एवं साथी बनाकर आगे बढ़ते जाते हैं और एक दिन यह असफलता ही उन्हें सफल बनाती है।

असफलता अपरिहार्य है

यदि आप सफलता के पथ पर अग्रसर हैं तो इस सत्य को बहुत अच्छी तरह समझ लेना चाहिए कि सफलता की डगर सरल व सुगम नहीं, बल्कि कठिनाइयों, परेशानियों और समस्याओं से भरी है। सफलता का रास्ता दुर्गम है एवं इस रास्ते पर चलने वाले राही को दृढ़ संकल्पित, आत्मविश्वास से सराबोर, पूर्ण लगन एवं निष्ठा से मेहनत करने को तत्पर होना चाहिए। जिन महान् व्यक्तियों को आप और हम सफलतम व्यक्तियों की श्रेणी में रखते हैं, उनकी सफलता की दास्ताँ यदि जानने का प्रयास करें, तो पता लगेगा कि उन्होंने यह सफलता अनेक बार असफल होने के बाद प्राप्त की है। असफल होना कोई विशेष महत्त्वपूर्ण बात नहीं है। हमने तो शुरू में ही लिखा है कि सफलता की डगर पर असफलता का स्टॉप पहले आता है, फिर सफलता का स्टॉप आता है।

मुख्य बात है कि असफल होने की स्थिति में आप क्या करते हैं? किस तरह से स्वयं को सम्भालते हैं? आपका इसके बाद क्या रवैया रहता है?

सफल एवं असफल व्यक्ति में यदि कोई एक ही अन्तर पूछे, तो वह है सफल व्यक्ति असफलता को बहुत सहज घटना मानकर, उससे बिना भयभीत हुए, सफलता के पथ पर संघर्षरत निरन्तर बढ़ते जाते हैं, जबकि असफल व्यक्ति असफलता को एक दुर्घटना, भाग्यहीनता मानकर सफलता का रास्ता छोड़कर चुपचाप बैठ जाते हैं।

असफल होने पर क्या करें?

यह एक महत्त्वपूर्ण प्रश्न है कि असफलता मिलने पर हमें किस तरह से व्यवहार करना चाहिए? निम्न बिन्दुओं पर गौर करें, विचार करें

1 असफलता का स्वागत करें...

सफलता की राह में आप चाहें या न चाहें, असफलता मिलती ही है। एक बुद्धिमान व्यक्ति, असफलता को दुत्कारता नहीं है, बल्कि वह उसका स्वागत करता है। असफलता से हमें कुछ महत्त्वपूर्ण शिक्षा मिलती है, सबक मिलते हैं, हमें अपनी कमियों का पता चलता है। ये जानकारियाँ हमें भविष्य में आने वाली बड़ी परेशानियों से बचाती हैं और हमें बड़ी सफलता पाने की ओर अग्रसर करती हैं।

2 असफलताओं से सीखें...

असफलताएँ हमें बुद्धिमान बनाती हैं। असफलताएँ हमें जीवन में संघर्ष करने का रास्ता बताती हैं। असफलताओं से हम बहुत कुछ सीखते हैं। हम कितना सीख सकते हैं, कितनी समझदारी से इस पर चिन्तन करते हैं, कितनी सिद्दत से आत्मविश्लेषण करते हैं, यह आगे बढ़ने के लिए अत्यन्त महत्त्वपूर्ण है। भविष्य की सफलता, वर्तमान की असफलता से ली गई शिक्षा एवं विश्लेषण पर ही निर्भर करती है।

3 राह मत छोड़ो, बढ़ते जाओ...

सफलता के बहुत से राही शुरूआत बहुत जोर-शोर से करते हैं। कुछ कदम चलते भी हैं, मेहनत भी करते हैं, बढ़कर बातें भी करते हैं, लेकिन फिर अनायास ही, एकदम से थककर रास्ता छोड़ देते हैं। सफलता के ऐसे पथिक को सलाह है कि आप अपनी राह नहीं छोड़ें। हो सकता है सफलता आपसे कुछ ही कदम दूर हो। अतः राह नहीं छोड़ें, प्रयास करते रहें और आगे बढ़ते रहें।

4 अपने उत्साह को बनाकर रखें...

असफलता आपके उत्साह को यदि कम करती है, तो इसका अर्थ है कि आप असफलता को एक बड़ी दुर्घटना मान रहे हैं। असफलता, सफलता की राह का मात्र एक स्टॉप ही तो है, जो निश्चित रूप से अपरिहार्य है। अत: आप अपने उत्साह को कम न होने दें। साहसी बनें, दोगुने उत्साह से पुन: प्रयास करें। सफलता आपका वरण करेगी, आप निश्चित ही सफल होंगे।

5 अपने आत्मविश्वास को डिगने न दें...

सफलता हेतु आत्मविश्वास सबसे आवश्यक तत्त्व है। अपने आत्मविश्वास को बनाए रखें। निराश न हों, असफलता को एक सबक के रूप में लें। पूर्ण निष्ठा, लगन एवं आत्मविश्वास से पुन: प्रयास करें। सफल व्यक्ति हर स्थिति में आत्मविश्वास बनाए रखता है एवं पुन: प्रयास करता है और निश्चित रूप से सफल होता है।

6 स्वयं को कोसें नहीं, पुनः प्रयास करें...

बहुत से व्यक्ति असफल होने पर, स्वयं को कोसने लगते हैं, उन्हें दुनिया की सारी कमियाँ स्वयं में नजर आने लगती हैं। वे स्वयं की निर्णय क्षमता और योग्यता पर विश्वास खोने लगते हैं, जबकि असफलता हेतु विभिन्न परिस्थितियाँ व अन्य कारक जिम्मेदार होते हैं। कुछ लोग स्वयं को भाग्यहीन समझकर प्रयास छोड़ देते हैं। याद रखें, आपके द्वारा प्रयास छोड़ने का अर्थ, हमेशा के लिए, असफल होकर बैठ जाना है, जबकि प्रयासरत व्यक्ति निश्चित ही सफलता पाता है। जीवन में असफलता का सामना होने पर स्वयं को कोसना नहीं चाहिए, बल्कि पूर्ण संकल्पित होकर, पूर्ण साहस एवं आत्मविश्वास से पुन: प्रयास करना चाहिए।

आखिर हम असफल क्यों होते हैं?

इस प्रश्न का उत्तर, अलग-अलग सोच के व्यक्ति अलग-अलग प्रकार से देते हैं। भाग्यवादी अपनी असफलता के लिए, भाग्यहीनता को जिम्मेवार ठहराता है, कमजोर संकल्प का व्यक्ति, विभिन्न प्रकार की परिस्थितियों को जिम्मेवार मानता है, जबकि दृढ़ संकल्पित व्यक्ति, अपनी असफलता के लिए स्वयं को जिम्मेवार मानता है। सामान्यतया मानव प्रवृत्ति में स्वयं की कमियाँ देखने की आदत नहीं होती, बल्कि वह हर असफलता के लिए किसी-न-किसी को दोषी ठहराना चाहता है। सफलता हेतु वस्तुतः जितना प्रयास एवं जितनी मेहनत करने की आवश्यकता होती है, उतनी मेहनत अधिकांश व्यक्ति नहीं कर पाते हैं, इसलिए असफल व्यक्तियों की संख्या, सफल व्यक्तियों से अधिक होती है।

जब भी सफलता, असफलता की चर्चा होती है, असफल व्यक्तियों की संख्या अधिक होने के कारण अधिकतर बात भाग्यहीनता पर आकर टिक जाती है। ऐसे लोग स्वयं की असफलता के लिए ऐसी परिस्थितियों का बयान करते हैं, जिससे एक सुर में असफलता के लिए भाग्य या स्वयं के दुर्भाग्यशाली होने को जिम्मेवार ठहराया जा सके। आप कभी इस बिन्दु पर गौर करें, तो इस तरह की चर्चा में सफल व्यक्तियों द्वारा कम तर्क दिए जाते हैं, उनके द्वारा इस चर्चा में उतने सक्रिय रूप से भाग नहीं लिया जाता है, जितनी सक्रियता से असफल व्यक्ति, ऐसी चर्चा में भाग लेते हैं।

हमें भाग्य की सत्ता को नकारने की आवश्यकता नहीं है, लेकिन भाग्य के कारण ही सफलता या असफलता मिल जाने की कल्पना करना, ऐसी धारणा बनाना नितान्त अतार्किक एवं गलत सोच है। व्यक्ति को अपने पुरुषार्थ पर विश्वास रखना चाहिए। एक कर्मठ, मेहनतकश और संकल्पित व्यक्ति यदि असफल होता है, तो उसे अपनी रीति-नीति का विश्लेषण करना चाहिए, अन्य के परिप्रेक्ष्य में स्वयं की तैयारियों का आकलन करना चाहिए। यदि यह विश्लेषण या आकलन पूरी ईमानदारी से किया जाए, तो अपनी असफलता के कारणों एवं कारकों का सही ज्ञान हो जाएगा।

असफलता : *प्रमुख कारण एवं कारक*

सामान्यतया व्यक्ति के असफल होने या लक्ष्य से भटकने में कुछ प्रमुख कारकों या कारणों की कमी होना भी है। *असफलता के भागी कुछ प्रमुख कारण या कारक निम्नलिखित हैं*

1 लक्ष्यहीनता यानि उद्देश्य एवं दिशा का अभाव

अधिकांश व्यक्तियों के जीवन के लक्ष्य और उद्देश्यों के बारे में यदि आप जानकारी प्राप्त करेंगे, तो पाएँगे कि उनका कोई लक्ष्य ही नहीं है। उन्होंने अपना कोई उद्देश्य ही निर्धारित नहीं किया है या यह कहें कि उन्होंने इस पर कभी गम्भीरता से विचार ही नहीं किया। उन्होंने कभी यह सोचा ही नहीं कि उन्हें जीवन में क्या चाहिए, क्या बनना है, उनकी मंजिल क्या होनी चाहिए?

> **The tragedy in life doesn't lie in not reaching your goal. The tragedy lies in having no goals to reach.**
> **Benjamin Mays**
>
> जीवन में लक्ष्य तक नहीं पहुँचना बहुत दुःखद नहीं है, बल्कि दुःखद बात तो यह है, जब कोई लक्ष्य ही न हो।
> ***बैंजामिन मेज***

अधिकांश व्यक्ति लक्ष्यहीन परिश्रम करते रहते हैं। बिना उद्देश्य, बिना लक्ष्य के किया गया परिश्रम आपको कहाँ ले जाएगा, कोई नहीं जानता। जीवन में सफलता के लिए आवश्यक है कि आप अपना उचित लक्ष्य तय करें एवं उस लक्ष्य की प्राप्ति हेतु अपनी सम्पूर्ण योग्यता, क्षमता एवं दक्षता का उपयोग करें।

> "लक्ष्यहीन व्यक्ति बिना पतवार की नाव की तरह है, जिसकी न कोई दिशा है, न कोई मंजिल। हवा के झोकों के साथ, समुद्र में इधर से उधर भटकना ही उसके भाग्य में बँधा है।" "लक्ष्यहीन, उद्देश्यहीन और दिशाहीन मनुष्य का जीवन पशु से भी गया गुजरा जीवन है। पशु तो ऐसा कुछ कर नहीं सकता, जबकि मनुष्य द्वारा कर सकने योग्य होने पर भी न करना, उसे पशु कहलाने योग्य भी नहीं छोड़ता है।"

2 तैयारियों में कमी

यदि आपने समस्त तैयारियाँ पूरी करने के बाद किसी कार्य में हाथ डाला है, तो सफलता मिलना तय माना जा सकता है। वस्तुतः असफलता का सबसे बड़ा कारण, तैयारियों में कमी का होना है।

> **Full preparation equals success.**
> **पूर्ण तैयारी सफलता के बराबर है।**

तैयारी पूरी करने के लाभ

(i) तैयारियाँ पूरी कर लेने का अर्थ, योजनाबद्ध कार्य करना है, इससे व्यक्ति तनावमुक्त रहता है, उसकी निर्णायक क्षमता सही एवं त्वरित होती है।

(ii) यदि आपने सफलता हेतु पूरी तैयारी की है, तो आपको सफलता की राह में आने वाली रुकावटों, अवरोधों का मुकाबला करने में कोई समस्या नहीं होगी।

(iii) आप मिलने वाले अवसरों का शीघ्र लाभ उठाने में सक्षम होंगे।

(iv) पूरी तैयारी से तात्पर्य असफलता मिलने पर भी इसके लिए तैयार रहने से है। असफलताएँ, सफलता की राह के छोटे-छोटे स्टॉप्स (Stops) हैं, जो आती ही हैं। अतः जो व्यक्ति पूरी तैयारी से सफलता के मार्ग पर चलता है, वह असफलता का मुकाबला करने को भी पूर्णतया तैयार रहता है।

(v) पूर्ण तैयारी का अर्थ स्वयं की पूरी योग्यता, क्षमता एवं दक्षता को निर्धारित लक्ष्य प्राप्ति की ओर एकजुट करना है।

वस्तुतः अधिकांश व्यक्ति सफलता की राह के पथिक तो बन जाते हैं, लेकिन वे बिना तैयारी के ही अपनी यात्रा शुरू कर देते हैं, जिससे उनकी सफलता की यात्रा अधूरी रह जाती है।

> **Don't let lack of preparation be your obstacle to attain success.**
> **सफलता प्राप्त करने के लिए तैयारी की कमी को अपनी बाधा मत बनाओ।**

यदि आप एक पहाड़ पर चढ़ने की शुरूआत कर रहे हैं, तो आपको पता नहीं होता कि अचानक क्या हो सकता है? मौसम में अचानक बदलाव आ सकता है, कोई उपकरण खराब हो सकता है, आपके नक्शे में कोई गलती हो सकती है, आपको कोई चोट भी लग सकती है। इस तरह की आकस्मिकताओं के लिए यदि आपने पूर्व में विचार नहीं किया है, तैयारी नहीं की है, तो आपकी सफलता प्राप्त करने की सम्भावना बहुत क्षीण है।

सफलता के लिए आवश्यक है कि आप हड़बड़ी में या अचानक, बिना पूरी तैयारी किए ही किसी कार्य की शुरूआत न करें। आप योजनाबद्ध तरीके से कार्य करें। कार्य योजना के अन्तर्गत पूर्ण तैयारी के प्रति आप जितने गम्भीर होंगे, आपकी राह में उतनी ही कम बाधाएँ आएँगी एवं आप उतने ही अधिक सफलता के करीब होंगे।

सोच-विचार कर एवं योजना बनाकर, पूरी तैयारी से किए गए कार्य में सफलता निश्चित रूप से मिलती है।

3 जानकारी का अभाव

आप यदि किसी भी क्षेत्र में सफल होना चाहते हैं, तो उस क्षेत्र के सम्बन्ध में आपके पास पूरी जानकारी होनी चाहिए। मान लीजिए, आप एक विशेष प्रकार की वस्तु का उत्पादन करना चाहते हैं, तो आपको उस वस्तु की उत्पादन कीमत, उस वस्तु जैसी अन्य वस्तुओं की बाजार में उपलब्धता, उस वस्तु की सम्भावित बिक्री इत्यादि बहुत-सी बातों की जानकारी की आवश्यकता होती है। यह जानकारी जितनी सटीक और, जितनी वास्तविक होगी, आपके सफल होने की सम्भावना उतनी ही अधिक है।

जानकारी का अर्थ यह नहीं है कि आपको ही सारी Methodology, Production Procedure या अन्य तकनीकी जानकारी हो, यह जानकारी तो आप Engineer, Technician को नियुक्त करके प्राप्त कर सकते हैं, लेकिन अन्य जानकारी, जो मुख्यतया उसकी आर्थिक उपादेयता (Economic Viability) से सम्बन्धित है, आपको होनी चाहिए।

यदि आप छात्र हैं। किसी अभीष्ट परीक्षा हेतु तैयारी कर रहे हैं, तो आपको उस परीक्षा के सम्बन्ध में जानकारी होनी चाहिए; जैसे-प्रश्न-पत्र Objective आएँगे या Descriptive, किस-किस विषय के Paper होंगे, Negative Marking होगी या नहीं, Paper का Standard क्या होगा इत्यादि। ये सब जानकारियाँ आपकी सफलता हेतु मददगार होंगी। सीधी सी बात है,

> **समुचित जानकारी का अभाव आपकी सफलता को संदिग्ध करता है।**

आपने अवश्य सुना होगा

> **A little knowledge is a dangerous thing.**

वस्तुतः किसी व्यक्ति की असफलता के पीछे समुचित जानकारी का नहीं होना, एक अहम् कारण है।

4 दृढ़ निश्चय की कमी

जीवन में सफल होने का सपना तो सभी संजोते हैं। सफलता की राह में एक बार तो सभी चलना शुरू करते हैं, लेकिन कौन सफल होता है, इसके लिए सबसे महत्त्वपूर्ण बिन्दु है दृढ़ निश्चय।

अधिकांश व्यक्तियों की असफलता का सबसे बड़ा कारण दृढ़ निश्चय का अभाव है। सफलता के पथ पर अग्रसर होने वाले व्यक्तियों में सफल वही होता है, जो लगातार बिना रुके, बिना हारे बढ़ता जाता है।

जिसका निश्चय अडिग है, वह तब तक सन्तुष्ट नहीं होता, जब तक कि वह अपने लक्ष्य को प्राप्त नहीं कर लेता।

दृढ़ निश्चय, सफलता की प्रथम शर्त है। बिना दृढ़ निश्चय के सफलता के कंटीले मार्ग पर आगे बढ़ना सम्भव नहीं है। दृढ़ निश्चय के साथ, आप में साहस एवं आत्मविश्वास का होना अति आवश्यक है या यह भी कह सकते हैं कि आत्मविश्वास, साहस एवं दृढ़ निश्चय एक-दूसरे के साथी हैं।

यह सच है कि सफलता की राह में कई प्रकार की अड़चनें और बाधाएँ आती हैं, लेकिन वे सभी बाधाएँ, व्यक्ति के दृढ़ निश्चय के समक्ष बौनी हो जाती हैं। जिस व्यक्ति में दृढ़ निश्चय का अभाव होता है, वह सफलता के मार्ग में कुछ कदम तो चलता है, पर बाद में वह थक-हार कर बैठ जाता है और पलायन कर जाता है।

5 निरन्तरता की कमी

सफलता के लिए निरन्तरता (Perseverance) आवश्यक है। यह कहना बिल्कुल सच है कि निरन्तरता ही सफलता की कुंजी है। वस्तुतः निरन्तरता (Perseverance) है क्या? निरन्तरता का अर्थ, निर्धारित लक्ष्य हेतु तब तक प्रयास करते रहना है, जब तक हमें कामयाबी नहीं मिलती। इसका अर्थ है कि यदि हम असफल भी होते हैं, तो पुनः प्रयास करना एवं तब तक करते रहना अपरिहार्य है, जब तक हम कामयाब न हो जाएँ।

यह एक कटु सत्य है कि हर सफल होने वाले व्यक्ति ने अपने जीवन में बहुत बार असफलताओं का सामना किया है, लेकिन वे बिना हारे, लगातार अपने लक्ष्य प्राप्ति में जुटे रहे, लगे रहे और एक दिन वे सफल हुए।

इसे बहुत आसानी से मनन किया जा सकता है, समझा जा सकता है कि यदि आप किसी लक्ष्य को प्राप्त करने हेतु प्रयास कर रहे हैं एवं एक बार या दो बार प्रयास करने के बाद भी आपको सफलता नहीं मिलती है, तो आप क्या करेंगे?

आप दो ही कार्य कर सकते हैं

(i) **आप अपना प्रयास छोड़ देंगे** यदि ऐसा किया तो लक्ष्य प्राप्ति असम्भव है। आप जहाँ हैं, वहीं रह जाएँगे। परिणाम–आप असफल हो गए।
(A Quitter never wins)

(ii) **आप अपना प्रयास जारी रखेंगे** हो सकता है आप पुनः असफल हो जाएँ, लेकिन यदि आप लक्ष्य प्राप्ति हेतु अपना प्रयास जारी रखते हैं, तो आपके सफल होने की सम्भावना बनी रहती है।

पुनः प्रयास करते समय, आप अपनी असफलताओं के कारणों का पूरी निष्ठा एवं ईमानदारी से, पूरी गम्भीरता से विश्लेषण करें और दोगुने उत्साह से पुनः प्रयास करें। आप कोई नई तकनीक अपना सकते हैं, आप कोई अन्य उपाय कर सकते हैं। बस आप डटे रहें, प्रयास जारी रखें, तो आप निश्चित ही सफल होंगे।

आपने बिजली के बल्ब के आविष्कारक थॉमस एडिसन का नाम अवश्य सुना होगा उनके प्रयोग 10,000 बार असफल हुए, लेकिन वे प्रयासरत रहे और फिर अन्ततः सफल हुए।

> **Through determination and longing for success a procrastinator can change himself.**
> **चींटी से सीखें हमेशा कार्यरत रहना, कैसा आलस्य, कैसा आराम बस उसका काम हमेशा चलते रहना।**

अब्राहम लिंकन, मैरी क्यूरी (Marine Curie), हेलेन केलर (Helen Keller), मेरिओ लेमेक्स (Mario Lemeux) की सफलता की दास्तान भी असफलताओं से भरी पड़ी है, लेकिन वे अपने लक्ष्य प्राप्ति की दिशा में लगातार प्रयासरत रहे और एक दिन वे सफल हुए।

> **Most of the important things in the world have been accomplished by people who have kept on trying, where there seemed to be no help at all.**
> **Dale Carnegie**

6 छोटी सफलता से सन्तुष्ट हो जाना

सफलता एक लगातार जारी रहने वाली प्रक्रिया है। आपने एक लक्ष्य तय किया, उसे प्राप्त कर लिया और अब आगे प्रयास बन्द कर दिया, तो आपकी सफलता अधूरी है, क्योंकि

(i) आप अपनी सामर्थ्य का पूरा प्रयोग नहीं कर रहे हैं। आप सफलता की और ऊँची बुलन्दियों पर पहुँच सकते हैं, लेकिन आपकी उदासीनता और निष्क्रियता ने आपकी सफलता को सीमित कर दिया है।

(ii) आप जिस लक्ष्य को प्राप्त कर, स्वयं को सन्तुष्ट एवं सफल समझ रहे हैं, वह स्तर भी आपसे छूट सकता है, क्योंकि प्रतिस्पर्द्धा करने वाले, आपको पराजित कर उस स्तर को प्राप्त करने हेतु प्रयासरत हैं। अतः आपको लगातार प्रयत्न करते रहना होगा।

(iii) सन्तुष्टि एवं सफलता सौतेली बहनें हैं। वे एक-दूसरे को देखकर खुश नहीं रहती हैं। जहाँ सन्तुष्टि है, वहाँ सफलता नहीं रह सकती और जहाँ सफलता है, वहाँ सन्तुष्टि नहीं रहेगी।

जो व्यक्ति छोटी सफलता से सन्तुष्ट हो गया, वह बड़े लक्ष्यों की वास्तविक सफलता या यह कहें कि अपनी क्षमता, योग्यता और सामर्थ्य के अनुसार मिल सकने वाली सफलता से दूर हो जाता है।

7 स्वयं की कमियों अथवा खामियों को दूर नहीं करना

अधिकांश व्यक्ति अपनी असफलता के लिए दूसरे लोगों को जिम्मेवार मानते हैं। कुछ लोग विषम परिस्थितियों को अपनी असफलता का कारण बताते हैं। बहुत से ऐसे लोग भी हैं, जो अपने दुर्भाग्य को अपनी असफलता का कारक समझते हैं। ऐसे लोग कम होते हैं, जो स्वयं की कमियों, और खामियों को अपनी असफलता के लिए जिम्मेवार ठहराते हैं।

हर सफल व्यक्ति, कई-कई बार असफल होने के बाद सफलता के मुकाम पर पहुँचते हैं। असफलता एक सामान्य घटना है, लेकिन इस असफलता से यदि हम सबक लें, तो यह हमारी सफलता के लिए सबसे बड़ी मार्गदर्शक बन सकती है।

असफलता का अर्थ है हमारे प्रयासों में कुछ कमी का होना। हमारे अधूरे प्रयासों का परिणाम ही हमारी असफलता है।

आवश्यकता इस बात की है कि हम पूरी ईमानदारी से अपनी कमियों एवं खामियों का आकलन करें एवं इन्हें दूर करके पुनः प्रयास करें, सफलता अवश्य मिलेगी।

8 आत्मविश्वास की कमी

बिना आत्मविश्वास के हम सफलता की राह में एक कदम भी आगे बढाएँगे, तो बड़ी हिचकिचाहट एवं भय के साथ ही बढ़ा सकेंगे। आत्मविश्वास सफलता की प्रथम आवश्यकता है। हमारा आत्मविश्वास ही, आवश्यक साहस एवं दृढ़ता से सफलता की राह में आगे बढ़ने को हमें प्रेरित करता है। (आत्मविश्वास के सन्दर्भ में अलग से लेख दिया हुआ है, उसका अध्ययन करें)

9 नकारात्मक सोच

नकारात्मक सोच से हमारा व्यवहार एवं स्वभाव भी नकारात्मक होता जाता है। नकारात्मक सोच हमारे आत्मविश्वास को हिला देती है। हम अपनी योग्यता एवं क्षमता पर ही अपना विश्वास खोने लगते हैं। नकारात्मक सोच के कारण हमें हर व्यक्ति धोखेबाज नजर आने लगता है, अपने हर निर्णय में खामियाँ नजर आती हैं। नकारात्मक सोच के कारण अपने हर प्रयास का फल, असफलता के रूप में दिखाई देता है। व्यक्ति निराशावादी एवं भाग्यवादी बन जाता है।

सफल होने के लिए आवश्यक है कि हमारी सोच सकारात्मक हो। सकारात्मक सोच से मस्तिष्क में उत्साह का संचार होता है। व्यक्ति दोगुने उत्साह से, पूरे आत्मविश्वास एवं दृढ़ निश्चय से अपने लक्ष्य की पूर्ति की ओर प्रेरित होता है। सफलता की आकांक्षा रखने वाले व्यक्तियों को नकारात्मक सोच से दूर रहने एवं सकारात्मक सोच को अपनाने की आवश्यकता है।

10 स्वाभिमान का अभाव

स्वाभिमान वह आन्तरिक शक्ति या ऐसी भीतरी ताकत है, जिसका भान हमें कई बार स्वयं को भी नहीं होता। कई बार व्यक्ति स्वयं नहीं जानता कि वह क्या कर सकता है? लेकिन जब मौका मिलता है, समय आता है, तो वह उस काम को इतने शानदार तरीके से अन्जाम देता है कि लोग दाँतों तले अँगुली दबाए, आश्चर्यचकित रह जाते हैं।

स्वाभिमान का बिगुल जब भी बजता है, जिन्दगी एक नई करवट लेती है। व्यक्ति में एक अनूठे साहस का संचार होता है। वह अदम्य आत्मविश्वास से भर जाता है एवं जिस कार्य को कई कुशल, साहसी, योग्य एवं दक्ष समझे जाने वाले लोग अन्जाम देने से हिचकिचाते हैं, स्वाभिमानी व्यक्ति उसे बड़े सुलझे तरीके से सम्पादित कर देता है।

स्वाभिमान की पूँजी सफलता के लिए परम आवश्यक है, जिसमें स्वाभिमान का अभाव होता है, वह मात्र चापलूसी कर, दुनिया के तलवे चाटकर सामान्य जीवन ही जी सकता है। गैर-स्वाभिमानी व्यक्ति यदि कभी किसी उच्च पद पर पहुँच भी जाता है, तो वह उस पद की गरिमा को ठेस ही पहुँचाता है, वह उस पद की मर्यादा को मलिन ही करता है। गैर-स्वाभिमानी व्यक्ति कभी लोगों का वास्तविक सम्मान हासिल नहीं कर सकता है। वह वास्तविक सफलता न तो हासिल कर सकता है और न ही वह उसका हकदार है।

11 स्वयं की योग्यता एवं गुणों का बढ़ा-चढ़ाकर आकलन

अधिकांश व्यक्ति स्वयं की योग्यता एवं क्षमता का सही आकलन करने में गलती करते हैं। वे अपनी योग्यता को बढ़ा-चढ़ा कर आँकते हैं। जब योग्यता एवं क्षमता का आकलन ही सही नहीं है, तो सफलता का आकलन कैसे सही हो सकता है?

एक सर्वे में यह पाया गया कि कम योग्यताधारी व्यक्ति का, स्वयं की योग्यता के सन्दर्भ में आकलन बहुत बढ़ा-चढ़ा कर होता है। अपनी योग्यता और क्षमता के गलत आकलन का प्रभाव आपके लक्ष्य निर्धारण एवं निर्णय पर भी पड़ता है। लक्ष्य निर्धारण आपकी योग्यता और क्षमता के अनुकूल नहीं होने पर, आपको सफलता मिलने की सम्भावना भी कम हो सकती है।

एक व्यक्ति अपनी योग्यता एवं गुणों को जितना बढ़ा-चढ़ाकर आँकता है, उसके असफल होने की सम्भावना उतनी ही प्रबल रहती है।

स्वयं की योग्यता के गलत आकलन का बहुत बड़ा कारण लोगों की चापलूसी भरी बातें हैं। आपके मित्र एवं बन्धु-बान्धव, आपके मुँह पर प्रशंसा के ऐसे पुल बाँध देते हैं कि आप स्वयं को आदर्श, बहुत महान् एवं सफलतम व्यक्ति समझने लगते हैं, जबकि वे आपके पीछे क्या कहते हैं, इसका आपको ज्ञान ही नहीं हो पाता है। अपनी योग्यता और क्षमता के गलत आकलन से हमारे निर्णय भी प्रभावित होते हैं।

अपनी योग्यता और क्षमता का उचित आकलन हम स्वयं नहीं कर सकते, बल्कि एक निरपेक्ष आलोचक ही इसे सही तरह से कर सकता है। ऐसे आलोचक वस्तुत: हमारे शुभचिन्तक होते हैं। ऐसे आलोचकों द्वारा किए गए आकलन से ही हमें पता लगता है कि हम कितने पानी में हैं।

जिस तरह अति आत्मविश्वास (Over Confidence) व्यक्ति की सफलता में बाधक है, उसी प्रकार अपनी योग्यता और क्षमता का बढ़ा-चढ़ा कर आकलन करना भी सफलता प्राप्ति के मार्ग में और एक बड़ी बाधा है।

12 छोटे रास्ते यानि 'शॉर्टकट' अपनाना

सफलता एक ऐसी प्रक्रिया है, जिसमें समय एवं ऊर्जा दोनों का विनियोग होता है। स्थायी सफलता हेतु हमें सकारात्मक सोच, नियोजन, लक्ष्य निर्धारण, आत्मविश्वास, एकाग्रता, दृढ़ निश्चय एवं निष्ठापूर्वक लक्ष्य प्राप्ति हेतु प्रयासरत रहने की आवश्यकता होती है, लेकिन सफलता प्राप्त करने हेतु हम छोटे रास्ते (Shortcuts) पर विश्वास नहीं कर सकते।

सफलता का कोई Shortcut नहीं है। हाँ, समय बचाने (Time Saver) हेतु कुछ उपाय किए जा सकते हैं; जैसे—

(i) ऐसे व्यक्तियों के अनुभवों का लाभ उठाना, जो वही कार्य कर रहे हैं या कर चुके हैं, जो आप करने जा रहे हैं।

(ii) ऐसी पत्रिका या किताबें पढ़कर जानकारी प्राप्त करना, जिनमें आपको भविष्य में आने वाली परेशानियों की जानकारी एवं उसके निवारण के उपाय बताए गए हैं।

(iii) ऐसी कोचिंग कक्षाओं में सम्मिलित होना, जहाँ सन्दर्भित कार्य के सम्बन्ध में प्रशिक्षण दिया जाता है।

(iv) किसी कार्य को करने हेतु ऐसे तरीके अपनाना, जिससे उस कार्य में कम समय लगे। यह एक तकनीक या वैज्ञानिक विधि हो सकती है।

ये समय की बचत करने की कुछ विधियाँ हैं, इनका उपयोग तो किया जा सकता है, लेकिन स्थायी सफलता हेतु कोई Shortcuts नहीं होता है। आज का नवयुवक आनन-फानन में सफलता पाना चाहता है। वह बिना नीचे की सीढ़ियों पर चढ़े, सीधे ही टॉप पर पहुँचना चाहता है। इसके लिए वह गलत-सही, उल्टे-सीधे Shortcuts अपनाकर गर्त में गिरता है। स्थायी सफलता उसे कभी नहीं मिल सकती।

13 उचित अवसर को पहचानने की अयोग्यता

जीवन में हमें कई बार ऐसे अवसर मिलते हैं, जो हमारे जीवन में शानदार परिवर्तन ला सकते हैं, जो हमें सफलता की बुलन्दियों पर पहुँचा सकते हैं।

सही अवसर को पहचानना एवं सही अवसर तलाशना, दोनों ही सफलता के लिए महत्त्वपूर्ण हैं। कहते हैं कि एक आइडिया (एक विचार) आपका जीवन बदल सकता है। उसी प्रकार एक उचित अवसर, आपको कहाँ से कहाँ पहुँचा सकता है? इसकी कल्पना भी नहीं की जा सकती है।

यदि आपका दृष्टिकोण सकारात्मक है, आपकी सोच आशावादी है, तो आप ऐसे अवसर को पहचानने में अधिक सक्षम होते हैं। व्यक्ति में कुछ जोखिम उठाने की तत्परता होनी चाहिए। वास्तविक रूप से आप सफल होने के लिए जितने अधिक उत्साहित रहेंगे, आप में उतना ही अधिक साहस एवं सकारात्मकता परिलक्षित होगी। सही अवसर की पहचान करने के लिए सकारात्मकता, आशावादिता एवं साहस जैसे गुणों की आवश्यकता है।

14 टालने की आदत

अधिकांश व्यक्ति 'टालने की आदत' से ग्रसित पाए जाते हैं। बिना कोई महत्त्वपूर्ण कारण के व्यक्ति काम को टालता जाता है। इस आदत के कारण, कई बार उसकी सारी दिनचर्या ही अजीब तरह से अस्त-व्यस्त हो जाती है। टालने की आदत के कारण आपका 'समय प्रबन्धन' (Time Management) गड़बड़ा जाता है।

इस आदत के कारण कई बार व्यक्ति किसी काम को टाल देता है और फिर किसी दूसरे कार्य को प्राथमिकता दे देने से पहले वाला कार्य, जिसे अनावश्यक रूप से टाला गया है देरी से होने की अवस्था में आ जाता है। टालूपन की आदत सफलता के राह की एक बड़ी बाधा यानि रुकावट है।

> **There are many way to avoid and delay success, but the most sure-shot way is PROCRASTINATION.**

अर्थात् सफलता को दूर करने या सफलता में देरी करने के कई तरीके हैं, लेकिन इसका सुनिश्चित तरीका टालूपन (Procrastination) है या व्यक्ति सफलता की आकांक्षा रखता है, जो सफलता की राह का पथिक है, उसे टालूपन की आदत से स्वयं को हमेशा दूर रखना चाहिए।

(टालूपन के सन्दर्भ में एक लेख आगे भी दिया गया है, अवश्य पढ़ें।)

15 उचित समय पर उचित निर्णय न लेना

जो व्यक्ति सही समय पर सही निर्णय नहीं ले सकता, उसे सफलता मिलनी सम्भव नहीं है या यह निष्कर्ष तो कम-से-कम निकाला ही जा सकता है कि सफलता मिलने में उसे बहुत देर लगेगी।

वस्तुतः साहस की कमी, असफलता का भय, नकारात्मकता एवं निराशावादी सोच के कारण व्यक्ति सही समय पर निर्णय लेने में असमर्थ हो जाता है। जीवन में सफलता के लिए कुछ जोखिम उठाना पड़ता है। व्यवसाय या व्यापार में कुछ जोखिम उठाकर ही व्यक्ति आगे बढ़ता है, लेकिन यह जोखिम, पूर्व में गणना (Pre-calculated risk) करने के बाद उठाना चाहिए। ऐसे निर्णय मात्र

भावनाओं पर आधारित नहीं होने चाहिए। आवेश एवं भावनाओं में बहकर लिए गए निर्णय अधिकांशतया गलत होते हैं।

जो निर्णय तार्किक आधार एवं सही समय पर लिए जाते हैं, वे अधिकांशतया सफल होते हैं, लेकिन जो निर्णय सही समय पर नहीं लिए जाते, उनसे तो असफलता ही मिलेगी।

16 सफलता हेतु पूर्ण समर्पण का अभाव

किसी भी क्षेत्र में किसी भी कार्य की सफलता के लिए समर्पण बहुत महत्त्व रखता है। यदि आप काम के प्रति पूरी तरह समर्पित नहीं हैं, तो आप अपनी सफलता को स्वयं संदिग्ध बना रहे हैं।

अधिकांश व्यक्ति कार्य तो करते हैं, लेकिन वे एक रुटीन के तौर पर कार्य करते जाते हैं। उस कार्य में समर्पण नहीं होता। कार्य में जब समर्पण होता है, तो वह उत्कृष्ट हो जाता है। जो व्यक्ति पूर्ण समर्पण एवं निष्ठा से किसी कार्य को अन्जाम देते हैं, तो वह कार्य सचमुच ही उत्कृष्ट एवं श्रेष्ठतर होता है। कार्य के प्रति समर्पित ऐसे व्यक्ति हमेशा सफल होते हैं।

पूरी तरह समर्पण का अर्थ है कि आप दिलो-दिमाग और तन-मन से उस कार्य को अच्छी-से-अच्छी तरह कर रहे हैं। आप स्वयं कभी विचार करें कि क्या आप जो कार्य कर रहे हैं, उसमें आप पूरी निष्ठा से समर्पित हैं। यदि हैं, तो वह कार्य अवश्य ही सफल होगा और नहीं हैं, तो आपको सफल होने के लिए पूरी तरह समर्पित होकर कार्य को अन्जाम देना होगा।

> **समर्पण का अभाव वस्तुतःअसफलता को आमन्त्रण है।**

17 जोखिम उठाने से डरना

जोखिम उठाना, एक चुनौतिपूर्ण कार्य है। जीवन में आगे बढ़ने के लिए व्यक्ति को कुछ जोखिम उठाना ही पड़ता है। किसी भी व्यापार या व्यवसाय में आप बिना कोई जोखिम उठाए, कुछ भी कार्य नहीं कर सकते। हर निर्णय में जोखिम सम्मिलित है। आप किसी भी प्रकार का निर्णय लेंगे, उसमें कुछ-न-कुछ जोखिम का समावेश तो अवश्य ही रहेगा।

एक छात्र भी जब कोई परीक्षा देता है, तो उसमें भी जोखिम शामिल है। जोखिम आर्थिक भी हो सकता है एवं मानसिक भी, इसका अर्थ यह हुआ कि आपके द्वारा लिए गए जोखिम के असफल होने से आपको आर्थिक हानि भी उठानी पड़ सकती है। इसके बाद भी बिना जोखिम उठाए व्यक्ति निष्क्रिय, उदासीन एवं अकर्मण्य की तरह ही जीवन-यापन कर सकेगा।

जीवन में सफलता के लिए जोखिम उठाना एक अनिवार्य आवश्यकता है, लेकिन यहाँ यह भी महत्त्वपूर्ण है कि जो जोखिम आप उठाने जा रहे हैं, उस पर गम्भीरता से विचार करने की आवश्यकता है। पूर्व में गणना करके ली जाने वाली जोखिम (Pre -calculated risk) में कोई समस्या नहीं है अर्थात् हम उस जोखिम के हानि-लाभ की गणना पूर्व में ही कर लेते हैं।

ऐसा करना एक बुद्धिमत्तापूर्ण निर्णय होता है। बिना सोचे समझे, भावावेश, क्रोध या उद्वेग में लिया गया जोखिम गलत होता है और वह निश्चित ही आपको असफलता के गर्त में धकेलता है। पूर्व विचार करके लिया गया जोखिम (Risk) सफलता के लिए आवश्यक है।

व्यक्ति में इतना साहस एवं आत्मविश्वास होना चाहिए कि वह पूर्व गणनीय जोखिम (Pre-calculated risk) ले सके।

> **If you will not risk; you will not gain. Success embraces those, who are brave enough to take risk.**
>
> **यदि आप जोखिम नहीं उठाते, तो आप कुछ भी प्राप्त नहीं कर सकते। सफलता उनके ही कदम चूमती है, जो जोखिम उठाने का साहस रखते हैं।**

18 असफलता का भय

अधिकांश व्यक्ति असफलता के नाम से ही टूट जाते हैं, निराश हो जाते हैं, अपने प्रयास छोड़ देते हैं, अपना रास्ता बदलने की सोचने लगते हैं।

सफलता के पथ के हर राही को यह बात अच्छी तरह याद रखनी चाहिए कि सफलता, कई असफलताओं का योग है।

सफलता की राह में असफलता रूपी कई स्टॉप्स आते हैं। सफलता की राह आसान नहीं, बल्कि कंटीली है, कठिन है।

> **जब आप सफलता के पथ पर आरूढ़ हो ही गए हैं तो असफलता का भय क्यों? असफलता का भय ही असफलता को निमन्त्रण देता है।**

इस भय से छूटकारा पाने का सर्वश्रेष्ठ तरीका है कि आप पूरी तैयारी और, पूरे आत्मविश्वास के साथ, दृढ़ संकल्पित होकर, पूर्ण निष्ठा एवं लगन से सफलता की राह पर चलना शुरू करें और यदि असफल होते भी हैं, तो उसका स्वागत करें, उससे कुछ सबक लें। असफलता को, सफलता की मार्गदर्शिका मानकर चलें। आपका भय निश्चित रूप से दूर चला जाएगा।

19 नकारात्मक व्यक्तियों से घिरे रहना

नकारात्मक व्यक्ति, ऐसे व्यक्ति होते हैं, जो आपके किसी भी नए विचार, नए आइडिया के सम्बन्ध में हमेशा आपको हतोत्साहित करते हैं। आप कितने भी शानदार आइडिया के बारे में ऐसे व्यक्तियों से विचार-विमर्श करें, वे आपको बहुत सारे तर्क, बहुत सारे कारण आपके आइडिया के विरुद्ध, उसके निश्चित रूप से असफल होने के सम्बन्ध में बता देंगे। ऐसे लोग हमेशा आलोचनात्मक एवं निराशाजनक रवैया रखते हैं।

इस प्रकार के नकारात्मक व्यक्ति प्राय: बिना माँगे आपको अपनी राय देते हैं। उन्होंने स्वयं अपने जीवन में कभी भी सफलता नहीं पाई होती है। यदि कभी सफलता मिल भी गई, तो वे उस सफलता को स्थायी नहीं बना सके। ऐसे व्यक्ति बहुत अधिक बोलने वाले, ईर्ष्यालू एवं नैराश्यपूर्ण रवैया रखते हैं। सफलता की चाह रखने वाले व्यक्ति को ऐसे नकारात्मक व्यक्तियों से समुचित दूरी बनाकर रखना आवश्यक है।

कहते हैं कि आग के पास बैठो तो तपन लगती है, कोयले के पास बैठोगे तो कालश लगेगा ही। नकारात्मक सोच भी छूत की बीमारी की तरह ही है। आपका प्रयास, ऐसे व्यक्तियों से दूर रहने एवं उनके प्रभाव से स्वयं को मुक्त रखने का होना चाहिए।

20 उत्साह एवं साहस का अभाव

उत्साह एवं साहस ऐसी आन्तरिक ऊर्जा हैं, जो आपको हर विषम परिस्थितियों में, हर कठिन मार्ग पर संघर्ष करने की शक्ति देती है। बिना उत्साह के आप सफलता की राह में थोड़ी दूर तो चल सकते हैं, लेकिन जिस तरह से पेट्रोल/डीजल समाप्त होने पर गाड़ी रुक जाती है, आपका सफर भी बिना उत्साह एवं साहस के रुक जाएगा।

सफलता के मार्ग में कई प्रकार की अड़चनें और रुकावटें आती हैं, जिनका मुकाबला व्यक्ति अपने उत्साह, साहस, आत्मविश्वास, दृढ़ता एवं संकल्प के अस्त्र-शस्त्रों से करता है। उत्साहहीन व्यक्ति मुर्दे के समान होता है। साहसहीन व्यक्ति को कायर कहा जाता है। क्या मुर्दा समान कायर व्यक्ति जीवन में सफल हो सकता है? जीवन में सफलता पाने के लिए जीवन्त बनें, साहसी बनें तथा स्वयं को हमेशा प्रेरित एवं उत्साहित रखें।

21 केवल सपने देखना, क्रियान्वयन न करना

मेरा सपना सच हो गया ये शब्द हैं, एथेंस ओलम्पिक के रजत पदक विजेता एवं राज्यवर्द्धन सिंह राठौड़ के, उन्होंने कहा कि ओलम्पिक में पदक जीतना एक कठिन चुनौती है और इस कठिन चुनौती पर विजय प्राप्त करने का सपना हर खिलाड़ी देखता है। वह इसे पूरा करने के लिए अपना सर्वस्व झोंक देता है।

वस्तुतः हर वह व्यक्ति, जो जीवन में कुछ करना चाहता है, उसका एक सपना होता है। वह उस सपने को पूरा करने हेतु अपना सब कुछ यानि तन, मन, धन दाँव पर लगा देता है। उसकी बस एक ही धुन होती है, अपने सपने को पूरा करना।

एक ऐसा व्यक्ति जिसके पास कोई सपना हो तथा एक सपना देखने वाले व्यक्ति में बहुत अन्तर है। जिसके पास सपना है, वह उसे हकीकत में बदलने हेतु हर बाधा, हर विषम परिस्थिति, हर विपदा से टकरा जाता है, जबकि जो मात्र सपने देखता है, वह छोटी-मोटी कठिनाइयों में ही रास्ता बदलकर दूर हट जाता है।

जिसके पास सपना है, वह सफलता का सही अधिकारी है। उसके पास अपने सपने को पूरा करने की कुव्वत है, जिजीविषा है, जुझारूपन है, लेकिन जो सपने देखता है, वह नींद में है, उसे कुछ पता नहीं, वह जीवन की हकीकत से कोसों दूर है। ऐसा व्यक्ति सफल होने योग्य नहीं है, जो केवल सपने देखता है, उनका क्रियान्वयन करने में अयोग्य है, वह सफलता के पथ पर चलने योग्य भी नहीं है।

सपने होना एवं सपने देखने में बड़ा भारी अन्तर है। बहुत से महान् लोगों के पास सपना था।

धीरूभाई अंबानी के पास एक सपना था, उन्होंने ₹ 500 में अपना जीवन शुरू किया और कहाँ-से-कहाँ पहुँच गए। बिजली के बल्ब के आविष्कारक थॉमस एडीसन ट्रेन में पेपर बाँटते थे। एण्ड्रयू कारनेगी ने 4 डॉलर प्रतिमाह में अपना जीवन शुरू किया था।

जार्ज बर्नार्ड शॉ ने अपना प्रारम्भिक जीवन बहुत गरीबी में व्यतीत किया। माइकल फैराडे की गरीबी के कारण ही उनकी कोई स्कूली शिक्षा नहीं हुई, लेकिन इन सबके पास एक सपना था, जिसे इन्होंने अपनी विषम परिस्थितियों के बाद भी पूरा किया और आज उन्हें महान् व्यक्तियों में गिना जाता है।

22 केवल भाग्य के भरोसे बैठे रहना

कुछ लोग पूरी तरह से भाग्यवादी होते हैं। वे ऐसा समझते हैं कि जो उनके भाग्य में होगा, वही मिलेगा, इसलिए बिना कारण मेहनत या प्रयास करने की आवश्यकता नहीं है। एक दोहा है

> अजगर करे न चाकरी, पंछी करे न काम
> दास मलूका कह गए, सबके दाता राम।।
>
> जो कुछ मिलेगा, वह राम की कृपा से मिलेगा। मलूक दास के अनुसार, अजगर कभी कोई नौकरी नहीं करता एवं पक्षी कोई काम नहीं करता।

भाग्यवादी व्यक्ति उक्त 'दोहा' का गुणगान करके स्वयं को उचित ठहराने का प्रयास करते हैं।

हम यह कहना चाहते हैं कि न तो हम अजगर हैं, न ही पक्षी। हम तो मानव हैं, जिसे ईश्वर ने अद्भुत बुद्धि प्रदान की है। इस बुद्धि का प्रयोग अन्य लोगों को अकर्मण्य एवं आलसी बनने के लिए प्रेरित करने की अपेक्षा कुछ पुरुषार्थ करके, कुछ अच्छा कार्य करने के लिए प्रेरित करने हेतु होना चाहिए।

आज मानव पृथ्वी, आकाश एवं समुद्र पर विजय प्राप्त करने में लगा है। अनेक प्रकार की बीमारियों की दवाइयाँ खोजने में वह सफल हुआ है। यह सब निरन्तर उद्यम, मेहनत एवं कर्मशीलता का ही परिणाम है। भाग्य के भरोसे बैठकर, कभी सफलता हासिल नहीं हो सकती। कायर, निस्तेज एवं आलसी व्यक्ति ही भाग्य के भरोसे जीवनयापन की बातें करते हैं।

नीतिशास्त्र वाले कहते हैं कि उद्योगी, कर्मशील एवं पुरुषार्थी कभी भाग्य की बात नहीं करते। कर्मशील, पुरुषार्थ करने वाले मानव के पास लक्ष्मी, समृद्धि एवं सफलता स्वयं चलकर आती है। जो व्यक्ति अपनी पूरी सामर्थ्य का उपयोग, किसी भी कार्य में पूरी निष्ठा एवं समर्पण से करता है, सफलता उसका वरण करती है।

23 चुनौतियों का मुकाबला करने से डरना

जीवन एक संघर्ष का नाम है। सफलता की राह में चुनौतियाँ-ही-चुनौतियाँ हैं। सफलता की राह के राही को इन चुनौतियों का हँसकर मुकाबला करना ही पड़ता है। कहते हैं कि **जो डर गया, वह मर गया।** यह कहावत यहाँ चरितार्थ होती है। यदि आप में चुनौतियों का सामना करने का साहस और, आत्मविश्वास नहीं है, तो आपका सफल होना सम्भव नहीं है। सफलता के मार्ग में आने वाली चुनौतियाँ हमें बहुत कुछ सिखाती हैं, हमें जीवन का सही मर्म समझाती हैं। हमें हमारी सामर्थ्य, योग्यता और क्षमता का सही भान कराती हैं। चुनौती एक ऐसा आईना है, जो आपको आपका असली चेहरा, असली रूप दिखाता है। चुनौतियाँ हमें मजबूत बनाती हैं। चुनौतियाँ हमें जीवन में आगे बढ़ने को प्रेरित करती हैं। चुनौतियाँ हमें जीवन्त, संघर्षशील, साहसी एवं दृढ़ बनाती हैं। जो व्यक्ति चुनौतियों का सामना करने में स्वयं को असमर्थ पाता है या चुनौतियों का मुकाबला करने से डरता है, उसे सफलता का मुकाम हासिल होना सम्भव नहीं।

> जीवन एक चुनौती है, स्वीकार करो,
> असफलताएँ आएँगी, खुद को तैयार करो।
> पूरी इच्छाशक्ति एवं मेहनत से संघर्ष करो,
> सफलता मिलेगी, पूरी निष्ठा से जतन करो।

24 ऊँची महत्त्वाकांक्षा, कमजोर नींव

कुछ व्यक्ति ऐसे होते हैं, जिनकी महत्त्वाकांक्षा बहुत ऊँची होती है, जो बहुत बड़े-बड़े ख्वाब देखते हैं, जिनकी अभिलाषाओं की उड़ान हकीकत से बहुत दूर होती है।

ऊँची महत्त्वाकांक्षा रखना, बड़े-बड़े ख्वाब देखना कोई गलत बात नहीं है, लेकिन इसके साथ हमें अपनी नींव पर भी निगाह डाल लेनी चाहिए।

> एक अनपढ़ व्यक्ति IAS बनने के ख्वाब देखने लगे या एक आठवीं कक्षा पास व्यक्ति प्रिंसिपल बनने के ख्वाब देखने लगे, तो ये मुंगेरी लाल के सपनों जैसी बात हो जाएगी ना।

कई छात्र CAT की परीक्षा में सफल होने की कामना करते हैं, लेकिन अंग्रेजी भाषा में उनकी दक्षता बहुत कमजोर होती है, ऐसी स्थिति में सफल होने की अपेक्षा करना ही गलत होगा। हकीकत तो यह है कि आपकी महत्त्वाकांक्षा, आपकी योग्यता एवं क्षमता के अनुरूप होनी चाहिए। इसका अर्थ यह नहीं है कि व्यक्ति अपनी योग्यता एवं क्षमता में वृद्धि नहीं कर सकता। बिल्कुल कर सकता है, लेकिन उस अभिवृद्धि की भी कोई तो सीमा होगी। तात्पर्य यह है कि आपकी महत्त्वाकांक्षा, आपके लक्ष्य आपकी वर्तमान योग्यता के अनुरूप या उससे कुछ सीमा तक बढ़कर हो सकते हैं। बहुत-से मामलों में असफलता का बहुत अहम् कारण कमजोर नींव एवं ऊँची महत्त्वाकांक्षा का होना है।

25 पुनः प्रयास न करना

पुनः प्रयास नहीं करने का अर्थ है कि आपने सफल होने का विचार त्याग दिया है या आप में सफल होने के लिए की जाने वाली मेहनत का हौसला नहीं है। बहुत से व्यक्ति यह सोचकर चलते हैं कि वे प्रथम प्रयास में ही सफल हो जाएँगे। कुछ व्यक्ति सफल हो भी जाते हैं, लेकिन जो व्यक्ति सफल नहीं होते, उन्हें पुनः प्रयास करना ही होगा। यह प्रयास, पहली बार की गई गलतियों का परिमार्जन करने के बाद दो गुने उत्साह, जोश एवं आत्मविश्वास से करना होगा।

> **Try, try and try again, till you get success.**
> **सफलता का दूसरा नाम ही प्रयासरत रहना है।**

असफलता को सफलता में बदलने का एक ही उपाय है, वह है–पुनः प्रयास करना। कहते हैं कि

"कोशिश करने वालों की कभी हार नहीं होती।"

यह सत्य है, सफलता के लिए कोशिश लगातार जारी रखनी होगी। आज के जितने भी महान् आविष्कारक हैं, उनकी सफलता का राज ही पुनः-पुनः कोशिश करना, निरन्तर उसी कार्य में प्रयासरत रहना है। जिसने प्रयास करना छोड़ दिया, उसे असफल होकर बैठना ही है, सफलता तो उसे किसी भी कीमत पर मिल नहीं सकती।

> **Successful people take calculated risk as they pursue different approaches. They have gone through all the choices and painstakingly studied all details before deciding on the best option.**

उपरोक्त कारण, सामान्यतया व्यक्ति की असफलता हेतु मुख्य रूप से जिम्मेवार होते हैं। कई कारण एक दूसरे से सम्बन्धित हैं, लेकिन हर कारण अपने आप में महत्त्वपूर्ण है। सफलता की आकांक्षा रखने वाले हर व्यक्ति के लिए असफलता के कारणों एवं कारकों की जानकारी एवं उसका समुचित ज्ञान होना, सफलता के पथ पर अग्रसर होने एवं अन्ततः विजेता बनने के लिए अपरिहार्य है।

सफलता के महत्त्वपूर्ण घटक

सफल होने के लिए अपनी सोच बदलें

सफलता किसे अभीष्ट नहीं? सभी सफल होना चाहते हैं। कोई भी असफल नहीं कहलाना चाहता। सफल होने के लिए अपकी आशावादी सोच होनी आवश्यक है। यदि हम अपने आस-पास के लोगों पर दृष्टि डालें, तो हम पाएँगे कि अधिकांश लोगों की सोच बहुत निराशावादी, भ्रमित एवं नकारात्मक होती है।

लोग अपनी असफलता या सफलता के लिए दूसरों को, भाग्य को या विषम परिस्थितियों को ही जिम्मेवार समझते हैं। स्वयं की त्रुटियों पर उनका ध्यान जाता ही नहीं।

आप ऐसे व्यक्तियों को भी जानते होंगे, जिन्होंने अपने जीवन की शुरूआत शून्य स्तर (Zero level) से की और आज उनकी गणना रईस एवं प्रतिष्ठित व्यक्तियों में होती है।

कुछ व्यक्ति हर काम में सफल होते देखे जा सकते हैं। **क्या ऐसे लोगों के पास सफलता स्वयं बिना बुलाए चली आती है? आपने यह भी कभी सोचा कि जब ये लोग सफल हो सकते हैं, तो आप क्यों नहीं?**

सच्चाई तो यह है कि सफल आप भी हो सकते हैं। जरूरत है तो बस अपनी सोच में परिवर्तन करने की। अपने सोचने के ढंग में थोड़ा-सा बदलाव करने से, आप भी सफलता की सीढ़ियाँ चढ़ सकते हैं।

आपने अधिकांश लोगों के मुँह से ये वाक्य अवश्य सुने होंगे

- यह सम्भव नहीं है।
- यह नहीं हो सकता है।
- अरे! हमारा भाग्य इतना अच्छा नहीं है।
- भई, होगा वही, जो भाग्य में बदा (लिखा) है।

ये वाक्य निराशावादी और भाग्यवादी सोच के परिणाम हैं। ऐसे व्यक्तियों को हर चीज में नकारात्मकता और असफलता दिखाई देती है। ऐसे लोग पलायनवादी होते हैं। वे हमेशा हर कार्य को करने, न करने की दुविधा में रहते हैं। उनमें आत्मबल, आत्मविश्वास एवं उचित निर्णायक क्षमता का अभाव होता है।

ऐसे व्यक्तियों को अपने सोचने के ढंग को बदलने की आवश्यकता है। सफलता हेतु कदम बढ़ाने से पूर्व आप अपनी सोच में कुछ बदलाव करें। आप स्वयं आत्मनिरीक्षण करें। देखिए, जीवन में कठिनाइयाँ, मुसीबतें और परेशानियाँ आना हर रोज की घटनाएँ हैं। आप स्वयं सोचकर देखें कि इन स्थितियों में आप क्या सोचते हैं? क्या आप पीछे हटना पसन्द करते हैं? या आप वह काम ही त्याग देते हैं, या आप चुपचाप निराश होकर बैठ जाते हैं?

यदि आपकी सोच ऐसी है, तो आपको अपनी सोच में बहुत बदलाव लाने की आवश्यकता है।

इस बात को हम बहुत जगह कह चुके हैं, लिख चुके हैं कि सफलता की राह में असफलताएँ आती ही हैं। आप सोचें कि यदि आप अपने कार्य में एक बार असफल हो जाते हैं या दो बार असफल हो जाते हैं या तीसरी बार भी असफल हो जाते हैं, तो क्या आप इन असफलताओं से निराश होकर बैठ जाएँगे या अपना रास्ता बदल देंगे? यदि आपकी सोच इस तरह की है, तो आपको स्वयं की सोच में निश्चित ही परिवर्तन लाने की आवश्यकता है। सफलता का आलिंगन करने के लिए, अपने सोचने के ढंग में बदलाव करना नितान्त आवश्यक है। सोच हमेशा सकारात्मक एवं आशावादी होनी चाहिए।

> **निराशावादी एवं पलायनवादी सोच को बदलना होगा।**

सफलता की राह में, आपदाएँ-विपदाएँ अचानक प्रस्फुटित हो जाती हैं। आप में इन सबसे संघर्ष करने का ज़ज़्बा होना चाहिए। जरूरत है, आन्तरिक शक्ति की, आत्मबल की, सकारात्मक सोच एवं आशावादी दृष्टिकोण की।

असफल होने पर पलायन करने से व्यक्ति को सफल होने का मौका तो कभी मिल ही नहीं सकेगा तथा असफलताएँ मिलना भी अपरिहार्य हैं। फिर स्वयं सोचें कि क्या करना चाहिए? सीधी-सी बात है, कठिनाइयों से डटकर मुकाबला करें, पुनः प्रयास करें। असफलताओं को स्वयं पर हावी न होने दें। अपनी सोच में थोड़ा-सा बदलाव कर लें, तो जीवन का रुख ही बदल जाएगा। सकारात्मक एवं आशावादी सोच के व्यक्ति का जीवन खुशहाल, सफल एवं जीवन्त होता है।

> **Optimism is the faith that leads to achievement, nothing can be done without hope and confidence.** — **Helen Keller**
>
> **Optimism keeps your attitude and energy level high, in case you are defeated.**
>
> **Optimism is the foundation of true courage and progress.**
>
> **Optimism is the key to all successes.**
>
> **Pessimism leads to weakness, Optimism to power.** — **William James**

मात्र प्रतिभा नहीं है सफलता की गारण्टी

अधिकांश व्यक्ति यह समझते हैं कि जिसके पास प्रतिभा (Talent) है, उसे सफलता अवश्य मिलती है, लेकिन यह पूर्णतया सत्य बात नहीं है। आपको बहुत-से ऐसे व्यक्ति मिल जाएँगे, जिनमें प्रतिभा है, लेकिन वे सफल नहीं माने जा सकते हैं।

इसी प्रकार शिक्षा (Education) भी सफलता की गारण्टी नहीं है। वस्तुतः दृढ़ता (Persistence), अर्थात् एक बार जो ठान लिया, उसे पूरा करने हेतु पूर्ण जोश-खरोश से, पूर्ण समर्पण से जुट जाने से ही सफलता मिलती है।

> **Nothing in this world can take place of persistence.** — **Calvin Coolidge**

Persistence एक ऐसी भावना है, जिसे किसी को पढ़ाया/लिखाया नहीं जा सकता है। यह आन्तरिक बल है, आन्तरिक इच्छाशक्ति है। एक ऐसी हठ है, जो किसी खास उद्देश्य (Purpose) या लक्ष्य (Target) की पूर्ति हेतु स्वतः ही स्फुटित होती है।

लोगों में यह हठ/दृढ़ता तब जाग्रत होती है, जब वे जो कुछ प्राप्त करना चाहते हैं, उसके लिए उनकी इच्छा, उसे प्राप्त करने में उठाए जाने वाली तकलीफों एवं दु:खों से अधिक है।

कुछ लोग गन्दी खोलियों में रहकर ही जीवन गुजर करते देखे जाते हैं, तो कुछ लोग सामान्य जीवन जीने में ही भलाई समझते हैं। वस्तुत: इसका कारण यह नहीं है कि वे वहाँ सन्तुष्ट हैं या उन्हें सफलता अच्छी नहीं लगती या फिर वे उस स्थिति से अच्छी स्थिति में जाना नहीं चाहते। इसका सबसे बड़ा कारण है, उनमें दृढ़ता (Persistence) की कमी। उस दृढ़ता की कमी, जो सफलता प्राप्ति हेतु आवश्यक है।

ऐसे बहुत से प्रतिभा के धनी व्यक्ति मिल जाएँगे, जिनमें सफल होने के लिए आवश्यक दृढ़ता/हठ नहीं होने के कारण ही वे सामान्य जीवन जीते हैं, जबकि बहुत से कम प्रतिभा (Talent) वाले व्यक्ति भी सफल हो जाते हैं, क्योंकि उनमें दृढ़ता (Persistence) का गुण मौजूद है।

रिचर्ड ब्रैनसन (Richard Branson) ने सफलता हेतु एक मजेदार समीकरण को ईजाद किया।

Failure + Persistence = Success

उन्होंने Persistence एवं असफलता को सफलता प्राप्ति हेतु बहुत महत्त्वपूर्ण बताया। उनका कहना था कि प्रयास करें, असफलता मिलेगी, पुनः-पुनः दृढ़ता से प्रयास करें, सफलता अवश्य मिलेगी।

Talent can give you knowledge and technique to achieve something but when it comes to achieve that thing, persistence and determination shall have your way to success.

प्रतिभा से आपको किसी चीज को प्राप्त करने की जानकारी एवं तकनीक मिलती है, लेकिन जब उस चीज को प्राप्त करने का समय आता है तो केवल दृढ़ता (Persistence) एवं निश्चय (Determination) आपको सफलता की राह दिखाते हैं।

अल्बर्ट आइन्स्टीन ने अपनी खोजों (Discoveries) की सफलता के सन्दर्भ में कहा था

....not that I'm so smart, it's just I stay with problems longer

By persisting with a problem often for months and years, he could make discoveries that eluded so many others, that might be more talented too.

अमेरिका के प्रसिद्ध बास्केटबॉल के खिलाड़ी **माइकल जोर्डन** ने कहा है कि

I have missed more than 9000 shots in my career. On 26 occasions I have been entrusted to take the game winning shot... and missed. And I have failed over and over and over again in any life. And that is why..... I succeed.

अवसर को हाथ से जाने न दें

जीवन में ऐसे अवसर कई बार आते हैं, जिन्हें यदि आप पहचानकर उनका लाभ उठा लें, तो आप सफलता की अविश्वसनीय बुलन्दियों पर भी पहुँच सकते हैं। सही अवसर को सही समय पर पकड़ लेना, निश्चय ही एक चुनौतीपूर्ण एवं साहसिक कार्य है। हमें अवसर तो मिलते हैं, लेकिन साहस की कमी, जोखिम उठाने से परहेज या आत्मविश्वास के अभाव के कारण हम 'सुरक्षित गोद' में ही बैठना पसन्द करते हैं।

अवसर (Opportunity) सामने आने पर हमारी प्रतिक्रिया क्या होती है, हमारा रेस्पॉन्स (Response) कैसा रहता है, इसी बात पर सब कुछ निर्भर करता है। अवसर मिलने पर, एक व्यक्ति तो सहर्ष उसे पकड़कर लाभ उठा लेता है, जबकि दूसरा व्यक्ति इस अवसर के सम्बन्ध में उदासीन रहता है।

अधिकांश व्यक्ति ऐसे अवसरों (Opportunites) के प्रति उदासीन रहकर, उनकी उपेक्षा करते हैं। वे अवसर का महत्त्व नहीं समझते एवं सामान्य जीवन ही जीते हैं।

जो व्यक्ति खुले दिमाग के होते हैं, वे ऐसे अवसरों का स्वागत करते हैं। वे अवसर के महत्त्व को समझकर, उनका विश्लेषण कर, यदि उचित लगा तो उसे पकड़ लेते हैं। सही अवसर आपके जीवन की दिशा बदल सकते हैं। सही अवसर से महान् सफलता प्राप्त हो सकती है।

फ्रेंक सिनात्रा *(विश्व प्रसिद्ध गायक एवं अभिनेता)*

फ्रेंक सिनात्रा (Frank Sinatra) नामक व्यक्ति होटल में वेटर का कार्य करता था। वह कभी-कभी गायन भी कर लेता था। एक दिन वह वेटर का कार्य कर रहा था, तो उसने देखा कि म्यूजिक इण्डस्ट्री का एक महान् व्यक्ति उसी होटल में आया हुआ है। उसने उस टेबल पर ध्यान दिया एवं अपना गाना सुनाया। उस महान् म्यूजिशियन को फ्रेंक का गाना बहुत पसन्द आया। उसने फ्रेंक को प्रोफेशनल सिंगर की तरह गाने का एक मौका दिया और फ्रेंक सिनात्रा उस दिन के बाद से विश्व प्रसिद्ध गायक एवं एक्टर बन गया। यह है अवसर को पहचानना एवं उस अवसर का लाभ उठाना।

हमें पता नहीं होता है कि अवसर कब मिलेगा। मुख्य बात है कि जब भी ऐसा मौका मिले, उसका पूर्ण आत्मविश्वास के साथ स्वागत करें। उसका विश्लेषण करें, कुछ साहस रखें, कुछ जोखिम उठाने की हिम्मत रखें एवं उस अवसर को हाथ से जाने न दें। आप सफलता की ऐसी बुलन्दियों पर पहुँच सकते हैं, जिसकी आपने कभी कल्पना भी नहीं की होगी।

कहते हैं, सफलता भाग्यशाली को ही मिलती है। इस तरह के अवसरों के रूप में भाग्य आपके द्वार पर दस्तक देता है। अब भी आप नहीं पहचानते हैं, तो इसमें किसी का दोष नहीं, अपनी आँखें आपने ही बन्द की हैं। भाग्यशाली आप नहीं बनना चाहते, तो कोई क्या कर सकता है?

"यदि सफल होना है, तो अपने में इतना जुनून एवं ज़ज़्बा पैदा करो कि असफल होना असम्भव हो जाए।"

सफलता हेतु संयमित जीवन जरूरी

संयम का अर्थ अनुशासन ही नहीं, बल्कि आत्म-अनुशासन है। अपने मन एवं इन्द्रियों पर वांछित नियन्त्रण कर लेना ही संयम है। संयम से जीवन में वास्तविक उत्कृष्टता एवं आत्मविश्वास जाग्रत होता है। संयमित जीवन, एक सही दिशा में अग्रसर जीवन है। जिस तरह एक नदी के किनारे मजबूत होने पर वह यहाँ-वहाँ फैलकर नष्ट नहीं हो सकती, उसी प्रकार से संयम, जीवन को अनुशासित कर, सही दिशा में चलने का मार्ग प्रशस्त करता है।

सही प्रकार से लगाए गए अंकुश, जीवन में आत्मोत्थान हेतु आवश्यक हैं। जीवन में प्रगति/सफलता में संयम अहम् भूमिका अदा करता है। संयम से हमारे कुसंस्कारों का परिमार्जन होता है। हमारे भीतर असावधानीवश, अज्ञानवश जो गलत आदतें, अव्यवस्थित जीवन जीने के संस्कार पड़ जाते हैं, उनके परिमार्जन हेतु संयम का अंकुश बहुत आवश्यक है। संयम से आपकी संकल्प शक्ति में अविश्वसनीय अभिवृद्धि होती है। संयम से आप अपनी शक्तियों और क्षमताओं को मनचाही दिशा में प्रवृत्त कर सकते हैं।

विशेषज्ञ मानते हैं कि संयम से व्यक्ति तनावमुक्त होता है। संयमित एवं तनावरहित दिनचर्या, आपकी कार्यक्षमता एवं मस्तिष्क की ऊर्जा में अत्यधिक वृद्धि करती है। सन्तुलित एवं संयमित जीवन व्यक्ति को मानसिक एवं शारीरिक रूप से सक्रिय करता है।

बहुत छोटी-सी बात है कि यदि आप तनावरहित हैं, तो आपकी निर्णयक्षमता अधिक दक्ष एवं आपका निर्णय अधिक उपयुक्त होगा। आप सफलता के अधिक करीब होंगे। संयमित जीवन जीने वाला व्यक्ति अधिक स्वस्थ होता है, अधिक प्रसन्नचित्त रहता है, पूरी नींद लेता है, सन्तुलित आहार करता है एवं उसकी मानसिक एवं शारीरिक ऊर्जा अन्य से बेहतर होती है। अत: वह जीवन में सफल होने हेतु अधिक सक्षम होता है, इसलिए कहा जाता है कि सफलता हेतु संयमित जीवन आवश्यक है।

अश्लीलता से दूर रहें

आज की स्थिति का यदि विश्लेषण करें तो ऐसा प्रतीत होता है कि हम लोग ऐसे समय से गुजर रहे हैं, जब सारी मर्यादाएँ और वर्जनाएँ गौण होती जा रही हैं। चारों ओर अश्लीलता फैली हुई है, उच्छृंखलता का बोलबाला है। नैतिकता जैसी चीज कुछ दिखाई नहीं देती। बस भौतिकवाद एवं भोगवाद की गुलाम यह पीढ़ी अपने अन्दर ढेर सारी महत्त्वाकांक्षाएँ पाले, अन्तहीन सफर पर चली जा रही। इस विलासपूर्ण वातावरण में पैसे का महत्त्व इतना बढ़ गया है कि व्यक्ति पैसा कमाने हेतु सारी नैतिक सीमाएँ, मर्यादाएँ तोड़ने के लिए तत्पर दिखाई देता है।

मर्यादित एवं नैतिक जीवन शैली जीने की बात करना एक उपहासास्पद एवं रूढ़िवादी, पुरातनवादी बात हो गई है। अश्लीलता हर क्षेत्र में घर कर गई है। अखबार, सिनेमा, टीवी, इन्टरनेट आदि के द्वारा हर प्रकार के विज्ञापन में खुलेआम अश्लीलता परोसी जा रही है। सामाजिक टीवी सीरियल में शादी से पूर्व शारीरिक सम्बन्धों को स्वीकार किए जाने को एक सामान्य घटना मानकर प्रदर्शित किया जा रहा है।

इस माहौल में उच्च आदर्शों की बात करना भी बेइमानी हो गया है। पैसा कमाना ही सफलता की निशानी बनता जा रहा है। आज की युवा पीढ़ी, अश्लीलता के बढ़ते प्रचलन से इस कदर ग्रस्त हो रही है कि उनका भविष्य बहुत अन्धकारमय दिखाई दे रहा है। हम कहाँ जा रहे हैं और युवा पीढ़ी किस दिशा में अग्रसर है। हमें इन सब पर विचार करना होगा। यदि हम चाहते हैं कि हमारे बच्चे, हमारा समाज और हमारा देश प्रगति करे, विकास करे, तो हमें अपने वातावरण में व्याप्त अश्लीलता से अपने बच्चों को दूर रखना होगा।

अनुचित, अनीतिपूर्ण एवं गलत राह से कभी भी वास्तविक सफलता की प्राप्ति सम्भव नहीं। इस राह पर कदम बढ़ाने हेतु कितने ही प्रकार के प्रलोभनों या लालचों का ऑफर दिया जाए, इससे प्राप्त मृग-मरीचिका सी सफलता एवं समृद्धि एक फूस के महल के समान होती है। कब राख बन जाए, पता नहीं चलता, जबकि काँटों से भरे सच्चाई के पथ का पटाक्षेप हमेशा सुखद, आनन्ददायक एवं स्थायी होता है।

सफलता के लिए जरूरी है आपका आत्मविश्वास

सफलता के लिए आत्मविश्वास उतना ही आवश्यक है, जितना मानव के लिए ऑक्सीजन तथा मछली के लिए पानी। बिना आत्मविश्वास के व्यक्ति सफलता की राह पर अपने कदम बढ़ा ही नहीं सकता। आत्मविश्वास एक ऐसी ऊर्जा है, जो सफलता की राह में आने वाली हर अड़चनों, हर कठिनाइयों एवं हर परेशानियों से सहर्ष या मुकाबला करने हेतु व्यक्ति को साहस प्रदान करती है। सफलता की राह आसान नहीं है। सफलता के पथ में बहुत-सी समस्याएँ हैं, जो व्यक्ति को निरुत्साहित करती हैं। इन परेशानियों के कारण व्यक्ति सफलता के मार्ग से विमुख हो सकता है, अपने प्रयासों का परित्याग कर सकता है। ऐसी स्थिति में व्यक्ति का आत्मविश्वास ही उसे आवश्यक साहस, दृढ़ता एवं आगे बढ़ने का उत्साह प्रदान करता है।

> **सफलता के लिए आत्मविश्वास उतना ही आवश्यक है, जितना मानव के लिए ऑक्सीजन एवं मछली के लिए पानी।**

आपने बहुत से सफल व्यक्तियों को देखा होगा, उन्हें आप आत्मविश्वास से सराबोर पाएँगे। उनकी बातों में जीवन्तता एवं उत्साह झलकता दिखाई देता है। यह आत्मविश्वास एवं जीवन्तता, सफल होने के बाद परिलक्षित हुई हो, ऐसा नहीं है, बल्कि यह सफल होने वाले व्यक्तित्व की पहचान है। जो व्यक्ति जीवन में प्रगति करना चाहते हैं, वे क्या निरुत्साहित एवं उदासीनता लिए हुए हो सकते हैं? यदि ऐसा होगा, तो वे सफलता की कँटीली डगर पर, कदम ही कैसे रख पाएँगे?

हाँ, सफल होने के बाद आपके आत्मविश्वास का स्तर बढ़ जाता है। सफलता आपकी दक्षता, कुशलता एवं क्षमता में स्वयं आपका विश्वास जाग्रत करती है।

आत्मविश्वास व्यक्ति के स्वयं की आन्तरिक शक्ति है। यह मनुष्य के अन्दर समाहित ऐसी ताकत है, जो मनुष्य को कठिन समय में, कठिन डगर पर, हर विषम परिस्थिति में हिम्मत एवं साहस बँधाती है।

सत्य, सदाचार, संयम, सुदृढ़ता एवं ईमानदारी जैसे मानवीय गुणों से व्यक्ति आन्तरिक रूप से मजबूत होता है। उसमें अदम्य ऊर्जा, दृढ़ता एवं आत्मविश्वास जाग्रत होता है। आत्मविश्वास से भरे छात्र ही परीक्षा में सफलता अर्जित करते हैं। जीवन के हर क्षेत्र में, व्यवसाय में, प्रगति का आधार, उन्नति से शिखरों पर पहुँचने का आधार वस्तुतः आत्मविश्वास ही है।

आत्मविश्वास की ऊर्जा से सराबोर व्यक्ति समाज को, देश को नई दिशा देने में समर्थ होता है। वास्तव में आत्मविश्वास एक अद्भुत, अनूठी आन्तरिक ताकत है, जो आपको सफलता की एक नई दिशा देने में समर्थ है। आत्मविश्वास एक ऐसी आन्तरिक शक्ति है, जो आपको सफलता की नई-नई बुलन्दियों को फतह करने को संकल्पित करती है, उन बुलन्दियों पर पहुँचाती है।

> **Nothing succeed like confidence. When you are truly confident, it attracts success like a powerful magnet.**
>
> **Confidence is not just beliving that you can do it. Confidence is knowing well that you can do it. It is the confidence that you have capacity and ability to accomplish the things you want, and live life with much confidence.**

**"IF YOU BELIEVE, YOU CAN, YOU CAN;
IF YOU SAY, YOU CAN'T, YOU CAN'T;
SO WHY TO THINK IN 'CAN'T' FASHION,
IMPROVE YOUR FASHIONING STYLE AND LIVE LIKE A 'CAN' PERSON WITH POSITIVE AND LIVELY STYLE FULL OF CONFIDENCE".**

जो भी करें, सर्वोत्तम करें

सफलता के लिए आवश्यक है कि जो भी कार्य आप करें, अपनी पूरी योग्यता, क्षमता, दक्षता एवं सामर्थ्य से करें। यदि हम यह कहें कि हर उत्तम या श्रेष्ठ ढंग से कार्य करने वाला व्यक्ति सफल हो जाएगा, तो यह पूरी तरह सत्य नहीं है, क्योंकि आपकी प्रतिस्पर्द्धा में और भी तो उत्तम या श्रेष्ठ कार्य करने वाले व्यक्ति हैं। अतः सफल तो वही होगा, जो सभी में सर्वोत्तम होगा।

यह बात सत्य है कि जो व्यक्ति अपनी श्रेष्ठतम योग्यता, क्षमता से कोई कार्य करता है, वह भीड़ में अपनी अलग पहचान बना लेता है। उसकी कार्यशैली, उसकी कर्मठता, उसकी श्रम क्षमता आदि सबों से हटकर एक नूतनता, अनूठापन लिए होती है।

एक बार प्रसिद्ध चित्रकार लियोनार्डो द विन्सी जब नवयुवक ही थे, तब उनके अध्यापक ने उन्हें एक चित्र पूरा करने को दिया, जो उस अध्यापक ने बनाना शुरू ही किया था। अध्यापक ने लियोनार्डो की हिचकिचाहट देखकर उसे कहा “Do Your best.”

लियोनार्डो पहले तो घबराया, लेकिन जब अध्यापक ने पुनः उसका उत्साह बढ़ाते हुए कहा “Do your best”, तो लियोनार्डो ने ब्रश पकड़ी एवं चित्र पर कार्य करना शुरू किया। फिर तो लियोनार्डो उस चित्र में इस तरह ‘खो गया’ कि उसे कुछ होश ही नहीं रहा, और जब लियोनार्डो ने उस चित्र को पूरा किया, तो अध्यापक जी अवाक् रह गए एवं वाह-वाह कह उठे। उन्होंने अपने शिष्य (लियोनार्डो) को गले से लगा लिया और उनके मुँह से अनायास ही निकल गया—My son I paint no more!

यद्यपि हम में से हर एक लियोनार्डो जैसा योग्य नहीं हो सकता, तथापि ईश्वर ने हमें जो क्षमता और योग्यता प्रदान की है, हमें उसका पूर्ण दक्षता से उपयोग करना चाहिए। आपने बहुत बार निम्न वाक्य सुने होंगे

I will try to do my best.

Or

I will do my best.

ये वाक्य क्या व्यक्त करते हैं?

कहते हैं कि कहना बहुत आसान है, करना बहुत कठिन। अधिकांश व्यक्तियों की कथनी एवं करनी में बहुत अन्तर होता है। इन वाक्यों का अर्थ है कि

> **I will make some effort but I don't really expect to succeed.....**

ऐसे व्यक्ति इन वाक्यों को बहाने की तरह, अपनी असफलता, अपनी अकर्मण्यता एवं अपनी कमजोरियों को छुपाने हेतु उपयोग करते हैं।

कुछ व्यक्तियों के लिए इन वाक्यों का सचमुच अर्थ होता है। वे सफलता प्राप्त करने हेतु अपनी पूरी शक्ति एवं सामर्थ्य को, पूरे आत्मविश्वास एवं दृढ़ता के साथ, अपने लक्ष्य की प्राप्ति हेतु झोंक देते हैं और अन्ततः ऐसे ही जुझारू व्यक्ति विजयश्री प्राप्त करते हैं, सफल होते हैं।

> **Don't just try to be better than others, you have no control over that. Instead try and try very hard.**

दूसरों से अधिक अच्छा बनने का प्रयास न करें, क्योंकि इस पर आपका नियन्त्रण नहीं है (आपको पता नहीं कि दूसरे व्यक्ति कितने योग्य हैं), इसकी अपेक्षा बार-बार निरन्तर कठोर प्रयास करें, जिससे आप स्वयं की अधिकतम क्षमता एवं योग्यता के अनुसार सर्वोत्तम बन सकें।

सर्वोत्तम बनने का अर्थ, अपनी पूरी सामर्थ्य को एकत्रित कर, लक्ष्य प्राप्ति की दिशा में लगाना है, जिससे सफलता की प्राप्ति अपरिहार्य हो जाए।

> भंवरों से लड़ो, तुम लहरों से उलझो
> कहाँ तक चलोगे तुम किनारे-किनारे।

छोटी-छोटी बातों को तूल न दें

यह बात बहुत महत्त्वपूर्ण है। कितने ही मामलों में देखा जाता है कि एक व्यक्ति सफलता की सीढ़ियाँ चढ़ता जा रहा है। सब तरह से, सब कुछ ठीक चल रहा है, अचानक एक दिन कुछ ऐसा घटित होता है कि वह धरातल पर आ जाता है या यह कहें कि उसकी सफलता के मार्ग में अचानक व्यवधान उत्पन्न हो जाता है।

एक व्यक्ति राष्ट्रीयकृत बैंक में बड़ा अधिकारी था, उसकी गिनती ईमानदार, कर्त्तव्यनिष्ठ एवं मेहनती अधिकारियों में की जाती थी। उसका भविष्य काफी उज्जवल जाना जाता था। एक दिन अपने से बड़े अधिकारी से किसी छोटी-सी बात पर, तर्क-वितर्क होने से बड़े अधिकारी ने उसे कुछ कह दिया तो उस व्यक्ति ने बैंक से त्यागपत्र दे दिया। सब कुछ तहस-नहस हो गया।

ऐसा कई बार होता है। आप छोटी-सी बात पर, अपना संयम खो बैठते हैं, भावुक होकर एक गलत निर्णय ले लेते हैं।

जीवन एक संघर्ष है। यहाँ भावुकता का महत्त्व है, लेकिन कोई भी महत्त्वपूर्ण निर्णय लेने से पूर्व, बहुत ठण्डे दिमाग से विचार करने के बाद ही निर्णय करें।

एक अधिकारी अपने केबिन में AC नहीं चलने से, अपने से बड़े अधिकारी से क्रोध में आकर सार्वजनिक रूप से इतनी बुरी तरह उलझ गया कि उस बड़े अधिकारी को स्वयं की इज्जत बचाने के लिए उस अधिकारी के विरुद्ध पुलिस में रिपोर्ट दर्ज करानी पड़ी। उस अधिकारी का कैरियर तबाह हो गया।

जीवन में सफल होना है, तो छोटी-छोटी बातों को तूल न दें। इसका अर्थ यह भी नहीं है कि आप अपने स्वाभिमान को ही भूल जाएँ। याद रखें, स्वाभिमान बहुत महत्त्वपूर्ण है, लेकिन जीवन में विनम्रता, संयम एवं विचारपूर्वक निर्णय लेने के गुण भी कम महत्त्वपूर्ण नहीं हैं।

एक व्यापारी ने एक शानदार कम्पनी की डीलरशिप इसलिए छोड़ दी, क्योंकि कम्पनी ने उसके मात्र तीन हजार के एडवरटाइजमेन्ट खर्चे को वहन करने से मना कर दिया था।

भावनाओं में बहकर लिए गए बचकाने निर्णय, आपकी सफलता की राह को अनावश्यक रूप से अवरुद्ध कर सकते हैं।

किसी कम्पनी ने अपने चार अधिकारियों हेतु चार फ्लैट बनाए। जिस अधिकारी को चौथी मन्जिल का फ्लैट आवण्टित हुआ, वह उन सब में वरिष्ठ था, लेकिन फ्लैट्स का आवण्टन लॉटरी से किया गया था। वह अधिकारी इतना नाराज हुआ कि उसने अपने अन्य साथियों के साथ दुर्व्यवहार करना शुरू कर दिया। एक दिन कम्पनी को उस अधिकारी को निकालने पर विवश होना पड़ गया।

कई व्यक्ति अहंकार को इतना अधिक बढ़ा लेते हैं कि वे स्वयं ही उसका शिकार हो जाते हैं। जीवन में छोटी-छोटी बातों को नजरअन्दाज करना चाहिए।

आप जितने व्यापक ढंग से सोचना शुरू करेंगे, आप उतने ही अधिक इस तरह की बातों को नजरअन्दाज करने में सफल हो जाएँगे।

कई बार अपने से कनिष्ठ अधिकारियों की बातों को जानबूझकर नजरअन्दाज करना आवश्यक होता है। कई बार स्टाफ के सदस्यों द्वारा परोक्ष रूप से की गई टिप्पणियों को नजरअन्दाज करना आवश्यक होता है। जब तक आपके समक्ष ही कोई विशेष बात न हो जाए, छोटी-छोटी बातों को तूल न दें।

बड़ा सोचें, आगे बढ़ें।
Think big, go ahead.

कई लोगों को रेल के पहियों से प्रेरणा मिलती है। रेल के पहिये आगे बढ़ते जाते हैं, लेकिन हमेशा अपनी धुरी से जुड़े रहते हैं।

अपनी प्राथमिकताएँ तय करें

हम एक साथ बहुत-से कार्य नहीं कर सकते हैं। हमें किसी कार्य को पहले और किसी कार्य को बाद में करने हेतु चुनाव करना होगा। यह चुनाव ही प्राथमिकता तय करना है। हर कार्य का अपना महत्त्व होता है। कोई कार्य आज ही पूर्ण करना होता है, कोई कार्य तीन दिन बाद भी किया जा सकता है, तो कोई कार्य अभी तुरन्त शुरू करके शीघ्र-अतिशीघ्र पूरा करना आवश्यक होता है। अगर प्राथमिकताएँ सही तरीके से तय की जाएँ, तो आप पाएँगे कि आपकी 80% सफलता आपके 20% कार्यों पर ही आधारित होती है। इसका अर्थ यह हुआ कि 100 कार्यों की लिस्ट में से 20 कार्य अधिक महत्त्वपूर्ण हैं, जिन्हें प्राथमिकता से पूरा किया जाना चाहिए।

It is not enough to be busy, so are the ants. The question is what are we busy about?

मात्र व्यस्त रहना, जैसे चीटियाँ हमेशा रहती हैं, पर्याप्त नहीं है। प्रश्न यह है कि हम किस कार्य में व्यस्त हैं?

हमें अपने कार्यों का विभाजन, अपने लक्ष्य के सन्दर्भ में, उनके महत्त्व को दृष्टिगत रखते हुए करना चाहिए। आपको बहुत-से ऐसे व्यक्ति मिल जाएँगे,

जो प्राथमिकताओं में विश्वास नहीं करते। यदि उनसे पूछा जाए कि सबसे महत्त्वपूर्ण कार्य कौन-सा है, तो उनका उत्तर होगा—

Every work is the most important work.

ऐसे व्यक्ति हमेशा बहुत व्यस्त मिलेंगे। वे अपने कार्य को समन्वित करने की स्थिति में नहीं होते हैं। हमेशा वे स्वयं भी तनाव में रहते हैं एवं उनके साथ कार्य करने वाले अन्य सदस्य-साथी भी तनाव में रहते हैं। यह तो हमें समझना ही होगा कि हर काम समान रूप से महत्त्वपूर्ण नहीं होता है। सारे काम व्यक्ति एक साथ पूरे नहीं कर सकता है। अतः प्राथमिकताएँ तो तय करनी ही होंगी।

जब हम सुबह दिन की शुरूआत करते हैं, तो हमें प्रथम तीन कार्यों की प्राथमिकताएँ तो तय कर ही लेनी चाहिए, फिर अन्य तीन कार्यों को प्राथमिकता सूची में रख लेना चाहिए। इस तरह से कार्यों का उचित बँटवारा करने से आप प्रसन्नचित्त रहेंगे, सन्तुलित रहेंगे एवं आप में तयशुदा कार्यों को समय पर पूर्ण करने से, एक आत्मविश्वास जाग्रत होगा, जो शेष कार्यों को पूर्ण करने हेतु एक प्रेरक का कार्य करेगा।

प्राथमिकता के आधार पर कार्यों को निम्न पाँच भागों में विभाजित किया जा सकता है—

T1	Work to be completed today.
T2	Work to be completed tomorrow.
T3	Work to be completed within a week.
T4	Work to be completed within a fortnight.
T5	Work to be completed within a month.

इस तरह T1 से T5 तक के कार्यों का विभाजन, यदि हम उनको पूर्ण करने की समय सीमा के आधार पर करें, तो कार्यों की प्राथमिकताएँ भी तय हो जाती हैं तथा हर कर्मचारी, स्टाफ एवं स्वयं आप भी सन्तुष्ट एवं सन्तुलित रहते हैं। प्राथमिकता के आधार पर कार्यों के विभाजन का निम्न एक अन्य तरीका भी, हो सकता है—

P	Vital/Must do.
Q	Important/Should do.
R	Nice/May be postponed.

इस PQR Method से भी कार्यों का विभाजन उनके महत्त्व के अनुसार किया जा सकता है। कई बार अचानक ही अपनी प्राथमिकताओं में परिवर्तन करना पड़ जाता है। कुछ ऐसी परिस्थितियाँ आती हैं कि अपनी बनाई सारी सूचियाँ, काम पूर्ण करने की समय सीमाएँ, गड़बड़ हो जाती हैं। ध्यान रहे यह स्थिति एक सामान्य बात है यह कोई ऐसी दुर्घटना नहीं है, जो बहुत ही कम होती है। ऐसा व्यक्तिगत एवं व्यावसायिक जीवन में होता ही है, इसके लिए व्यक्ति को हमेशा तैयार रहना चाहिए।

जिस क्षेत्र में आपका सम्पर्क रहेगा, बाजार की जितनी अधिक जानकारी आपको होगी, आपको ऐसी परिस्थितियों का उतना ही शीघ्र पूर्वानुमान हो जाएगा। ऐसी स्थिति में आप कुछ समय विषम परिस्थितियों के लिए रखें। प्राथमिकताएँ तय करते समय, ऐसी स्थिति नहीं आनी चाहिए कि दोनों कार्यों को अभी निबटाना है, क्या करें?

यह तभी सम्भव है, जब आप उचित तरीके से प्राथमिकताएँ तय करें एवं आकस्मिकता हेतु स्वयं को तैयार रखें, कुछ समय इसके लिए अवश्य रखें।

> **Success is only another form of failure if we forget what our priorities should be.....**
>
> **Harry Loyd**

नैतिकता : *सफलता का सही आधार*

एक समय था, जब नैतिक मूल्यों के आधार पर मनुष्य का सम्मान होता था। जीवन के प्रत्येक क्षेत्र में धर्म एवं नैतिकता को महत्त्व दिया जाता था। नैतिक मूल्यों का वास्तविक रूप से पालन, हमारे आचरण और व्यवहार में स्वत: ही होता था। हम सन्तुष्ट थे, स्वस्थ थे एवं प्रसन्न जीवन व्यतीत करते थे।

आज स्थितियाँ बदल गई हैं। नैतिकता की बात करना भी हास्यास्पद लगता है। व्यक्ति की कथनी-करनी में अन्तर हो गया है। हम भौतिकवादिता के इतने अधिक गुलाम हो गए हैं कि हमारा एकमात्र ध्येय अर्थ-उपार्जन ही रह गया है, जिसके लिए व्यक्ति कुछ भी करने को तैयार है। सफलता का स्वरूप, मात्र धन की अधिकाधिक वृद्धि तक सिमटकर रह गया है, जो जितना अधिक धन उपार्जित कर सकता है, उसे उतना ही अधिक सफल माना जाने लगा है। समाज में अनीतिपूर्वक, **येन केन प्रकारेण** धन-सम्पदा अर्जित कर लेने वाले व्यक्तियों को ही सम्मान मिल रहा है। सर्वत्र पूँजीपतियों एवं रईस व्यक्तियों की तूती बोलती है।

सदाचारी, नीतिवान और सचरित्र व्यक्तियों का महत्त्व 'न' के बराबर हो गया है। आज हर व्यक्ति धन कमाना चाहता है, चाहे उसके लिए उसे उचित, अनुचित या भ्रष्ट कोई भी रास्ता क्यों न अपनाना पड़े। भ्रष्टाचार एवं अनुचित कृत्यों से कमाए जा रहे धन से, व्यक्तिगत एवं सामाजिक जीवन में विषमताएँ बढ़ती जा रही हैं। कहते हैं **जैसा आए धन, वैसा होवे मन**। आप जिस प्रकार के भ्रष्ट तरीके से धन अर्जित करते हैं, आपका आचरण वैसा ही दूषित होने लगता है।

मेहनत से उपार्जित धन को आप गलत कार्यों में व्यय नहीं करेंगे, लेकिन रिश्वत से कमाया गया धन न केवल आपको गलत राह पर स्वतः ले जाएगा, बल्कि आपकी सन्तान भी उसी राह पर चलने लगेगी।

जिस पैसे को आप सफलता का प्रतीक, प्रतिबिम्ब समझ रहे हैं, वह वस्तुतः आपको असफलता के ऐसे अन्धकारमय गर्त में धकेल रहा है, जहाँ से सकुशल आना सम्भव नहीं है।

आज की नई पीढ़ी में व्याप्त कुरीतियाँ, चरित्रहीनता, अश्लीलता आदि क्या इस तरह से अर्जित धन की उपज नहीं हैं?

यदि गम्भीरता से विचार करें तो आप इस बात से अवश्य सहमत होंगे कि इन सब का सम्बन्ध कहीं-न-कहीं आपके द्वारा गलत प्रकार से अर्जित धन/पूँजी से अवश्य है।

फिर क्या यह सफलता, वस्तुतः सफलता है? निश्चित ही सफलता नहीं, बल्कि एक ऐसी भयानक असफलता है, जहाँ पहुँचने के बाद सकुशल वापसी बहुत दुर्गम है।

आचरणहीन व्यक्ति धनी तो हो सकता है, लेकिन सफल व्यक्तियों की श्रेणी में शुमार नहीं हो सकता। चरित्रहीन व्यक्ति घोर व्यसनी होते हैं एवं धीरे-धीरे स्वयं के कर्मों से ऐसे गर्त में गिरते जाते हैं कि एक समय बाद इन्हीं कर्मों के कारण वे अपना अस्तित्व खो बैठते हैं।

नैतिकता का ह्रास हमें असफलता के गहरे दल-दल में धकेल रहा है। जीवन में वास्तविक सफलता हेतु नैतिक मूल्यों के सम्मान की परम आवश्यकता है। अपना नैतिक स्तर उच्चस्तरीय बनाए रखकर ही आप अपने वास्तविक उज्ज्वल भविष्य की कल्पना कर सकते हैं और उसे साकार रूप प्रदान कर सफलता की बुलन्दियों पर पहुँच सकते हैं।

चारित्रिक मूल्यों को अपनाने, नैतिक मूल्यों का वरण करने के लिए, अपनी आत्मिक शक्तियों को जाग्रत करें। तप, संयम एवं धैर्य से आत्मा को बलवान बनाएँ।

साहसी बनें

एक कहावत है–**''जिन्दगी जिन्दादिली का नाम है, मुर्दादिल क्या खाक जिया करते हैं।''**

कायर एवं आलसी व्यक्ति के जीवन का कोई अर्थ नहीं है, इनकी सबसे बड़ी कमजोरी इनका 'मन' है। जिसका 'मन' मजबूत है, जिसके इरादे बुलन्द हैं, उसे तो यमराज भी अपने लक्ष्य की प्राप्ति से नहीं रोक सकता।

''इरादों से जो टकराए, वह तूफान कहलाता है, जो तूफानों पर छा जाए, वही इन्सान कहलाता है।''

साहसी व्यक्ति जब भी कोई इरादा कर लेता है, तो फतह स्वत: ही उसके सामने नतमस्तक हो जाती है। नेपोलियन एवं सिकन्दर ने जब फतह के लिए अपना इरादा किया, तो देखते ही देखते साम्राज्य एवं सभ्यताएँ उनके आगे नतमस्तक हो गईं।

साहस सफलता की कुंजी है, जब लोग बातें करते हैं कि कुछ लोग तो सफल हो जाते हैं, बाकी नहीं, तो इसका बहुत बड़ा कारण 'साहस' है। 'साहस' आपके रास्ते की हर रुकावट को दूर करता है एवं कायर के सामने हर रुकावट पहाड़ की तरह खड़ी होकर उसके प्रगति के पथ को अवरुद्ध कर देती है।

साहस क्या है? यदि इसको समझने का प्रयास किया जाए तो यह वस्तुतः डर की अनुपस्थिति नहीं है। साहस वस्तुतः डर की उपस्थिति में ही आपके मन में उठा भाव है, जो आपको वह करने को प्रोत्साहित करता है, जो आप चाहते हैं। डर तो है, लेकिन साहस उस डर के होते हुए भी आपको इच्छित कार्य करने को तैयार करता है।

हमारे रोजमर्रा के जीवन में साहस का कहीं नाम नहीं होता है। अधिकांश घरों का परिवेश कुछ ऐसा होता है कि बच्चों को यह सिखाया जाता है कि अनावश्यक खतरे मोल नहीं लें। भीड़ से दूर रहें। अनजान लोगों से बात न

करें। कोई ऐसा काम न करें, जिससे सभी लोगों का ध्यान आकर्षित हो। परिवार की संस्कृति के नाम पर, बच्चे में प्राकृतिक साहस की प्रवृत्ति को भी दबाने का प्रयास चलता रहता है।

धीरे-धीरे यह प्रवृत्ति अधिकांश लोगों में इतनी अधिक समा जाती है कि वे हमेशा सुरक्षित पारी खेलने में ही विश्वास करते हैं। उनकी कुछ अलग हटकर करने की इच्छा, कुछ विशेष करने की कल्पना समाप्त-सी हो जाती है। ऐसे लोग सामान्य, नीरस-सा जीवन जीने के आदी हो जाते हैं।

''यदि ठान लिया है, तो उसे पूरा करने में अपनी जी जान लगा दो। मंजिल आपकी है।''

सफलता प्राप्ति के लिए आवश्यक है कि आप 'साहसी' बनें ज़िन्दगी को अपनी इच्छानुसार सही दिशा में ले जाने की हिम्मत रखें। साहसी होने का अर्थ यह कदापि नहीं है कि खुद को 'हीरो' साबित करने के लिए, जलती हुई बिल्डिंग में किसी को बचाने या पानी के तेज बहते दरिया में मात्र किसी शर्त पूर्ति के लिए कूद जाएँ।

साहसी होने का अर्थ है कि हमें अपने असफल होने का भय नहीं होना चाहिए। इस भय को दूर रखते हुए, पूर्ण विश्वास एवं निष्ठा से, हमें पूरा प्रयास करना चाहिए। हमें जोखिम उठाने से भी नहीं डरना चाहिए। जोखिम उठाने का अर्थ पूर्व गणना करके (Pre calculated risk) उठाया जाने वाला कदम है। ऐसा करने से हम अपने आगे बढ़ने का मार्ग प्रशस्त करते हैं। यदि हम थोड़ा भी जोखिम उठाने को तैयार नहीं होंगे, तो कुछ भी नया कदम नहीं उठा सकेंगे।

हमें साहसी होने का मूल्य समझना चाहिए। एक साहसी व्यक्ति, अपने लक्ष्य प्राप्ति के प्रति पूर्ण निष्ठावान होता है। वह सफलता की राह में आने वाली हर चुनौती का पूरी दृढ़ता से मुकाबला करने में सक्षम होता है। साहस के दम पर विश्व में ख्याति प्राप्त करने वालों में मलाला यूसुफ़ज़ई के नाम से आप सभी परिचित होंगे। जीवन में कुछ करने के लिए, जीवन में जीत हासिल करने के लिए न तो धर्म या जाति बाधा बन सकती है और न ही उम्र। उम्र का लम्बा पड़ाव पार करने वाले लोग सिर्फ सोचते रह जाते हैं, जबकि अपने अन्दर कुछ करने की ठान लेने वाले लोगों के लिए उनकी उम्र भी बाधा नहीं बनती।

दुनियाभर में हिम्मत की मिसाल बन चुकी पाकिस्तानी लड़की मलाला यूसुफ़ज़ई ने मात्र 11 वर्ष की उम्र में ही तालिबानी विरोध के बावजूद पाकिस्तान में लड़कियों की शिक्षा को लेकर आवाज बुलन्द की और 15 वर्ष की आयु तक पहुँचते-पहुँचते उसने वह कर दिखाया, जिसके बारे में Matured Personality वाले लोग भी सोच नहीं पाते। फासीवादी हिटलर की तानाशाही एवं उसके यातना शिविर के खिलाफ डायरी लिखने वाली 12-13 वर्ष की लड़की ऐन फ्रैंक की तरह तालिबानी आतंक के खिलाफ बीबीसी की उर्दू सेवा पर 'गुल मकई' के छद्म नाम से सामने आई। डायरी 11 वर्षीय मलाला यूसुफ़ज़ई द्वारा लिखी गई थी, जिससे दुनिया ने तालिबान के असली चेहरे को पहचाना, लड़कियों एवं महिलाओं के बारे में उनके घृणित नजरिए को जाना।

मलाला की डायरी और उसके बेबाक ज़ज़्बे ने तालिबान के लिए एक बड़ी मुसीबत खड़ी कर दी। इससे छुटकारा पाने के लिए तालिबानी आतंकियों ने 9 अक्टूबर, 2012 को मलाला पर जानलेवा हमला किया। मौत के मुँह मे चली गई मलाला को किसी तरह बचा लिया गया। आज वह लड़कियों की शिक्षा की माँग का प्रतीक बन गई है। तालिबानी हमलावर उस पर गोलियों की बौछार करने के बावजूद उसकी हिम्मत नहीं तोड़ पाए। आज दुनिया के हर गली-चौराहे पर मलाला की हिम्मत एवं दृढ़ता की चर्चा हो रही है और न जाने कितनी लड़कियाँ मलाला बनने को तैयार हो गई हैं।

कहा जाता है कि यदि आपने कुछ करने की **ज़िद** कर ली, तो आपको आगे बढ़ने से कोई नहीं रोक सकता है, आपकी उम्र भी नहीं। दृढ़ इच्छाशक्ति एवं साहस से जीत हासिल करने का उदाहरण मलाला से बेहतर मिलना मुश्किल है।

साहस वस्तुत: सफलता-प्राप्ति के लिए अति आवश्यक गुण है।

''जीवन एक संघर्ष है। सफलता के पथ में कठिनाइयाँ आती हैं। प्रश्न यह है कि आप इनका मुकाबला कैसे करते हैं? यह साहसपूर्ण योग्यता ही आपकी सफलता या असफलता का फैसला करता है।''

''मेहनत कभी विफल नहीं जाती। हो सकता है कि आपकी आज की मेहनत आपको तुरन्त प्रतिफल न दे सके, लेकिन इस मेहनत के जज़्बे ने आपको जो आत्मविश्वास एवं आत्मबल दिया है, वह आपके लिए अपने जीवन में सफल होने में बहुत सहयोगी होगा, यह सर्वविदित बात है।''

सफलता के लिए जमीनी हकीकत को भी समझें

सफलता मात्र उपदेशात्मक किताबों के अध्ययन से नहीं मिलती। यह सही है कि सफलता प्राप्त करने में सकारात्मक सोच, दूरदृष्टि और आत्मविश्वास जैसे गुण अहम् भूमिका अदा करते हैं, लेकिन सफलता हेतु जमीनी हकीकत को समझना बहुत महत्त्वपूर्ण है।

हम जिस क्षेत्र में कार्य कर रहे हैं, वहाँ किन व्यक्तियों के साथ हमें प्रतिस्पर्धा करनी है, परिस्थितियाँ क्या कहती हैं? आदि ऐसी बहुत सारी जमीनी हकीकत की गणना करके हमें अपनी कार्यशैली तैयार करनी होगी, रणनीति तय करनी होगी। मात्र आदर्श एवं उपदेशों को अमल में लाने से ही सफलता नहीं मिल जाती है।

सभी परिस्थितियों में व्यक्ति एक जैसा निर्णय नहीं ले सकता है। हर व्यक्ति का अपना-अपना तरीका होता है। कोई प्रेम से काम करता है, किसी के अहम् को सन्तुष्ट करना पड़ता है, तो किसी को नौकरी से निकालने का भय दिखाना पड़ता है। इन सबका अर्थ यह है कि टीम वर्क की भावना और सहयोगात्मक रवैया, सभी को साथ लेकर चलने की प्रवृत्ति जैसे आवश्यक गुणों के साथ सफलता प्राप्ति हेतु आपको अन्य जमीनी हकीकत को समझकर निर्णय लेने होते हैं।

मान लीजिए, आप एक सामान का उत्पादन करते हैं। आपकी प्रतिद्वन्द्वी फर्म उसी प्रकार के उत्पादन को, उसकी लागत से भी कम कीमत पर बेचना शुरू कर देती है, जिससे आपका उत्पाद नहीं बिके, तो ऐसी स्थिति में आपको सफल होने के लिए, इन परिस्थितियों के अनुसार निर्णय करने होंगे।

इसी प्रकार यदि कोई छात्र पूरी तैयारी करके किसी अभीष्ट परीक्षा में बैठता है, तो वह पाता है कि वहाँ तो सारे छात्र नकल कर रहे हैं। ऐसी परिस्थिति में उसे इस सम्बन्ध में शिकायत करने का भी निर्णय लेना होगा।

बात यह है कि जीवन में सफलता प्राप्ति केवल कुछ व्यक्तिगत गुणों पर ही आधारित नहीं है। आपको जमीनी हकीकत को भी समझना आवश्यक है एवं उसी के अनुसार, आपको कदम उठाने होंगे, कार्यवाही करनी होगी।

योग एवं सफलता

परम्परागत दृष्टि से योग वास्तव में शारीरिक, मानसिक तथा आध्यात्मिक रूप से स्वस्थ जीवन जीने की एक ऐसी कला है, जो आपकी आन्तरिक शक्तियों को बल प्रदान करती है। योग, नियमित दिनचर्या का अंग है, जिसमें शारीरिक व्यायाम, प्राणायाम, ध्यान, साधना आदि शामिल हैं।

वर्तमान प्रतिस्पर्धा के युग में व्यक्ति भौतिकवादी सफलता पाने हेतु इतना आतुर है कि वह भयानक तनाव से ग्रस्त रहने लगा है। व्यक्ति तनाव, अवसाद, चिन्ता, अकेलापन जैसी विभिन्न मन:स्थिति एवं अकारण भय की अवस्था से गुजर रहा है। आज अधिकांश व्यक्ति, चाहे वह छात्र है, नौजवान या प्रौढ़ है, वह अजीब प्रकार के तनाव, मानसिक अशान्ति एवं जीवन की असली खुशियों से मरहूम होकर असन्तुष्ट-सा जीवन जी रहा है।

वह लोगों की दृष्टि में सफल होकर भी सफल नहीं है। दुनिया की नजरों में खूब धनी, अच्छा व्यवसायी एवं खुश नजर आने वाला व्यक्ति वास्तव में आन्तरिक रूप से कमजोर एवं असन्तुष्ट है। ऐसे व्यक्तियों का सबसे प्रमुख सहारा मात्र 'योग' ही है।

आपकी सफलता में, आपकी सफलता को बरकरार रखने में, आपको सफलता प्राप्ति हेतु संघर्ष के लिए तैयार करने में योग बहुत महत्त्वपूर्ण भूमिका निभा सकता है।

वस्तुत: योग के माध्यम से आपके सम्पूर्ण व्यक्तित्व का विकास होता है। इससे स्वयं पर विश्वास बढ़ने के अतिरिक्त परम-पिता परमात्मा की शक्तियों में भी आस्था एवं विश्वास बढ़ता है। जैसे-जैसे आप योग को अपनी दिनचर्या का अंग बनाते हैं, आपके जीवन की दिशा ही बदलने लगती है। आप स्वयं को आन्तरिक रूप से बहुत प्रखर एवं बलशाली महसूस करने लगते हैं। आपकी सोच बहुत आशावादी एवं सकारात्मक हो जाती है। आप कोई भी कार्य करने में स्वयं को उत्साहित महसूस करते हैं। लक्ष्य प्राप्ति हेतु आप स्वयं को मानसिक रूप से दृढ़ एवं संकल्पित महसूस करने लगते हैं। जीवन में वास्तविक सफलता हेतु यह सब आवश्यक है। अत: योग को अपनी दिनचर्या का आवश्यक अंग बनाएँ और जीवन में सुख एवं सफलता प्राप्त करें।

व्यवहार कुशलता *सफलता हेतु आवश्यक...*

जीवन की डगर, नहीं है सरल। जीवन के सफर में व्यक्ति को कई तंग गलियारों से होकर गुजरना पड़ता है। इन तंग गलियारों की समस्याएँ ही, आपको जीवन का सही अर्थ, सही मर्म समझाती हैं। आपकी व्यवहार कुश़लता, इन गलियारों में से सही सलामत निकलने में एवं अपने लक्ष्य को पाने में बहुत मददगार होती है।

आपके पास ज्ञान का अकूत भण्डार हो सकता है, आप में आत्मविश्वास कूट-कूट कर भरा है, आप आत्मबल एवं संकल्प शक्ति से सराबोर हैं, लेकिन यदि आप में व्यवहार कुशलता नहीं है, तो अड़चनों का अम्बार लग जाएगा। आपकी अधिकांश ऊर्जा उनको दूर करने में ही व्यर्थ हो जाएगी। जो व्यक्ति व्यवहार कुशल नहीं होते, उनका समय एवं शक्ति बहुत-सी ऐसी अनावश्यक उलझनों में व्यय होती है, जिनसे थोड़ी-सी चतुराई से बचा जा सकता है। जीवन में सफलता के लिए जिस प्रकार अन्य तत्त्व आवश्यक हैं, उसी प्रकार व्यवहार कुशलता भी आवश्यक है।

समय के साथ चलने में थोड़ी-सी लापरवाही के कारण वर्तमान प्रतिस्पर्द्धा के युग में व्यक्ति, बहुत पीछे धकेल दिया जाता है। आज का युग मशीनी युग है, जिसमें व्यक्ति को चीते की तरह गतिमान एवं चतुर बनने की आवश्यकता है। आज व्यवहार कुशलता का प्रयोग चतुराईपूर्वक करते हुए आगे की ओर गतिमान होने की जरूरत है।

व्यवहार कुशलता के द्वारा ही हम अपने संगी-साथियों को अपने साथ कदम-से-कदम मिलाकर चलने के लिए प्रेरित कर सकते हैं। कहते हैं-**''अकेला चना भाड़ नहीं फोड़ सकता''** यह सच है। आपको जीवन में सफल होने हेतु अपने संगी-साथियों, शुभचिन्तकों, गुरुजनों, भाई-बन्धुओं आदि की कहीं-न-कहीं, किसी-न-किसी रूप में, थोड़ी बहुत जरूरत पड़ती ही है। व्यवहार कुशलता, शत्रु को भी मित्र बना सकती है, जबकि व्यवहार के अक्खड़ व्यक्ति व्यर्थ की उलझनों में उलझकर अपनी ऊर्जा एवं समय का अपव्यय करते देखे जा सकते हैं।

व्यवसाय में सफलता पाने के लिए उत्पाद की गुणवत्ता, ग्राहकों का विश्वास, उनकी सन्तुष्टि एवं मधुर व्यवहार बहुत आवश्यक है।

व्यवहार कुशलता से आप अनजान व्यक्तियों को भी आत्मीय सूत्र में बाँधकर, अपने साथ चलने के लिए तैयार कर सकते हैं। इसके माध्यम से आप न केवल अकेली शक्ति को सामूहिक शक्ति में बदल सकते हैं, बल्कि अपनी सफलता का मार्ग प्रशस्त करते हुए, ऐसी बुलन्दियों को भी फ़तह कर सकते हैं, जिसकी आपने कभी कल्पना भी नहीं की होगी। वस्तुतः व्यवहार कुशलता का जीवन में सफलता पाने में अहम् महत्त्व है।

दृढ़ निश्चय से की गई ज़िद, आपको हर स्थिति में जूझकर विजय प्राप्त करने के लिए आपके अन्दर विश्वास एवं बल प्रदान करेगी। बस एक बार आप विजय पथ पर चलना शुरू कर दें, आपकी राह में आने वाली हर बाधा स्वयं ही झुक जाएगी।

ईमानदारी *वास्तविक सफलता का मूल है*

हर व्यक्ति का जीवन के प्रति अपना दृष्टिकोण, अपनी सोच एवं अपना लक्ष्य होता है। सबका अपना-अपना जीने का ढंग, जीने का मकसद होता है। व्यक्ति अपने नैतिक मूल्यों से अपना जीवन पथ तय करता है, लेकिन मंजिल उन्हीं को नसीब होती है, जो पूर्ण निष्ठा, मनोयोग एवं ईमानदारी से अपना कर्म करते हैं। जीवन में तकदीर की लकीरें ईमानदारी की स्याही से जो तराशते हैं, वास्तविक सफलता उन्हें ही मिलती है।

बेईमानी से सफलता का भ्रम पाला जा सकता है, स्वयं को एवं अन्य को धोखे में रखा जा सकता है, लेकिन वास्तविक सफलता, जो आपको सुकून देती है, जो आपके जीवन को हर्ष एवं प्रफुल्लता से सराबोर कर सकती है, वह ईमानदारी से ही सम्भव है। दुनिया की नजरों में, आपकी गणना सफल व्यक्तियों में हो सकती है, क्योंकि आजकल व्यक्ति अपनी असफलता को लोगों के सामने आने ही नहीं देते हैं, लेकिन वास्तविक खुशी, वास्तविक सफलता हेतु आपको ईमानदारी से नैतिक मूल्यों का निर्वाह करते हुए बहुत संयम से जीवन पथ को तय करना होगा। ईमानदारी निश्चित ही सर्वोत्तम नीति है।

ईमानदारी आपके व्यक्तित्व का अभिन्न अंग है। ईमानदारी सफलता के मूल में है। बिना ईमानदारी के आपका आत्मविश्वास, आपका आत्मबल, आपकी कार्यकुशलता सब निर्जीव जैसे हो जाते हैं। आपकी योग्यता एवं ऊर्जा मात्र बेईमानी के नए-नए तरीके ढूंढ़ने में, बेईमानी को छुपाने के तरीके ढूँढ़ने में ही व्यय होती है।

बेईमान व्यक्ति को स्वयं को सुरक्षित महसूस करने के लिए, कई अन्य उच्च स्तर के बेईमानों का सहारा ढूँढ़ना पड़ता है। वह अपने स्वाभिमान को भुलाकर एक नम्बर का चापलूस, चमचा बनकर रह जाता है और इस बेईमानी से कमाया धन, यश निश्चित रूप से कुछ ही समय का होता है। जब इस धन के कारण घर, परिवार का नाश होना शुरू होता है, तो उसकी पीड़ा बहुत भयानक होती है और जब उस पीड़ा से व्यक्ति का सामना होता है, तो ऐसी स्थिति हो जाती है कि

अब पछताये होत क्या, जब चिड़िया चुग गई खेत।

अब पछताने के सिवाय कुछ नहीं शेष रहता। अधिकांश बेईमान व्यक्तियों का अन्त समय बहुत ही उपेक्षा में, रोगी बनकर एवं निराशाजनक स्थिति में व्यतीत होता है।

वस्तुतः ईमानदारी हमारे दैनिक जीवन में हमारे कर्म का एक सामान्य अंग है। हम ईमानदार हैं, यह कोई गाने-बजाने यानि दिखावा करने वाली बात नहीं है। वर्तमान परिप्रेक्ष्य में यदि कोई ईमानदार है, तो लोगों की उसके बारे में यह राय होती है कि **मजबूरी का नाम महात्मा गाँधी** है। अर्थात् मौका नहीं मिलता है, इसलिए ईमानदारी की चादर ओढ़ रखी है।

सच तो यह है कि ईमानदार होना एक सामान्य बात है, जैसे माँ का बच्चे को दुलारना और सम्भालना, लेकिन बहुत खेद का विषय है कि आज ईमानदार होने का ढिंढोरा पीटा जाने लगा है। ईमानदारी की आड़ में लोग अपनी अकर्मण्यता, अपनी कमजोरी छुपाना चाहते हैं। वे ईमानदारी की आड़ में, कार्य को न करने में, कार्य को अटकाने में ही गर्व महसूस करते हैं। ऐसे व्यक्ति अजीब तरह से अव्यावहारिक, चिड़चिड़े एवं शंकालू स्वभाव के होते हैं।

हम ईमानदार व्यक्ति को ठेस नहीं पहुँचाना चाहते, बल्कि हम यह समझाने का प्रयास कर रहे हैं कि ईमानदार व्यक्ति को सहज, कार्यकुशल, दूरदर्शी एवं उचित निर्णय लेने वाला भी होना चाहिए।

जीवन में वास्तविक सफलता-प्राप्ति के लिए, ईमानदार होने के साथ-साथ आपको कार्यकुशल, दक्ष, आत्मविश्वास एवं आत्मबल से सराबोर, त्वरित निर्णय लेने की क्षमता वाला एवं मेहनतकश होने की भी आवश्यकता है।

> **Always prefer a loss to dishonest gain, the one brings pain at the moment, the other for all time.**
>
> **Honesty is the corner stone of all success, without which your confidence, your self esteem, your desire to perform shall cease to exist.**
>
> **Honesty is the most single, most important factor having a direct bearing on the final success of an individual, corporation or product.**
>
> **Ed. Macmalon**

अहंकार एवं सफलता

अहंकार मनुष्य की प्रगति में बाधक सबसे बड़ी बुराई है। यह एक ऐसा मानसिक रोग है, जो व्यक्ति को उसके वास्तविक ज्ञान से अधिक ज्ञानी समझने की भूल करने को प्रेरित करता है।

अहंकारी व्यक्ति स्वयं को सबसे श्रेष्ठ एवं बुद्धिमान समझता है। अहंकार से ग्रसित व्यक्ति अपने अहंकार को आत्मगौरव के रूप में परिभाषित करने का प्रयास करते देखे गए हैं। आत्मगौरव एवं अहंकार, दोनों एक-दूसरे से विपरीत मानसिक स्थिति या मनोभाव से जुड़े होते हैं।

> **मैं ईमानदार हूँ।** यह एक आत्मगौरव का भाव है।
>
> **मुझसे ज्यादा कोई ईमानदार नहीं हो सकता है।**
> यह अहंकार का भाव है।
>
> **आत्मगौरव, चरित्र का श्रेष्ठ गुण है, जो सफलता के लिए आवश्यक है।**
>
> **अहंकार, चरित्र की बुराई है, जो सफलता के मार्ग की बहुत बड़ी बाधा है।**

अहंकारी व्यक्ति, कुछ दूर तक सफलता के मार्ग में चल तो पाता है, लेकिन उसके बाद वह अपने स्वभाव के कारण, सर्वश्रेष्ठ होने की कल्पना में जीने लगता है और अपने पतन का रास्ता स्वयं खोल देता है। थोड़ी सफलता पाने के बाद अहंकारी व्यक्ति पूरी तरह अहंकार में डूब जाता है। अहंकार, व्यक्ति के उचित-अनुचित में भेद करने की बुद्धि, विवेक को नष्ट कर देता है। उसे हर स्थिति में किसी के द्वारा दी गई सलाह, एक मूर्ख की सलाह ही दिखाई देती है।

सफलता के लिए यह आवश्यक है कि व्यक्ति अपनी आँखें, कान एवं दिमाग खुला रखे तथा जो भी ज्ञान, नई तकनीक कहीं से भी प्राप्त हो, उसे अपने विवेक के अनुसार, अपने लक्ष्यों के सन्दर्भ में ग्रहण करने को तत्पर रहे। इस प्रवृत्ति के विपरीत, अहंकार मनुष्य के सीखने की प्रवृत्ति एवं तत्परता को नष्ट कर देता है।

- जो मनुष्य जितना छोटा होता है, उसका अहंकार उतना ही बड़ा होता है। उसे इस अर्थ में भी समझा जा सकता है कि अहंकारी व्यक्ति बड़ा बन ही नहीं सकता है।
- स्वार्थ, लापरवाही एवं मिथ्या अहंकार, व्यक्ति को असफलता के गर्त में धकेलने हेतु अहम् उत्प्रेरक का कार्य करते हैं।
- अहंकार एवं अधिकार के मद में चूर व्यक्ति, न लोगों का वास्तविक आदर पा सकते हैं और न ही वास्तविक सफलता।
  वे सफलता के रास्ते में बीच में ही अटककर रह जाते हैं।

अतः यदि जीवन में वास्तविक सफलता पानी है, तो अहंकार को स्वयं से दूर रखें एवं विनम्र रहें।

> **When men are most sure and arrogant, they are commonly most mistaken.** **David Hume**
>
> **Arrogance diminishes wisdom.** **An Arabian Proverb**
>
> **The true means of being mislead is to believe oneself finer than the others.**
>
> **Arrogance and rudeness are training wheels on the bicycle of life, for weak people, who cannot keep their balance without them.**
>
> **Laura Teresa Marquez**

टालूपन से करें परहेज

हर व्यक्ति का एक सपना होता है, जिसे वह पूरा करना चाहता है। हर व्यक्ति चाहता है कि वह जीवन में सफल हो। हर व्यक्ति चाहता है कि लोग उसकी कीमत, महत्त्व, गुणों (Worth) को जानें, उसकी कद्र करें। हर व्यक्ति अपनी प्रशंसा चाहता है, वह अन्य लोगों की नजर में स्वयं को श्रेष्ठ साबित करने हेतु प्रयास करता है। वह सफल व्यक्तियों के साथ खड़ा होना चाहता है, लेकिन जीवन में सफल होने हेतु व्यक्ति को अपनी बहुत-सी बुरी प्रवृत्तियों/आदतों में सुधार लाना पड़ता है।

सफलता वस्तुतः एक दिन या एक माह का खेल नहीं है, बल्कि यह लगातार जारी रहने वाली प्रक्रिया है। टालूपन, टाल-मटोल या कार्य को विलम्बित करने (Procrastination) की आदत वस्तुतः सफलता को दूर भगाने वाली आदत है। यह एक आलस्य जैसी प्रवृत्ति है, जिसे लोग आदतन अपनाए बैठे होते हैं। यह दैनिकचर्या को अस्त-व्यस्त करती है तथा आप जीवन में जो कुछ भी अर्जित करना चाहते हैं, उसे आपसे छीन लेती है या दूर कर देती है।

हम सभी ने कबीरदास जी का यह दोहा अवश्य सुना है—

> **काल करे सो आज कर, आज करे सो अब**
> **पल में प्रलय होएगी, बहुरि करेगा कब।**

यह दोहा बहुत संक्षिप्तता से, सब कुछ कह देता है। यदि आप कार्य में विलम्ब करते हैं, तो निश्चित ही आप जिस लक्ष्य के लिए, जिस सफलता को प्राप्त करने हेतु प्रयासरत हैं, वह आपसे विमुख हो जाएगी।

टाल-मटोल की प्रवृत्ति, कुछ तो उस क्षेत्र में पूर्ण जानकारी के अभाव में और कुछ आलस्यवश होती है एवं कई बार विफल होने के डर से भी पैदा होती है। हम कई बार इसलिए किसी कार्य में विलम्ब करते हैं, क्योंकि हमें उस कार्य-क्षेत्र की पूरी जानकारी नहीं रहती है। अगर ऐसा है, तो आपको सर्वप्रथम उस क्षेत्र की समुचित जानकारी एकत्र करके ही कार्य को प्रारम्भ करना चाहिए। कार्य प्रारम्भ करने से पूर्व पूरी तैयारी कर लेनी चाहिए, जिससे यह स्थिति पैदा नहीं हो। जानकारी के अभाव के कारण, व्यक्ति अपना आत्मविश्वास खो देता है। वह मन-ही-मन में विफल हो जाने की आशंका से भयभीत रहता है। यह डर उसे कार्य को किसी तरह देर से करने, उसमें टाल-मटोल करने की ओर प्रवृत्त करता है।

कुछ लोग स्वभाव से आलसी होते हैं। वे बिना किसी ठोस कारण के अपने आलसीपन के कारण कार्य को टालते जाते हैं। आलस्य एवं टालूपन जीवन में सफलता के दुश्मन हैं। यदि सफल होना चाहते हैं, तो आपको अपने आलसीपन को दूर करना होगा। अपनी आदतों और स्वभाव में कुछ परिवर्तन करना होगा।

टाल-मटोल या विलम्ब करने की प्रवृत्ति का एक बहुत बड़ा कारण, ऊँचे लक्ष्य तय करना भी है। यदि तय किया गया लक्ष्य इतना बड़ा या इतना ऊँचा है कि उसे प्राप्त करने में कई महीने या कई वर्ष लगने की सम्भावना है, तो व्यक्ति स्वभावगत आलस्य का सहारा ले लेता है एवं सुस्त गति से यह सोचकर कार्य करता है कि अभी तो बहुत समय बाकी है, इसलिए कहा जाता है कि ऊँचे लक्ष्य को, छोटे-छोटे लक्ष्यों में विभाजित करके अपनी कार्यनीति तय करनी चाहिए।

कल के लिए कुछ नहीं टालें। बड़ी सोच रखते हुए, धैर्य के साथ मन्जिल की ओर पूर्ण आत्मविश्वास से बढ़ें। सफलता आपके कदम चूमेगी।

टालूपन से कैसे पाएँ छुटकारा

यद्यपि टालूपन, आलस्य, टाल-मटोल की आदत बहुत से व्यक्तियों के स्वभाव में होती है, लेकिन हम यदि संकल्प कर लें, तो इससे छुटकारा पाया जा सकता है।

- सर्वप्रथम कार्य शुरू करने से पूर्व, पूरी तैयारी कर लें। जहाँ तक सम्भव हो, कार्य के सम्बन्ध में पूरी जानकारी होनी चाहिए।
- लक्ष्य तय करते समय बड़े लक्ष्य को, कुछ छोटे-छोटे लक्ष्यों में विभाजित कर लें।
- प्रतिदिन पूर्ण करने वाले कार्यों की रूपरेखा तय कर लें। जो कार्य जिस दिन के लिए निर्धारित किए गए हैं, वे उस दिन ही पूर्ण हों, ऐसा पुरजोर प्रयास करें।

स्वयं को व्यवस्थित करें। सोच लें कि अब तक आपने जो भी ढिलाई बरती है, वह अब कदापि नहीं बरती जाएगी।

आप ही स्वयं को इस हेतु प्रेरित करें। आपको सफल होना है, आपको दुनिया के सामने, स्वयं की कीमत बतानी है। आपको लोगों की नजर में ऊँचा उठना है। यह सब आप स्वयं के लिए कर रहे हैं, इसलिए आपको अपनी आदतों और स्वभाव में थोड़ा-सा बदलाव करना होगा। याद रखें, जो लोग आज का काम आज ही पूर्ण करते हैं, वे ही सफल होते हैं।

स्वयं को थोड़ा व्यवस्थित कर, यदि आप आज का काम आज ही पूर्ण कर लें, तो आप स्वयं को हल्का, प्रफुल्लित महसूस करेंगे। आपका व्यवहार आत्मविश्वास से परिपूर्ण, मित्रों एवं रिश्तेदारों के साथ मधुर एवं आत्मीयतापूर्ण हो जाएगा। आपको स्वयं की योग्यता और क्षमता पर विश्वास बढ़ेगा। आपका सोचने का ढंग उद्देश्यपूर्ण एवं सकारात्मक हो जाएगा। सचमुच, टालूपन से परहेज करने से आप स्वयं को सफलता अर्जित करने के बहुत करीब महसूस करेंगे।

स्वयं को प्रेरित करें

जीवन में हर व्यक्ति की कुछ अभिलाषाएँ, कुछ इच्छाएँ, कुछ तमन्नाएँ होती हैं। व्यक्ति इनकी पूर्ति हेतु प्रयास भी करते हैं, लेकिन अधिकांश व्यक्ति थोड़ा प्रयास करने के बाद, निष्क्रिय होकर बैठ जाते हैं। वे अपने प्रयास जारी नहीं रख पाते, जिससे वे अपनी इच्छाओं को पूर्ण करने के लक्ष्य को प्राप्त करने में सफल नहीं होते हैं।

आपने कभी सोचा है कि कुछ व्यक्ति ही अपने लक्ष्यों को प्राप्त करने में सफल क्यों हो पाते हैं, इसका एक महत्त्वपूर्ण कारण है, स्व-प्रेरित (Self Motivation) होना। वे अपनी अभिलाषाओं की पूर्ति हेतु जी-जान लगा देते हैं एवं सफल होते हैं।

स्वयं को प्रेरित करने वाली मालवथ पूर्णा की सफलता से हम सभी को सीखने की आवश्यकता है।

आन्ध्र प्रदेश (अब तेलंगाना) के आदिवासी समुदाय से सम्बन्ध रखने वाली 13 वर्ष 11 महीने की मालवथ पूर्णा ने 25 मई, 2014 से एवरेस्ट की चोटी पर तिरंगा फहराकर इतिहास रच दिया।

अन्ध्र प्रदेश के सोशल वेलफेयर रेसिडेंसियल एजुकेशन स्कूल में 9वीं कक्षा में पढ़ने वाली पूर्णा ने यह साबित कर दिया कि मनुष्य ही एक ऐसा प्राणी है, जो यदि अपने मन में कुछ ठान ले, तो उसे सफल होने से कोई भी नहीं रोक सकता है। पेशे से किसान मजदूर पिता एम. देवीदास और माँ एम. लक्ष्मी की

साहसी बेटी पूर्णा ने 13 वर्ष की उम्र में ही यह सिद्ध कर दिया कि यदि जीवन में एक लक्ष्य निर्धारित किया जाए और उसे प्राप्त करने के लिए निरन्तर ईमानदारीपूर्वक प्रयास किया जाए, तो सफलता अवश्य मिलती है।

> मंजिल उन्हीं को मिलती है, जिनके सपनों में जान होती है।
> पंख से कुछ नहीं, हौसलों से उड़ान होती है।

स्वप्रेरण वस्तुत: एक आन्तरिक बल है, एक आन्तरिक आवेश है, जो हमें कुछ करने हेतु, आगे बढ़ने हेतु, मेहनत करने हेतु प्रेरित करता है। यह एक आन्तरिक जोश है, जो हमें कुछ अनूठा करने की ऊर्जा देता है। स्वप्रेरित होने से हम विपरीत परिस्थितियों में भी आगे बढ़ने को तत्पर रहते हैं। जीवन में आगे बढ़ने के लिए, कुछ अनूठा करने के लिए, कुछ हटकर अलग करने के लिए, सफलता के शिखर पर पहुँचने के लिए स्वप्रेरित होना बहुत आवश्यक है।

> People who are unable to motivate themselves must be content with mediocrity, no matter how impressive their other talents are.
> **Andrew Carnegie**
>
> जो व्यक्ति स्वयं को प्रेरित करने में असमर्थ रहते हैं, उन्हें सामान्य की तरह रहने में ही सन्तोष करना पड़ता है, चाहे उनमें अन्य गुण कितने भी प्रभावी क्यों न हों?

स्वप्रेरित होने के लिए आवश्यक प्रमुख तत्त्व

स्वयं की क्षमताओं पर विश्वास

स्वप्रेरित होने के लिए सबसे बड़ी आवश्यकता यह है कि व्यक्ति को स्वयं की क्षमताओं और योग्यताओं पर पूर्ण विश्वास होना चाहिए। यह विश्वास व्यक्ति को स्वत: ही आगे बढ़ने को प्रेरित करता है। जिस व्यक्ति में स्वयं पर ही विश्वास नहीं होता, उसे आप कितनी भी घुटटी पिला दें, आप सफल होने के कितने ही उपदेश, आश्वासन या गारण्टी दे दें, वह आगे बढ़ने को, मेहनत करने को तैयार ही नहीं होगा। इसके विपरीत, जिस व्यक्ति में स्वयं की क्षमता, योग्यता पर विश्वास हो, उसे किसी राह में आने वाली कितनी भी विषम परिस्थितियों के बारे में बता दें, वह हर मुसीबत का हँसकर सामना करने को तैयार रहता है एवं अन्तत: विजय हासिल करता है।

उज्ज्वल भविष्य में विश्वास

निराशावादी व्यक्ति को हमेशा असफलता का भय सताता है। उसे हर कार्य में हानि नजर आती है। वह कोई भी निर्णय लेने से घबराता है। उसे हर सलाह एवं सुझाव में स्वयं का नुकसान एवं दूसरे का लाभ दिखाई देता है, जबकि आशावादी सोच वाले व्यक्ति को हर कार्य में सकारात्मकता और सफलता दिखाई देती है। वह हर कार्य पूर्ण विश्वास एवं उत्साह से करता है। उसका सोचने का ढंग बहुत सकारात्मक एवं निश्चित सफलता प्राप्त करने का होता है।

वह निर्णय लेने में हिचकिचाता नहीं है। उसका निर्णय त्वरित एवं लक्ष्य प्राप्ति की दिशा में एक कदम आगे होता है। आशावादी व्यक्ति को अपने उज्ज्वल भविष्य का विश्वास रहता है तथा यह विश्वास ही उसे प्रेरित करता है मेहनत करने को, कुछ नया करने को, अपने लक्ष्य को प्राप्त करने को। आशावादी सोच के व्यक्ति स्वप्रेरित होते हैं एवं वे सफलता के हकदार होते हैं।

उचित लक्ष्य

आपका लक्ष्य यदि आपकी क्षमता के बाहर है, तो आप स्वत: ही शनै:-शनै: निराश एवं निष्क्रिय होने लगते हैं। इसका अर्थ यह है कि लक्ष्य असम्भव न हो। प्रथम बार में तय किया गया लक्ष्य, आपकी पहुँच के अन्दर होने से, यदि आप प्राप्त कर लेते हैं, तो आप स्वत: ही और बड़ा लक्ष्य प्राप्त करने हेतु प्रेरित हो जाते हैं।

> एक गरीब व्यक्ति, लखपति बनने का लक्ष्य रखे तो प्राप्ति सम्भव प्रतीत होती है। यदि वह शुरू में ही खरबपति बनने का लक्ष्य रखे, तो यह लक्ष्य प्रारम्भ में उसकी पहुँच से बाहर माना जाएगा। यदि वह खरबपति बनने के लक्ष्य को तीन भागों में विभाजित करके अपना प्रयास शुरू करता है, तो हर लक्ष्य प्राप्ति उसे आगे बढ़ने को स्वप्रेरित करेगी।

इसमें एक और बात ध्यान रखने योग्य यह है कि आपका लक्ष्य सुस्पष्ट होना चाहिए।

सकारात्मक माहौल

व्यक्ति को प्रेरित होने के लिए, माहौल का सकारात्मक होना अत्यन्त महत्त्वपूर्ण है। आप जिनके साथ काम करते हैं, उनका नजरिया भी आशावादी एवं सकारात्मक होना चाहिए। उनका आपकी क्षमता, योग्यता में विश्वास होना चाहिए। आपके संगी-साथी नकारात्मक नहीं होने चाहिए। नकारात्मक सोच के लोग, निराशावादी होते हैं। न केवल वे स्वयं जीवन में असफल होते हैं, बल्कि दूसरों की सफलता के मार्ग में भी अड़चनें पैदा करते हैं। ऐसे व्यक्ति बिना माँगे अपनी राय, अपने सुझाव देते हैं। सकारात्मक माहौल में व्यक्ति टीम भावना से एक-दूसरे को प्रेरित करते हैं एवं एक-दूसरे को सहयोग करते हैं। वे परस्पर विचार-विमर्श कर, हर समस्या का समाधान ढूँढकर, सफलता के शिखर पर पहुँचते हैं। अतः स्वप्रेरित होने में आपके आस-पास का माहौल बहुत अहम् भूमिका अदा करता है।

> **I can say this with surety that you can alter your life, by simply altering your attitude and your approach to the problems that come across your path.**
> **Have faith is yourself, and tread the path fearlessly, nothing stay in your way to success. I know, I shall have great future, so I am trying to make it happen.**

स्वाभिमान

जीवन में प्राप्त सफलता में स्वाभिमान की अहम् भूमिका होती है। स्वाभिमान को हम आत्मगौरव, आत्मसम्मान, आत्माभिमान या खुद्दारी के नाम से भी जानते हैं। बिना स्वाभिमान वाले व्यक्ति में आत्मविश्वास का अभाव रहता है। बिना आत्मविश्वास के आप कुछ भी नहीं कर सकते हैं।

> जो स्वयं को हीन समझता है, वह आगे नहीं बढ़ पाता है,
> लक्ष्य प्राप्ति सम्भव नहीं, जब स्वाभिमान मर जाता है,
> स्वाभिमान की ऊर्जा से हर कार्य आसान हो जाता है,
> शान आपकी बढ़ती है, जीवन सफल हो जाता है,
> गर स्वाभिमान है आप में, तो समाज में बनेगी अलग पहचान,
> अगर नहीं है तो आप न नर हैं न पशु, बस हैं मृतक समान।

स्वाभिमान एक आन्तरिक शक्ति की तरह होता है। जब वह जागता है तो व्यक्ति ऐसा कुछ भी कर सकता है, जिसकी उसने स्वयं भी कल्पना नहीं की होगी।

महात्मा गाँधी ने कहा है कि **''स्वाभिमानी व्यक्ति के लिए सोने की बेड़ियाँ, लोहे की बेड़ियों से कम कठोर नहीं होतीं। चुभन धातु में नहीं, बल्कि बेड़ियों में होती है।''**

एक स्वाभिमानी व्यक्ति में स्वयं पर अटूट विश्वास होता है, उसमें नैतिकता के प्रति सम्मान होता है। वह पैसे के लोभ या किसी प्रकार के सम्मान के लालच में समझौता करने को तैयार नहीं होता। उसकी अपनी विशिष्ट सोच होती है। चूँकि अधिकांश लोग, समझौतावादी या लालच में स्वयं को अन्य के आगे झुकाने को तैयार हो जाते हैं। अत: उच्च स्वाभिमान वाले व्यक्ति को ऐसे लोग बेवकूफ या अहंकारी भी कह देते हैं।

वस्तुत: स्वाभिमान स्वयं में एक ऐसा गुण है, जो व्यक्ति को हर परिस्थितियों का मुकाबला करने की आन्तरिक शक्ति प्रदान करता है। स्वाभिमानी व्यक्ति सफलता के मार्ग में आने वाली हर अड़चन का बहुत जीवन्तता एवं साहस से मुकाबला कर सकता है। उसका स्वयं पर विश्वास, उसे कठिन मेहनत एवं स्वयं को श्रेष्ठतर बनने की ओर प्रेरित करता है। एक स्वाभिमानी व्यक्ति, अपने लक्ष्यों को प्राप्त करने हेतु बहुत गम्भीर एवं लगातार प्रयास करने में सक्षम होता है। वह बातूनी नहीं होता, वह मात्र दिखावटी प्रयास नहीं करता है, बल्कि वह स्वयं को बेहतर बनाने हेतु, अपने लक्ष्य को प्राप्त करने हेतु, स्वप्रेरित होकर पूर्ण सामर्थ्य एवं शक्ति से जुट जाता है। उच्च स्वाभिमानी व्यक्ति में गजब की संकल्पशक्ति पाई जाती है। उनमें ज़िद की प्रवृत्ति एवं एक बार ठान लेने के बाद हर हाल में कठोरतम मेहनत करके उस कार्य को पूर्ण करने की दृढ़ता एवं क्षमता देखी जाती है। बाह्य रूप से कमजोर एवं सामान्य सा दिखाई देने वाला स्वाभिमानी व्यक्ति किसी कार्य को पूर्ण करने में जुट जाता है, तो वह प्राय: असम्भव प्रतीत होने वाले कार्य को देखते-ही-देखते पूरा कर लेता है।

हमारे पूर्व प्रधानमन्त्री स्व. श्री लाल बहादुर शास्त्री एक उच्च स्वाभिमानी व्यक्ति थे, उन्होंने अपने जीवन में कभी गलत धारणाओं से समझौता नहीं किया। वे नैतिकता से ओत-प्रोत ऐसे श्रेष्ठ व्यक्तित्व के धनी थे कि

अच्छे-अच्छे पैसे वाले लोग उनके सामने स्वयं को बौना महसूस करते थे। बिजली के खम्बों की रोशनी में पढ़ाई करके, देश के प्रधानमन्त्री की कुर्सी पर बैठने वाले ऐसे स्वाभिमानी व्यक्तित्व को हम आज भी एक मिसाल के रूप में जानते हैं, पहचानते हैं।

बच्चों में स्वाभिमान

आपने कभी गौर किया है कि बच्चों में सर्वाधिक स्वाभिमान होता है। न उन्हें किसी के सामने जाने में झिझक होती है, न उन्हें किसी से भय लगता है। जैसे-जैसे वे बड़े होते हैं, लोगों से स्वयं के बारे में नकारात्मक बातें, आलोचनाएँ सुनने को मिलती हैं, जिससे उनका स्वाभिमान कम होता जाता है।

स्वाभिमान में अभिवृद्धि कैसे?

जीवन में सफलता, खुशहाली और सन्तुष्टि हेतु स्वाभिमान एक आवश्यक तत्त्व है। स्वाभिमान एक आन्तरिक चारित्रिक गुण या विशेषता है, *जिसमें निम्न ढंग से अभिवृद्धि की जा सकती है*

अच्छी संगत

अपने स्वाभिमान को बढ़ाने हेतु ऐसे व्यक्तियों के साथ संगत करें, जिनके साथ रहकर आपको अच्छा लगता है। ऐसे व्यक्तियों के साथ रहें, जो आपके सम्बन्ध में अच्छे विचार रखते हैं, जो आपके प्रशंसक हैं। ऐसे व्यक्तियों के साथ रहने से आपके आत्मविश्वास में वृद्धि होती है, आप जीवन्त महसूस करते हैं, आपको अपने मूल्य का पता चलता है। यह सब आपको आगे बढ़ने को प्रेरित करता है। दूसरी ओर, नकारात्मक विचार वाले व्यक्ति आपको हतोत्साहित करते हैं, आप उनके मध्य स्वयं को उपेक्षित एवं हीन महसूस करते हैं। ऐसे लोगों की संगत नहीं करनी चाहिए।

स्वयं की तुलना, अन्यों से न करें

हर व्यक्ति अन्य से अलग होता है। हर व्यक्ति की अपनी कुछ विशेषताएँ होती हैं, कुछ कमियाँ होती हैं। कुछ लोग अपनी विशेषताओं को बढ़ा-चढ़ाकर पेश करते हैं, जबकि कमियों को लोगों के सामने नहीं आने देते हैं। हम वस्तुत: किसी अन्य व्यक्ति के बारे में पूरी तरह जान पाने में असमर्थ होते हैं। हमें

अन्य किसी से अपनी तुलना करके हीनता महसूस नहीं करनी चाहिए। आप उसे जिस क्षेत्र में अच्छा समझ रहे हैं, हो सकता है वह मात्र दिखावा ही हो। अधिकांश व्यक्ति स्वयं को अन्य के सम्मुख इतना शालीन, सभ्य, धनी एवं सफल प्रस्तुत करते हैं, जितना वस्तुत: वे होते नहीं हैं। हम वही देखते हैं, जो हमें वो दिखाना चाहते हैं। उनकी कमियाँ, उनके दु:ख, उनके दर्द की न तो हमें जानकारी होती है, न ही हमें जानने की आवश्यकता पड़ती है।

फिल्मी हीरो देखने में जितने प्रसन्नचित्त, स्वस्थ, रोमांटिक एवं सफल दिखाई देते हैं, क्या वे वास्तव में वैसे ही होते हैं? अपने जीवन के दुःख, पीड़ाएँ, वे ही जानते हैं।

वैसे भी तुलना करने से लाभ क्या है? आप क्यों तुलना करके स्वयं को हीन बनाते हैं। कोई भी व्यक्ति सम्पूर्ण (Perfect) नहीं है। हर किसी में कुछ कमियाँ हैं, तो कुछ विशेषताएँ हैं।

यदि आपको किसी अन्य व्यक्ति में स्वयं से अधिक कोई विशेष गुण या विशिष्टता दिखाई देती है, तो आप उस गुण को स्वयं में पैदा करने हेतु प्रयास कर सकते हैं। आप स्वयं में वह विशिष्टता लाने हेतु तरीके ढूँढ सकते हैं। यह तो एक सही ढंग है स्वयं को बेहतर बनाने का, लेकिन आप किसी भी अन्य व्यक्ति से अपनी तुलना करके स्वयं को हीन-दीन न समझें।

स्वयं को स्व-नियोजित करें

आप किसी पर निर्भर न रहें। आप स्व-नियोजित होने का प्रयास करें। यदि स्व-नियोजन सम्भव नहीं है, तो ऐसा जॉब करें जहाँ एक रूटीन कार्य न हो, जहाँ आपकी कार्यशैली, और कुशलता को पहचाना जाए। स्व-नियोजित स्वाभिमानी व्यक्ति अपनी योग्यता और, क्षमता के बल पर शीघ्र ही अपनी पहचान बनाने में सफल हो जाता है, लेकिन इसका यह अर्थ नहीं है कि प्राइवेट नौकरी या सरकारी नौकरी करने वाले व्यक्ति में स्वाभिमान नहीं होता है। हर क्षेत्र, हर जगह पर स्वाभिमानी व्यक्ति की अलग पहचान होती है। नौकरी में भी स्वाभिमानी व्यक्ति को अधिकांश नियोक्ता अधिक सम्मान देते हैं, क्योंकि स्वाभिमानी व्यक्ति की कार्यशैली अन्य से उच्च गुणवता वाली एवं नियोक्ता के हक में होती है।

स्वयं से प्यार करें, स्वयं को सम्मान दें

अपने स्वाभिमान में वृद्धि हेतु आवश्यक है कि हम स्वयं से प्यार करें, स्वयं को सम्मान दें। जब आप स्वयं के प्रति सजग हो जाएँगे, स्वयं का ध्यान रखेंगे, तो आपका स्वाभिमान स्वत: ही बढ़ेगा। जो व्यक्ति स्वयं के प्रति संवेदनशील होते हैं स्वयं की चिन्ता करते हैं, स्वयं का ध्यान रखते हैं, वे आत्मविश्वास से सराबोर एवं उच्च स्वाभिमानी होते हैं। अत: स्वयं का ध्यान रखना, स्वाभिमान में अभिवृद्धि हेतु अहम् है।

लक्ष्य बनाएँ एवं प्राप्त करें

अपना लक्ष्य निर्धारित करें एवं उन्हें प्राप्त करें, इसका अर्थ है कि जीवन में सफलताएँ अर्जित करें। सफलता चाहे छोटी ही हो, लक्ष्य चाहे छोटा हो, उनको प्राप्त करने का अर्थ, स्वयं की क्षमता, योग्यता पर विश्वास पैदा करना होता है। यह विश्वास आपके स्वाभिमान को बढ़ाता है। अन्य लोगों की दृष्टि में आप एक सफल नायक की तरह पहचाने जाने लगते हैं। लोग आपकी सफलता की चर्चा करते हैं। आपने कुछ विशिष्ट लक्ष्य प्राप्त किया है, तो यह उनके लिए मिसाल भी बन जाती है। अत: छोटे-छोटे लक्ष्यों की प्राप्ति या सफलता हासिल करना, अपने स्वाभिमान में अभिवृद्धि हेतु एक अहम् बिन्दु है।

स्वयं की भावनाओं का विश्लेषण करें

स्वयं को पहचानें। स्वयं की इच्छा-अनिच्छा को जानने का प्रयास करें। आप कोई काम क्यों नहीं कर पाते हैं? कभी कोई लापरवाही करते हैं, तो क्यों? यह जानें। आपको किस चीज से प्रेरणा मिलती है, इसे भी समझने की चेष्टा करें। आपका मन क्या कहता है? आप किस चीज से खुश होते हैं? जानने हेतु कुछ विचार करें। स्वयं की इच्छाओं को, स्वयं के बारे में जानने से, आप जीवन को सही दिशा दे सकते हैं। सफलता का एक अर्थ सन्तुष्टि भी है। आप जिस कार्य से, जिस लक्ष्य को प्राप्त करने से खुश होते हैं, सन्तुष्ट होते हैं, आपके लिए वही सफलता भी है। आप जब अपनी इच्छा या अनिच्छा के प्रति सचेत हो जाएँगे, तो आपकी सारी शक्ति, ऊर्जा, योग्यता, क्षमता एक निश्चित दिशा में एकजुट होकर कार्य करने लगेगी। आपका स्वाभिमान स्वत: ही बढ़ जाएगा एवं आप सफलता के पथ पर अग्रसर हो जाएँगे।

स्वयं में विश्वास बनाए रखें

आपका आत्मविश्वास, आपके स्वाभिमान अभिवृद्धि में सर्वाधिक महत्त्वपूर्ण होता है। जब आप स्वयं में विश्वास रखते हैं, तो इसका अर्थ है कि आप स्वयं की योग्यता, क्षमता में विश्वास रखते हैं। आप अपनी सफलता हेतु किसी अन्य पर नहीं, बल्कि अपनी क्षमताओं, योग्यताओं एवं स्वयं के परिश्रम पर ही निर्भर हैं। आपका स्वयं में विश्वास आपके स्वाभिमान में अभिवृद्धि करता है। यह विश्वास आपको हीन होने से रोकता है।

निम्न स्वाभिमान आपको मानसिक एवं शारीरिक रूप से कमजोर बनाता है। यह आप में नकारात्मक एवं हीन भाव जाग्रत करता है, जिससे तनाव, हताशा एवं असफलता ही मिलती है। स्वाभिमानी व्यक्ति हर असफलता को सफलता में बदलने की कुव्वत रखता है। उसका आत्मबल, उसे हर कठिनाइयों से जूझकर आगे बढ़ने को प्रेरित करता है, उसे आवश्यक शक्ति, सम्बल एवं ऊर्जा प्रदान करता है।

स्वयं को जानो

व्यक्ति को स्वयं के बारे में अच्छी तरह जान लेना चाहिए। सामान्यतया हम लोग अपनी कीमत (Value) अन्य लोगों के नजरिए से आँकते हैं। आज यदि कोई व्यक्ति गरीब है, तो इसका अर्थ यह नहीं कि वह कभी आपसे अधिक अमीर नहीं हो सकता। जो आज अमीर है, उसकी स्थिति भी कभी गरीब की रही होगी। व्यक्ति को अपनी कीमत, स्वयं की आन्तरिक समृद्धता से आँकनी चाहिए। वह अन्दर से जितना मजबूत है, जितना आत्मविश्वास उसमें है, उसकी कीमत उसी अनुपात में होती है। यदि आज कोई अच्छी स्थिति में नहीं है, तो इस कारण स्वयं को हीन समझने की आवश्यकता नहीं है। स्वयं को दीन-हीन नहीं समझें, बल्कि स्वयं की स्थिति को सुधारने हेतु अधिक मजबूत संकल्पशक्ति से पूरी निष्ठा के साथ अपने प्रयासों में जुट जाएँ।

आज जो व्यक्ति सफलता के शिखर पर हैं या जिन्होंने सफलता पाई है, वे कभी आपसे भी खराब स्थिति में थे, लेकिन उन्होंने स्वयं को कभी हीनता से ग्रसित नहीं होने दिया। सफल होने वाले व्यक्तियों में स्वाभिमान और आत्मविश्वास कूट-कूट कर भरा रहता है।

कई बार प्रबल परिस्थितियों के कारण व्यक्ति को उचित स्थान नहीं मिल पाता है, तो थोड़ा धैर्य रखें, लेकिन इससे स्वयं को तुच्छ या हीन समझने की भूल न करें। बहुत से व्यक्ति कम पढ़े-लिखे होने के बाद भी सफलता की बुलन्दियों पर पहुँच जाते हैं, जबकि कुछ लोग अर्द्ध-शिक्षित होने के कारण हीन भावना से ग्रसित रहते हैं।

एक प्रेरक कहानी

> एक बार एक धनवान व्यक्ति, बाजार में गया, तो उसने देखा कि एक व्यक्ति 'तोते' (Parrots) बेच रहा है। धनवान व्यक्ति ने उन तोतों की कीमत के बारे में पूछा, तो उस व्यक्ति ने बताया कि यह तोता, जिसका नाम 'ज्ञानी' है, ₹ 1000 का तथा यह दूसरा तोता, जिसका नाम 'ध्यानी' है, ₹ 100 का ही है। धनवान व्यक्ति ने पूछा कि भैया! कीमत में इतना अन्तर कैसे है? तो उसने कहा कि यह 'ज्ञानी' बहुत ज्ञानी है। इसकी जानकारी काफी अधिक है, यह दुनिया के बारे में काफी जानकारी रखता है। जबकि यह जो 'ध्यानी' है, धर्म की बातें ज्यादा करता है, इसे दुनिया की जानकारी कम है। धनवान व्यक्ति दोनों पक्षियों को अपने साथ ले गया। कुछ दिनों बाद उस व्यक्ति ने उन पक्षियों की परीक्षा लेने का विचार बनाया। उसने 'ज्ञानी' से अमेरिका के बारे में पूछा, ब्रिटेन के बारे में पूछा, तो उसने सभी जवाब सही दिए। फिर उसने 'ज्ञानी' से धर्म के सम्बन्ध में कुछ प्रश्न किए, चरित्र निर्माण के सम्बन्ध में कुछ प्रश्न किए, तो उसकी जानकारी अधिक सन्तोषजनक नहीं थी। धनवान व्यक्ति ने जब अमेरिका, ब्रिटेन के सम्बन्ध में 'ध्यानी' से प्रश्न पूछे, तो 'ध्यानी' की जानकारी बहुत कम एवं अधूरी थी, लेकिन धर्म के सम्बन्ध में बहुत ही विस्तृत थी।

उक्त दोनों पक्षियों के सन्दर्भ में यदि हम विचार करें, तो हम कह सकते हैं कि दोनों की जानकारी अपने-अपने क्षेत्र में विशिष्ट हैं। यदि खरीदने वाला व्यक्ति कोई 'सन्त' होता, तो वह 'ध्यानी' के लिए ₹ 1000 तक दे सकता था।

इस कहानी का तात्पर्य यह है कि यदि आज आपको उचित सम्मान प्राप्त नहीं है, तो इसका अर्थ है कि आप परिस्थितियों के कारण सही स्थान पर नही हैं या सही व्यक्ति के पास नहीं हैं। कहते हैं कि हीरे की परख जौहरी ही कर सकता है। आप जैसे हीरे की परख के लिए जौहरी जैसी आँखें चाहिए।

एक अन्य बिन्दु भी इस सन्दर्भ में महत्त्वपूर्ण है, वह है कि हर व्यक्ति, हर क्षेत्र में पारंगत नहीं होता। हर व्यक्ति में कुछ कमियाँ होती हैं, तो कुछ विशेषताएँ भी होती हैं। आप अपनी कमियों को दूर करने का प्रयास करें एवं अपनी विशेषताओं का उपयोग अपने पसन्द के क्षेत्र में करें, सफलता अवश्य मिलेगी।

इसी परिप्रेक्ष्य में छोटी-सी निम्न घटना पर गौर करें

> एक बार एक सुप्रसिद्ध वक्ता ने अपना भाषण शुरू करते ही जेब से एक पाँच सौ रुपये का नोट निकाला और कहा कि इसे कौन लेना चाहता है? बहुत से लोगों ने अपने हाथ खड़े कर दिए। अब उस वक्ता ने उस पाँच सौ रुपये के नोट को हाथ में मसोस कर फिर पूछा, अब इसे कौन लेना चाहता है? फिर बहुत सारे दर्शक उसे लेने को तैयार थे। अब उस वक्ता ने उस पाँच सौ रुपये के नोट को पैरों के नीचे जूते से दबाकर कुचला और फिर पूछा तो भी सभी उस नोट को लेने को तैयार थे।

इस घटना से यह तथ्य निकलता है कि सब उस पाँच सौ रुपये के नोट को लेना चाहते हैं, क्योंकि उसकी कीमत (Value) कम नहीं हुई है।

ऐसी स्थिति हर व्यक्ति के साथ हो सकती है। परिस्थितियों की प्रबलता के कारण हम कुछ समय के लिए उपेक्षित हो सकते हैं, गिर सकते हैं, लेकिन हमारी वास्तविक कीमत कम नहीं होती है।

अत: याद रखें, यदि आप स्वयं में विशिष्टता रखते हैं, आप विशेष हैं, तो इसे कभी नहीं भूलें। बीते समय की परछाइयों को वर्तमान पर हावी न होने दें। स्वयं को दीन-हीन न समझें। आप स्वयं में अदम्य शक्ति से भरपूर, आत्मविश्वास से सराबोर एक विशिष्ट व्यक्तित्व हैं।

वैदिक ग्रन्थों में भी मानव को अपना सामर्थ्य पहचानने की प्रेरणा दी गई है। आज अधिकांश व्यक्ति अपनी सामर्थ्य नहीं पहचानते हैं। वे अपनी उन्नति के रास्ते स्वयं बन्द कर लेते हैं, इसलिए ऊर्जावान व्यक्ति उठें, अपनी क्षमता को पहचानें और आगे बढ़ें।

Don't underestimate yourself, Be proud of yourself, Value your inherent qualities, Know your strengths and get ready to go ahead.

> यदि आप सोचते हैं कि आप इस काम को कर सकते हैं, तो आप इस सोच को डिगने न दें। इसे पूरा करने में अपनी पूरी शक्ति लगाएँ, विजयश्री आपको वरण करेगी ही। स्वयं की योग्यता एवं क्षमता में उत्तरोत्तर वृद्धि करते रहें। लक्ष्य के अनुरूप संकल्प सहित पूर्ण निष्ठा एवं लगन से मेहनत के लिए तैयार रहें। सफलता स्वयं आपके पास चलकर आएगी, यही विश्वास आपको सफल बनाएगा।

समय प्रबन्धन एवं सफलता

मनुष्य के जीवन में 'समय' सबसे महत्त्वपूर्ण पूँजी है, लेकिन यदि व्यावहारिक रूप से देखें तो अधिकांश मनुष्य 'समय' की सबसे ज्यादा उपेक्षा करते देखे जा सकते हैं। यह विडम्बना ही तो है कि हम हमारी स्थूल जायदाद; जैसे—मकान, जमीन, कार, धन इत्यादि की देखभाल बहुत ध्यानपूर्वक करते हैं। इनका व्यर्थ उपयोग होने पर चिन्तित होते हैं, लेकिन समय का व्यर्थ अपव्यय हम बहुत सहजता से जाने-अनजाने करते हैं।

यह भी ध्यान देने योग्य बात है कि हम मकान और जमीन जैसी वस्तुओं को एक बार नष्ट होने के बाद पुन: प्राप्त कर सकते हैं, लेकिन समय एक बार नष्ट हो गया, तो वह पुन: वापस नहीं लाया जा सकता है। कहा जाता है कि—

> जिसने अपना समय व्यर्थ ही नष्ट किया,
> वह समय के साथ स्वयं ही नष्ट हो गया।

जीवन में सफलता प्राप्त करने हेतु समय का सही सदुपयोग बहुत आवश्यक है। आपने अधिकांश व्यक्तियों को अपने समयाभाव का गीत गाते हुए, समय नहीं मिलने का रोना रोते हुए अवश्य देखा होगा। समय तो सभी के पास 1 दिन में 24 घण्टे ही रहता है। फिर क्यों कुछ लोग बहुत तनावरहित रहते हैं एवं सफलता की नई-नई बुलन्दियों को छूते जाते हैं।

कामयाबी का प्रथम सोपान समय प्रबन्धन है। आपके पास कामयाब होने के सभी गुण होने के बाद भी यदि आप समय प्रबन्धन में कामयाब नहीं हैं, तो आपकी कामयाबी सन्देहास्पद है।

जगद्‌गुरु शंकराचार्य समय के सदुपयोग एवं समय को सत्कार्य में लगाने को बहुत महत्त्व देते थे। एक बार एक धनिक श्रद्धालु ने उनसे कहा, "प्रभु! श्रेष्ठ कार्यों में समय लगाना तो आवश्यक है, यह मैं मानता हूँ, लेकिन यदि कोई समयाभाव के कारण ऐसा नहीं कर सके, तो क्या करें?"

जगद्‌गुरु मुस्कुराए एवं फिर कहा, "श्रेष्ठि! मुझे तो आज तक ऐसा कोई व्यक्ति नहीं मिला, जिसे विधाता ने एक दिन में चौबीस घण्टे में से एक भी पल न्यून दिया हो। फिर समय की कमी से आपका क्या आशय है?"

धनिक सकपका गया। जगद्‌गुरु ने फिर कहा-"वत्स! जिसे आप समयाभाव कहते हैं, वह समय की कमी नहीं है, बल्कि वह समय की अव्यवस्था है। इस अव्यवस्था के कारण हमारा समय कई अनुपयोगी कार्यों में व्यय हो जाता है और उपयोगी कार्यों के लिए नहीं बच पाता। इसी को हम समय का अभाव कहते हैं।"

आप दिन में कितने घण्टे कार्य करते हैं, यह उतना महत्त्वपूर्ण नहीं है, जितना यह कि आप उन घण्टों में कौन-सा कार्य करते हैं?

पश्चिमी देशों में समय प्रबन्धन (Time Management) को बहुत महत्त्व दिया जाता है। उनकी कार्य प्रणाली एवं कार्यशैली इस तरह से विकसित की गई है कि हर प्रक्रिया (Process) हेतु एक ऐसी कार्यविधि (Methodology) है, जिससे उस प्रक्रिया में कम-से-कम समय लगे। वहाँ यह भी सिखाया जाता है कि अपनी दिनचर्या को किस तरह से बनाना चाहिए, जिससे समय का अधिकतम सदुपयोग हो सके। समय धन से भी कीमती है, यह बात वहाँ के निवासियों के मन में अच्छी तरह बसी हुई है।

समय प्रबन्ध के तीन तत्त्व हैं

1. किस कार्य को किस प्रकार किया जाए? (Methodology)
2. कौन-सा कार्य पहले, कौन-सा कार्य बाद में किया जाए? (प्राथमिकताओं का निर्धारण—Prioritisation)
3. किस कार्य में कितना समय लगना चाहिए? (Time limitation)

समय प्रबन्धन इस समय नए दौर से गुजर रहा है। कुछ विशेषज्ञ तो यहाँ तक कहने लगे हैं कि समय प्रबन्धन (Time Management) बहुत ही अनुपयुक्त नामकरण है। उनका मानना है कि

> **प्रबन्धन हमें समय का नहीं**
> **बल्कि अपना स्वयं का करना है।**

हमारी प्राथमिकताओं का उचित नियोजन ही समय का नियोजन है। जब हम अपनी प्राथमिकताओं को ही तय नहीं कर पाते, तो अपना बहुत सारा समय हम व्यर्थ के कार्यों में व्यय कर देते हैं, जिससे महत्त्वपूर्ण कार्य के लिए हमारे पास समय नहीं बचता है।

> **Time is like a river. You cannot touch the same water twice, because the flow that has passed will never pass again. Use every moment of life beautifully.....**

एक व्यक्तित्व विकास (Personality Development) की कक्षा में प्रोफेसर समय प्रबन्धन पर अपना भाषण देने जा रहे थे। प्रोफेसर महोदय चाहते थे कि आज की क्लास में छात्रों को समय प्रबन्धन इस तरह सिखाया जाए कि ये छात्र उसे जीवनभर याद रखें एवं इससे सबक ग्रहण करें, इसलिए उन्होंने उस दिन का प्रशिक्षण एक प्रयोग (Experiment) के प्रदर्शन से शुरू किया।

"आज की पढ़ाई हम एक छोटे से व्यावहारिक प्रयोग (Practical) के माध्यम से शुरू करते हैं" कहते हुए उन्होंने टेबल पर शीशे का एक जार रख दिया। यह जार खुले एवं चौड़े मुँह वाला था, जो लगभग चार-पाँच लीटर के साइज का होगा। इसे टेबल पर ऐसे रखा ताकि सब विद्यार्थी उसे अच्छी तरह से देख सकें। फिर उन्होंने एक झोला निकाला, जिसमें पत्थर के टुकड़े भरे हुए थे। करीब-करीब मुट्ठी भर साइज के होंगे। पत्थर के ये टुकड़े ऐसे थे, जैसे अपने यहाँ मोटी गिट्टी होती है। उन्होंने वे पत्थर के टुकड़े सावधानी के साथ उस जार में भर दिए। जब उसमें और पत्थर नहीं आ सके, तो उन्होंने क्लास के विद्यार्थियों से प्रश्न किया, "क्या यह जार भर गया?"

'हाँ', सब ने जोरदार आवाज में उत्तर दिया। "अच्छा! चलो देखते हैं", कहकर उन्होंने टेबल के नीचे से एक छोटी बाल्टी निकाली, जिसमें बजरी (छोटी गिट्टी) भरी थी। उन्होंने बजरी उस जार में उड़ेली और जार को थोड़ा हिलाया। अब उन्होंने जार को बजरी से भर दिया। फिर वह थोड़ा मुस्कराए और क्लास से फिर पूछा, "क्या जार भर गया?"

इस बार सब विद्यार्थी चुप रहे। वे समझ गए कि इसमें कोई चाल है प्रोफेसर की। एक विद्यार्थी धीरे से बोला, 'शायद नहीं।'

'बहुत अच्छे!' कहते हुए वह फिर टेबल के नीचे झुके और छोटी-सी बाल्टी निकाली, जिसमें रेत भरी थी। उन्होंने उस जार में रेत भरना शुरू किया। मिट्टी और बजरी (बड़े पत्थर और छोटे पत्थर) के बीच में जो खाली स्थान था, वह रेत से भर दिया।

"क्या यह जार भर गया?", एक बार फिर उन्होंने वही प्रश्न पूछा।

'नहीं', पूरी क्लास जोर से चिल्ला पड़ी। अब उनको समझ में आ गया था। कि क्या हो रहा है।

'बहुत खूब', कहकर प्रोफेसर ने पानी का जग उठाया और उस जार को पानी से पूरा भर दिया।

'हाँ', तो यह बताओ, इस प्रयोग से हमें क्या शिक्षा मिलती है?" उन्होंने विद्यार्थियों की ओर देखकर प्रश्न किया।

एक तेज-तर्रार टाइप का लड़का था, उसने बड़ी उत्सुकता से हाथ उठाया और बोला, "चाहे हम कितने भी व्यस्त हों, कोशिश करने से अपनी दिनचर्या में और अधिक कार्य कर सकते हैं।"

"गलत! बिल्कुल गलत!! भरना ही यदि उद्देश्य होता, तो पूरा जार रेत से ही भरा जा सकता था ..... या पानी से", विशेषज्ञ प्रोफेसर ने जोर देते हुए कहा, "नहीं! इस प्रयोग का यह उद्देश्य बिल्कुल नहीं है।"

सारी क्लास स्तब्ध रह गई, एकदम चुप्पी छा गई। इसका और क्या प्रयोजन हो सकता है? एक मिनट तक प्रोफेसर चुप रहे। फिर वे मुस्कराते हुए बोले–

"यह परीक्षण हमें एक बहुत बड़ी सच्चाई सिखाता है कि आप यदि बड़े पत्थर पहले नहीं डालोगे, तो उन्हें कभी भी नहीं डाल पाओगे। रेत तो बाद में भी डाल सकते हैं, लेकिन यदि जार को रेत से पहले भर दिया तो उसमें बड़े पत्थर नहीं आ सकते, इसलिए बड़े पत्थर पहले ही डालने होते हैं।"

महत्त्वपूर्ण, उपयोगी एवं आवश्यक कार्य आपको पहले करने होंगे, वरना आप उन्हें बाद में कभी नहीं कर पाओगे। अत: बड़े पत्थर पहले डालने होते हैं, छोटे टुकड़े तो बाद में भी डाल सकते हैं। यदि आपने अपना समय अनावश्यक एवं अनुपयोगी कार्यों में लगा दिया, तो आपके पास उपयोगी कार्यों के लिए कोई समय नहीं बच पाएगा। आपका आवश्यक कार्य किन्हीं अनावश्यक कार्यों की दया पर क्यों आश्रित रहे?

हमें अपने जीवन के बड़े पत्थरों को पहचानना चाहिए। बड़े पत्थर हमारी प्राथमिकताएँ हैं। ये हमारे लक्ष्य पर निर्भर करती हैं। बिना लक्ष्य के हम अपनी प्राथमिकताओं को निर्धारित नहीं कर सकते, इसलिए बिना लक्ष्य के कोई प्राप्ति नहीं हो सकती। सुनियोजित श्रम तभी हो सकता है, जब आपका लक्ष्य सुनिश्चित होता है। आपकी सफलता, लक्ष्य के साथ जुड़ी हुई है।

जिसका लक्ष्य निश्चित होता है, वही अपनी प्राथमिकताओं को जान सकता है। जो अपने बड़े पत्थर पहले डालता है, उसके पास समय की कोई कमी नहीं रह जाती।

समय प्रबन्धन : *कुछ तरीके एवं उपाय*

1. **कार्यों का आवण्टन** सर्वप्रथम यह देखें कि प्रतिदिन आपका समय किस-किस कार्य में कितना-कितना व्यय होता है। आपका सबसे ज्यादा समय किन विषयों यानि मदों पर खर्च होता है। ऐसी मदें हो सकती हैं

- **मित्र** यदि आपका समय अपने मित्र या ऑफिस के साथियों के साथ व्यर्थ की बातों में व्यय हो रहा है, तो उन्हें 'ना' कहने की हिम्मत करें। आप उन्हें अपनी जरूरतों, आवश्यकताओं या प्राथमिकताओं को भी बता सकते हैं, लेकिन उन्हें अपना समय व्यर्थ न करने दें।
- **ऑफिस में आने वाले ग्राहक** आप अपने कार्य को डेलीगेट करें। अधिकांश ग्राहक आपसे नीचे के स्तर पर ही निबट जाएँ, इस तरह से कार्य का डेलीगेशन किया जाए। आपके पास अतिआवश्यक ग्राहक ही आएँ, यह सुनिश्चित करें।
- **मोबाइल/टेलीफोन में भी बहुत समय व्यय होता है** आप देख लें कि यदि कॉल करने वाला कोई महत्त्वपूर्ण व्यक्ति है, तो उसी समय बात कर लें अन्यथा उन्हें मिसकॉल में रिकॉर्ड होने दें। आप इसके लिए दिन में दो बार समय निर्धारित करके बात कर सकते हैं।
- **ई-मेल्स** कम्प्यूटर पर email Popup को ऑफ रखें। ई-मेल देखने हेतु भी दिन में एक या दो बार का समय निश्चित कर दें। ऐसा करने से आपको ई-मेल्स के कारण, कार्य में जो विघ्न होता है, वह नहीं होगा एवं समय की भी बचत होगी।

2. **एक समय में एक कार्य करें** एक समय में एक ही कार्य हाथ में लेने से आप पूर्ण कुशलता एवं पूर्ण गुणवत्ता से उस कार्य को शीघ्रातिशीघ्र पूर्ण कर सकते हैं।
3. **समय सीमा निर्धारण** जिन कार्यों हेतु समय सीमा निर्धारित की जा सकती है, उसे अवश्य करें। अपने नीचे के अधिकारी/कर्मचारी, जिनसे कार्य कराने की जिम्मेदारी आप पर है, से कार्य की समय सीमा निर्धारण करने से उन पर नियन्त्रण करने में आसानी रहती है। स्वयं भी समय सीमा का ध्यान रखें। यदि आपने ई-मेल हेतु एक घण्टे का समय तय किया है, तो उसका पालन करें।
4. **आवश्यक उपकरण पास में रखें** आपको कार्य करते समय जिन चीजों/उपकरणों की आवश्यकता है, वह आपके आस-पास ही होनी चाहिए, जिससे आपका समय आने-जाने में व्यय हो; जैसे—फैक्स मशीन, कम्प्यूटर, प्रिन्टर इत्यादि हाथ के नीचे ही होनी चाहिए।
5. **विश्राम हेतु समय** आप कितने भी व्यस्त हों, लगातार कार्य करते रहने से आपकी क्षमता या ऊर्जा कम होती जाती है। अत: आप कार्य के बीच में थोड़ा-सा समय अपने अल्प विश्राम (Break) हेतु अवश्य निकालें। यह अल्प विराम आपकी ऊर्जा एवं क्षमता के पुनर्भरण हेतु बहुत उपयोगी है।

वस्तुत: हमारे पास समय तो है, पर समय प्रबन्धन का अभाव है। समय की अव्यवस्था को दूर करें, समय का उपयोग प्राथमिकताओं के आधार पर करें, तो आपके पास समय ही समय होगा। आज के इस प्रतिस्पर्द्धात्मक युग में सफलता की बुलन्दियों को छूना सरल कार्य नहीं है। निश्चित रूप से सफलता प्राप्ति में समय प्रबन्धन की अहम् भूमिका है।

प्रेरणास्पद प्रसंग

इस भाग में कुछ ऐसे प्रसंगों का समावेश है, जो आपके सोचने के अन्दाज को सही परिप्रेक्ष्य में परिवर्द्धित एवं परिवर्तित करने में सहायक हो सकते हैं।

ये प्रेरणास्पद प्रसंग व्यक्ति के आचरण में वांछित परिवर्तन करने हेतु बहुत अहम् भूमिका निभा सकते हैं।

ये प्रसंग ऐसे आइने की तरह हैं, जो आपको अपने व्यक्तित्व को तौलने एवं उसे परखने का भी कार्य करते हैं। इन प्रसंगों का बार–बार अध्ययन करने पर आप स्वयं में एक अनूठा परिवर्तन महसूस करेंगे।

ये प्रेरक प्रसंग आप में आत्मविश्वास, आत्मबल एवं अनूठी संकल्पशक्ति की ऊर्जा का संचार करते हैं, जो आपको जीवन में सफल होने हेतु आवश्यक संघर्ष की इच्छाशक्ति प्रदान करते हैं।

इन्हें बार–बार पढ़ें एवं अपने आचरण में उतारें।

सफलता के रहस्य *वाल्ट डिज्नी*

प्रख्यात अमेरिकन ऐक्टर, डायरेक्टर एवं मनोरंजन की दुनिया के बादशाह माने जाने वाले वाल्ट डिज्नी (Walt Disney) से एक बार एक आठ वर्ष के बच्चे ने प्रश्न किया—

बच्चा मैं जानता हूँ कि आप एक महान् व्यक्ति हैं। आपकी बुद्धिमता का लोहा सारी दुनिया मानती है। मैं आपसे आपकी सफलता का राज जानना चाहता हूँ।

वाल्ट ने बच्चे की तरफ गौर से देखा और गम्भीर स्वर में उन्होंने मुस्कुराकर जवाब दिया।

वाल्ट बच्चे! मैंने इस सम्बन्ध में बहुत सोचा है और अब मैं अपनी सफलता का रहस्य इन चार शब्दों में दर्ज करना चाहूँगा।

Think, Believe, Dream and Dare

सोचें (Think) आप यह सोचें कि आप जीवन में क्या पाना चाहते हैं? अपना लक्ष्य, अपनी इच्छाओं को तय करें।

विश्वास करें (Believe) स्वयं में विश्वास करें एवं इस विश्वास के साथ अपने लक्ष्य प्राप्ति की दिशा में प्रयत्न करें।

सपने देखें (Dream) अपने लक्ष्य की पूर्ति हेतु सपने देखें और उन सपनों की पूर्ति हेतु अपनी सारी शक्तियों और क्षमताओं को झोंक दें।

साहस करें (Dare) अपने सपनों की पूर्ति हेतु पर्याप्त साहसी बनें एवं इन्हें पूरा करने में अपना सर्वस्व समर्पित कर दें। पूर्ण समर्पण, निष्ठा एवं लगन के साथ अपने लक्ष्यों की पूर्ति करें।

सकारात्मक एवं आशावादी सोच

इस परिप्रेक्ष्य में महान् वैज्ञानिक **थॉमस एल्वा एडीसन** के जीवन की छोटी-सी घटना पर गौर करें—

दिसम्बर की ठण्डी रात। न्यू जर्सी में थॉमस एडीसन की फैक्ट्री शानदार रूप से कार्यरत थी। एडीसन की यह फैक्ट्री फायर प्रूफ मानी जाती थी। वर्ष 1914 की उस रात अचानक फैक्ट्री में आग लग गई जब एडीसन स्वयं फैक्ट्री में थे। एडीसन का 24 वर्षीय पुत्र चार्ल्स उन्हें ढूँढ़ता हुआ पहुँचा, तो

चार्ल्स ने देखा कि उसका पिता आग की लपटों को निहार रहा है। चार्ल्स ने सोचा, उसके 67 वर्षीय पिता (थॉमस एडीसन) की जीवन की सारी कमाई आग में जल गई। जैसे ही एडीसन ने चार्ल्स को देखा, उन्होंने कहा, "चार्ल्स! तुम्हारी मम्मी कहाँ है? उसे तुरन्त यहाँ बुलाओ। उसे उसके जीवन में ऐसा नजारा फिर कभी देखने को नहीं मिलेगा।"

दूसरे दिन प्रात:काल एडीसन अपनी फैक्ट्री की बरबादी को या राख के ढेर को देख रहा था। उसने कहा—

> **Thank God, We can start a new.**
> **हे ईश्वर! तुम्हें धन्यवाद। हम नए सिरे से पुनः प्रारम्भ कर सकते हैं।**

देखा आपने, एडीसन को बरबादी में भी सकारात्मकता दिखाई दी एवं कितनी आशावादिता से उन्होंने कार्य पुन: प्रारम्भ करने का विश्वास व्यक्त किया। महान् व्यक्तियों का दृष्टिकोण कितना महान् होता है।

प्रेरणा

अलग-अलग व्यक्तियों के लिए अलग-अलग घटनाएँ या तथ्य प्रेरक हो सकते हैं। इसका अर्थ है कि आप जिस चीज से प्रेरणा पाते हैं, वही चीज अन्य को भी प्रेरणा प्रदान करे, यह आवश्यक नहीं है।

एक बार की बात है। एक नौजवान फुटबॉल खेलने का शौकीन था, लेकिन हमेशा टीम में उसे रिजर्व में रखा जाता, उसे मैच में खेलने का मौका नहीं मिलता। जब वह प्रैक्टिस कर रहा होता, तो उसके पिता मैदान से दूर बाहर बैठे हुए उसका इन्तजार करते रहते।

एक बार वह चार दिनों तक मैदान पर नहीं आया। मैच प्रारम्भ हो चुके थे। पाँचवें दिन आया, उस दिन फाइनल मैच था। वह कोच के पास गया और उसने उनसे उस मैच में खिलाने की प्रार्थना की। कोच ने उसे मना कर दिया। कोच ने कहा कि मेरे पास अन्य अच्छे खिलाड़ी हैं। यह फाइनल मैच है। स्कूल की साख का प्रश्न है, मैं कोई जोखिम नहीं उठा सकता, लेकिन उस नौजवान ने पुनः प्रार्थना की, गिड़गिड़ाया। आखिर कोच को कुछ विचार सूझा। उस नौजवान ने उससे ऐसी मिन्नतें पहले कभी नहीं की थीं। उसने उसे टीम में खेलने की इजाजत दे दी। उस दिन उस नौजवान ने ऐसा खेल दिखाया कि सब हतप्रभ रह गए। उसके शानदार खेल को देखकर सभी ने

वाह-वाह की एवं उसे बहुत बधाई दी, उसकी खूब प्रशंसा की। वह मैच उसके स्कूल ने जीता और वह सभी का चहेता 'हीरो' बन गया।

कोच ने उससे पूछा कि तुम आज इतना अच्छा कैसे खेले हो? तुमने तो इतना शानदार खेल पहले कभी नहीं दिखाया। उस नौजवान ने जवाब दिया कि सर! आज मेरे पापा मुझे खेलता हुआ देखने आए हैं। कोच ने मैदान के बाहर देखा, जहाँ उसके पापा बैठे रहते थे, तो वहाँ कोई नहीं था। जब कोच ने उसे बताया कि उसके 'पापा' तो आज आए ही नहीं, तो उस नौजवान ने जो बताया, वह आश्चर्यजनक था। उसने बताया कि "सर! मेरे पापा अन्धे थे, उनका चार दिन पहले स्वर्गवास हो गया। मैं इसलिए चार दिन से नहीं आया। आज मेरे पापा मेरा खेल देखने आए थे, बस मैं यह जानता हूँ और आज मेरा खेल देखकर वे बहुत खुश हुए होंगे। आज आपने मुझे खेलने का मौका देकर, मेरे पापा की बहुत पुरानी इच्छा की पूर्ति कर दी।"

हर व्यक्ति का प्रेरणास्त्रोत अलग तो हो सकता है, लेकिन यह तय है कि व्यक्ति की सफलता में ऐसे प्रेरक तथ्य और घटनाएँ बहुत अहम् भूमिका अदा करती हैं।

रुकावट उखाड़ फेंको

छात्रों की एक टोली पढ़ने के लिए प्रतिदिन गाँव से 6-7 किमी दूर एक स्कूल में जाती थी। एक दिन जाते समय अचानक छात्रों ने पाया कि उनका एक साथी कम है। देखा तो वह साथी कुछ पीछे रह गया था। उसका नाम लेकर पुकारा एवं उससे पूछा कि वहाँ क्या कर रहे हो?

उस छात्र ने उत्तर दिया, "रुको, मैं अभी आता हूँ।" यह कहकर उसने जमीन में गड़े हुए एक खूँटे को पकड़ा, जोर से झटका दिया और उखाड़कर फेंक दिया।

उस छात्र से एक साथी ने पूछा, तुमने यह खूँटा क्यों उखाड़ फेंका? तो उस छात्र ने उत्तर दिया, "रास्ते में खूँटा गाड़ना गलत है। फिर यह रास्ते में रुकावट डालता था। **जो खूँटा रास्ते की रुकावट बने, उस खूँटे को उखाड़ फेंकना चाहिए।**"

वह छात्र कोई अन्य नहीं, बल्कि **लौह पुरुष सरदार वल्लभ भाई पटेल** थे।

कुल्हाड़ी को 'तेज' करें

एक धनी जमींदार ने एक लकड़हारे को काम पर रखा। पहले दिन, लकड़हारा तीन गट्ठर लकड़ियाँ काटकर लाया। दूसरे दिन, वह लकड़हारा कुछ कम लकड़ियाँ काट कर लाया। एक सप्ताह बाद वह दो गट्ठर ही लकड़ियाँ काटकर लाया। इस तरह प्रतिदिन उसकी लकड़ियाँ घटती जा रही थीं। एक दिन उस लकड़हारे ने यह बात जमींदार को बताई।

जमींदार ने उससे पूछा कि तुम लकड़ियाँ जिस कुल्हाड़ी से काटते हो, उसे तुमने कब तेज (Sharp) की थी। लकड़हारे ने बताया कि उसने तो कभी कुल्हाड़ी को 'तेज' किया ही नहीं।

बस बात समझ में आ गई।

ऐसा हमारे साथ भी होता है। हम एक पटरी पर चलते जाते हैं, लेकिन अपनी बुद्धि को तेज नहीं करते एवं धीरे-धीरे पिछड़ते जाते हैं। अपने साधनों को 'तेज' (Sharp) करो।

दान नहीं-सम्पूर्ण सफलता का आशीर्वाद

राष्ट्रपिता महात्मा गाँधी के जीवन-मूल्यों को स्पष्ट करती हुई निम्न घटना पर ध्यान दीजिए—

महात्मा गाँधी, अपने चरखा संघ हेतु धन एकत्र करने के लिए गाँव-गाँव, शहर-शहर घूम रहे थे। एक बार वे उड़ीसा में एक सभा का आयोजन कर रहे थे एवं धन दान देने का आह्वान कर रहे थे। लोगों का यथाशक्ति सहयोग मिल रहा था। एक महिला, जिसने काफी जर्जर कपड़े पहने हुए थे, गाँधीजी की और चली आ रही थी। लोगों ने उसे रोकने का प्रयास भी किया, लेकिन फिर भी वह गाँधीजी के पास चली ही आई। उस महिला ने गाँधीजी के चरण छुए एवं अपनी साड़ी की गाँठ खोलकर, ताँबे का एक सिक्का गाँधीजी के चरणों में अर्पित कर दिया।

गाँधीजी ने वह सिक्का उठाया और उसे अलग सम्भालकर रख दिया।

चरखा संघ का हिसाब श्री जमना लाल बजाज देखते थे। जब जमना लाल ने वह सिक्का माँगा, तो गाँधीजी ने देने से मना कर दिया और कहा- "यह दान

नहीं, यह करोड़ों रुपयों से अधिक कीमती धन है। यह उस महिला की भावनाओं से जुड़ा, उसका सर्वस्व है। यह ऐसा आशीर्वाद है, जो माँ से ही मिल सकता है। **इसे दान नहीं, सफलता का सम्पूर्ण आशीर्वाद समझकर मैं अपने पास रखूँगा।**"

ऐसे थे गाँधीजी और ऐसी महान् थी उनकी सोच।

सफलता के मायने

हर व्यक्ति के लिए सफलता के मायने अलग होते हैं। अधिकांश लोग सफलता को आर्थिक रूप देते हैं, उनके लिए जो व्यक्ति अधिक धन कमाने में सक्षम है, वह सफल है।

सफलता का अर्थ लक्ष्य स्थापित करना और उसे प्राप्त करने के साथ-साथ सफलता के सफर के अनुभव का आनन्द उठाना तथा उसे उल्लासपूर्ण तरीके से महसूस करना भी है।

आपके द्वारा किए जा रहे व्यवसाय/कार्य से सफलता का बहुत कुछ लेना-देना हो सकता है। आप किसी बड़ी कम्पनी में या सरकारी कार्यालय में अफसर होकर सफल हो सकते हैं, पर आप एक अध्यापक बनकर, एक गायक बनकर, एक बढ़ई बनकर, एक समाज सेवी बनकर भी सफल हो सकते हैं।

आप पारिवारिक जीवन व्यतीत करते हुए, अपने वृद्ध माँ-बाप की सेवा करते हुए, अच्छा पुत्र या अच्छे पिता, अच्छे दोस्त बनकर भी सफल हो सकते हैं। मुख्य बात है कि आपके सपने क्या हैं? आपने जो सपना चुना है, उसे यदि आप पूरा कर रहे हैं और उस कार्य में आप हार्दिक खुशी महसूस करते हैं, तो आप सफल हैं।

दुनिया में सबसे सफल वही होते हैं, जो यह पूछने पर कि "क्या आप अपनी चुनी हुई जिन्दगी से खुश हैं?", तो उनका उत्तर हाँ होता है।

एक महिला आईएएस अधिकारी ने नौकरी से त्यागपत्र देकर गरीब लोगों की सेवा का व्रत लिया एवं आज वह बहुत खुश है। एक आई ए एस अधिकारी ने नौकरी से त्यागपत्र देकर, गरीब बच्चों को शिक्षित करने का संकल्प लिया और वह उसमें खुश है। जिम ओ कॉनेल, हारवर्ड मेडिकल स्कूल से स्नातक पास करने के बाद, पिछले 25 वर्षों से हर रात बोस्टन में

वैन चलाते हुए, बेघरों को मैडिकल हेल्प पहुँचाते हैं, उन्होंने एक शानदार कैरियर की अपेक्षा, यह सेवा कार्य चुना और आज वह खुश हैं। ऐसे लोग भी सफल व्यक्तियों की श्रेणी में ही आते हैं और सच यही है कि जो व्यक्ति अपनी चुनी हुई जिन्दगी से खुश हैं, वही सबसे सफल हैं।

धैर्य रखें

एक सफल उद्योगपति ने अपनी पसन्द की नई कार खरीदी और वह उस शानदार कीमती कार पर सवार होकर बड़े शान से अपने मित्र के पास कहीं जा रहा था। अचानक एक पत्थर उसकी कार के पीछे के दरवाजे पर लगा और वहाँ गड्ढ़ा हो गया। उस उद्योगपति का गुस्सा सातवें आसमान पर चला गया। उसने इधर-उधर देखा तो पाया कि एक 7-8 साल का लड़का खड़ा है तथा उसके हाथ में और भी पत्थर हैं।

वह उद्योगपति वहाँ गया और बिना कुछ सोचे, सुने, उसने उस बच्चे की जोरदार पिटाई कर दी। वह बच्चा रोने लगा। उसने कहा, "अंकल! आपकी कार को पत्थर लगा, इसका मुझे बहुत दुःख है, लेकिन मैं क्या करूँ?

मैं पिछले दो घण्टे से मदद के लिए चिल्ला रहा हूँ, लेकिन कोई रुकता ही नहीं है, सुनता ही नहीं है। मेरे अपंग पिताजी व्हील चेयर से गिर गए हैं। आप इन्हें उठाकर इस चेयर पर बैठाने में मेरी मदद कर दें, ईश्वर आपको खुश रखे।"

यह देखकर उस उद्योगपति का दिमाग हिल गया। उसने उस बुजुर्ग को व्हील चेयर पर बैठाया और उस बच्चे से क्षमा माँगी।

उस उद्योगपति ने कभी भी अपनी कार के दरवाजे पर बने उस गड्ढ़े को ठीक नहीं कराया एवं शपथ ली कि किसी भी स्थिति में व्यक्ति को अपना धैर्य नहीं खोना चाहिए। पता नहीं, दूसरे की मजबूरी कितनी भयानक हो।

ईश्वर में विश्वास रखें

I asked God....

(a) For **Strength**
and *He gave me 'Difficulties' to make me strong.*

(b) For **Wisdom**
and *He gave me 'Problems' to solve.*

(c) For **Prosperity**
and *He gave me 'Brain' and 'Braw' to work.*

(d) For **Courage**
and *He gave me 'Obstacles' to overcome.*

(e) For **Love**
and *He gave me 'Poor people' to help.*

(f) For **Favours**
and *He gave me 'Opportunities'.*

I received nothing I wanted....
I received everything, I really needed.

वस्तुत: हमारा भला किस चीज में है, यह उस सर्वव्यापी, सर्वशक्तिमान, सर्वज्ञाता से अधिक कोई नहीं जान सकता। ईश्वर पर विश्वास हमें सफलता की सही दिशा की ओर अग्रसर एवं प्रेरित करता है।

निःस्वार्थ सेवा

पुराने समय की बात है, एक रास्ते में एक बड़ा भारी पत्थर पड़ा हुआ था। लोग आ-जा रहे थे। कोई भी उसे हटाने का प्रयास नहीं कर रहा था। कोई वहाँ के राजा को दोष दे रहा था, तो कोई उस पत्थर को डालने वाले को गाली दे रहा था, लेकिन सब बचकर निकल रहे थे।

उसी समय उस रास्ते पर एक किसान आया, उसके सर पर घास का एक गट्ठर था। उसने भी उस पत्थर को देखा। उसने अपना गट्ठर एक तरफ रखा और उस पत्थर को हटाने का प्रयास किया। थोड़ा अधिक प्रयास करने पर किसान सफल हो गया।

उसने देखा कि उस पत्थर के नीचे एक पर्स पड़ा है। उस पर्स में सोने के कई सिक्के थे एवं राजा का सन्देश भी था—तुम्हारी निःस्वार्थ मेहनत का यह मामूली सा पारितोषिक है। यदि तुम्हें राज्य में कोई नौकरी चाहिए, तो तुम्हारा स्वागत है। उस किसान को उसका पारितोषिक भी मिल गया एवं राजा ने उसे नौकरी भी दे दी।

इससे हमें यह सीख मिलती है

निःस्वार्थ, परमार्थ मेहनत
का पारितोषिक मिलता ही है।

अपनी पसन्द का जीवन जीना

Your Choice......
If you can't change the people around you,
change the people you are around.

अर्थात् "यदि आप अपने आस-पास के लोगों को बदल नहीं सकते (उनके आचार-विचार में परिवर्तन नहीं कर सकते), तो आप ऐसे लोगों को ही बदल दें (अर्थात् उनको छोड़कर अन्य लोगों के साथ रहने लगें)"

It's your choice and your life; It's up to you
who and what you let in it?

अर्थात् "**पसन्द तुम्हारी है, जीवन तुम्हारा है। यह तुम पर निर्भर है कि तुम किसे एवं क्या चाहते हो**?"

अर्थहीन लक्ष्य

निम्न वार्तालाप पर ध्यान दीजिए

एक किसान के पास एक कुत्ता था, जो सड़क पर बैठा रहता था। जैसे ही कोई वाहन आता तो कुत्ता भौंकता और वाहन का पीछा करता। एक दिन उस व्यक्ति के पड़ोसी ने पूछा कि तुम्हें क्या लगता है, तुम्हारा कुत्ता कभी किसी कार को पकड़ पाएगा? किसान ने जवाब दिया कि मुझे इस बात की चिन्ता नहीं है। मैं तो इस बात पर विचार करता हूँ कि यदि इस कुत्ते ने कभी किसी कार को पकड़ भी लिया, तो इसे क्या मिलेगा?

बहुत-से लोग बिना उद्देश्य के किसी लक्ष्य का पीछा करते रहते हैं और व्यर्थ ही अपनी शक्ति एवं समय का दुरुपयोग करते हैं।

जीवन में सफलता के लिए आपका लक्ष्य सुस्पष्ट एवं आपकी महत्त्वाकांक्षा के अनुकूल होना चाहिए।

एक व्यक्ति पैदल यात्रा कर रहा था। वह एक दो-राहे पर पहुँचा। उसने एक अन्य यात्री से पूछा कि ये रास्ते कहाँ-कहाँ जा रहे हैं? उस यात्री ने पूछा कि आपको कहाँ जाना है? तो व्यक्ति का जवाब था, मुझे पता नहीं। दूसरे यात्री ने कहा कि ये रास्ते कहीं भी जाएँ, आपको क्या फर्क पड़ता है?

जब व्यक्ति को अपनी मन्जिल का ही पता नहीं, तो रास्ते की जानकारी व्यर्थ है।

लक्ष्यहीनता व्यक्ति को भटकाव के अतिरिक्त कुछ नहीं दे सकती है।

आपको जीवन में कुछ प्राप्त करना है, सफल होना है, तो लक्ष्य निर्धारण अवश्य करना होगा।

विनम्रता, सफलता की सहोदर

पुराने समय की बात है। एक बार कुछ सैनिक एक लट्ठे को उठाने का प्रयास कर रहे थे, लेकिन वह लट्ठा इतना वजनी था कि उनसे उठ नहीं पा रहा था। उनका अधिकारी घोड़े पर बैठा हुआ उन्हें हुक्म दे रहा था, लेकिन उनकी सहायता नहीं कर रहा था। वहाँ से एक घुड़सवार गुजर रहा था, उसने उस अधिकारी से पूछा कि भैया! आप इनकी सहायता क्यों नहीं कर रहे हो? तो उस अधिकारी का जवाब था कि 'यह मेरा काम नहीं है, मैं कॉर्पोरल हूँ।' इस पर उस अजनबी घुड़सवार ने उन सैनिकों की सहायता की और वे सैनिक उस लट्ठे को उठाने में सफल हो गए।

जब वह चलने लगा, तो उसने कहा कि जब भी आवश्यकता पड़े, कॉर्पोरल की जगह **कमाण्डर इन चीफ** को याद करना। बाद में ज्ञात हुआ कि वह घुड़सवार **जॉर्ज वाशिंगटन** था।

आप जैसा करोगे, वैसा भरोगे

एक गाँव का किसान था। वह एक बेकरी वाले को हर सप्ताह एक किलो घी देता था। एक दिन बेकरी वाले ने सोचा कि मुझे 'घी' तौलकर देखना चाहिए। उसने पाया कि 'घी' एक किलो से कम है। मामला न्यायाधीश के सम्मुख पहुँचा। न्यायाधीश ने किसान से पूछा कि तुम किस 'बाट' से यह 'घी' तौलते हो। किसान ने कहा, मैं तो बिना पढ़ा-लिखा किसान हूँ। मेरे पास कोई 'बाट' इत्यादि तो है नहीं, लेकिन, मेरे पास एक तराजू है। मैं जब इस बेकरी वाले को 'घी' देता हूँ, तो इससे एक किलो बिस्कुट भी खरीदता हूँ। इसी तराजू में बिस्कुट के वजन के बराबर 'घी' तौलकर इसको दे देता हूँ। अगर 'घी' कम है, तो इसका अर्थ हुआ कि यह मुझे बिस्कुट भी कम ही देता है। इसमें मेरा कोई दोष नहीं है अन्नदाता। न्यायाधीश ने किसान के पक्ष में फैसला सुनाया एवं बेकरी वाले को दण्ड दिया।

जीवन में आप यदि किसी के साथ बेईमानी करोगे, तो आपको भी वही मिलेगी, इसलिए कहते हैं कि जैसा करोगे, वैसा ही भरोगे।

प्रोत्साहन एवं सफलता

चार्ल्स श्वाब की गिनती अमेरिका के अधिकतम धनी व्यक्तियों में होती है। वे बेनथेलम स्टील कम्पनी के जनक हैं। एक बार उनसे यह पूछा गया कि आपको इतनी अधिक सैलरी (कई मिलियन डॉलर्स) क्या इसलिए मिलती है कि आप अच्छी स्टील का उत्पादन करते हैं? इस पर चार्ल्स का जवाब था, "नहीं, मुझे इतनी सैलरी इसलिए मिलती है कि मैं लोगों को प्रोत्साहित और उत्साहित कर उनमें जान फूँकने की योग्यता रखता हूँ। यह कला ही मेरी सबसे बड़ी पूँजी है। मैं व्यक्ति की श्रेष्ठता को बाहर लाकर, उससे उत्कृष्टतम कार्य कराने की क्षमता, योग्यता रखता हूँ।"

"पानी को वाष्प में बदलने हेतु एक डिग्री तापमान का ही फर्क करना होता है और वाष्प से बड़े-बड़े इंजन तक चल सकते हैं।"

Live while you are alive, Don't die before you are dead.

जब तक जिन्दा हो जिन्दादिली से जियो, मृत्यु से पहले मत मरो।

बोलने से पहले तौलें

बहुत पुरानी कहावत है कि आप जो भी बोलना चाहते हैं, उसे मुँह से बाहर निकालने से पहले, उस पर काफी सोच-विचार कर लेना चाहिए। एक बार मुँह से शब्द निकलने के बाद, वापस नहीं होते हैं और उनका प्रभाव बहुत समय तक, दूसरे व्यक्ति के मस्तिष्क में रहता है।

एक बार एक व्यक्ति ने अपने पड़ोसी को कुछ अपमानजनक शब्द कह दिए और बाद में उसे बहुत पछतावा हुआ। उस गाँव में एक विद्वान् सन्त आए हुए थे। वह व्यक्ति उनके पास गया और उसने सन्त को बताया कि ऐसा हो गया। सन्त जी ने उस व्यक्ति को एक थैली दी और कहा कि इस थैली में पक्षियों के पंख भरकर लाओ। वह व्यक्ति उस थैली में पंख भरकर ले गया। सन्त जी ने उस थैली को उल्टा किया और सारे पंखों को हवा में उड़ा दिया। अब सन्त जी ने उस व्यक्ति से कहा कि इन्हें एकत्र करो। वह व्यक्ति बोला, ये तो उड़ गए, अब ये कैसे एकत्र होंगे? तो सन्त जी ने समझाया कि इसी तरह एक बार मुँह से निकले शब्द कभी वापस नहीं आ सकते। अतः **हमेशा ध्यान रखो, पहले तौलो फिर बोलो।**

दूसरों के बारे में सोचें

एक बार एक व्यक्ति मरने के बाद स्वर्ग-नरक के द्वार पर पहुँचा, तो यमराज ने उससे पूछा कि तुम कहाँ जाना चाहते हो, स्वर्ग या नरक?

उस व्यक्ति ने कहा कि मैं पहले दोनों देखना चाहता हूँ। इस पर यमराज उसे पहले नरक में ले गए। वहाँ उसने देखा कि टेबल पर खूब अच्छा खाना रखा है, लेकिन उस टेबल के चारों और बैठे हुए व्यक्ति बहुत कमजोर हैं, उनका चेहरा पीला पड़ा हुआ है, वे भूख से बेहाल लग रहे हैं। उस व्यक्ति ने एक और बात नोट की, कि टेबल के चारों और बैठे व्यक्तियों के हाथों में चार-चार फुट की चम्मचें एवं काँटे बँधे हुए हैं।

अब यमराज उसे स्वर्ग में ले गए। वहाँ उस व्यक्ति ने देखा कि वहाँ भी टेबल पर खाना लगा हुआ है एवं टेबल के चारों ओर बैठे व्यक्तियों के हाथ में भी चार-चार फुट की चम्मचें एवं काँटे बँधे हुए हैं, लेकिन वे सभी लोग खुश हैं, प्रसन्न एवं स्वस्थ हैं तथा एक-दूसरे को चम्मचों से खाना खिला रहे हैं।

जो लोग दूसरों के बारे में सोचते हैं, दूसरों का ध्यान रखते हैं, वे जीवन में प्रसन्न एवं स्वस्थ रहते हैं और वही जीवन में सफल होते हैं।

जीवन प्रतिध्वनि की तरह है

एक बार एक छोटा बच्चा माँ से रूठकर I hate you, I hate you, चिल्लाते हुए घर से भाग गया। बाहर एक पहाड़ी की घाटी में जाकर चिल्लाया I hate you, I hate you. तो पहाड़ों की प्रतिध्वनि हुई– I hate you, I hate you. बच्चा डर गया। वह वापस भागकर घर गया, माँ की गोद में छुप गया और बोला कि उस पहाड़ी घाटी में एक खराब बच्चा है, जो मुझे बोलता है– I hate you, I hate you. माँ समझ गई, उसने बच्चे से कहा कि अब वापस वहाँ जाकर बोलो–I love you, I love you. बच्चे ने ऐसा ही किया, अब उसे प्रतिध्वनि सुनाई दी–I love you, I love you. बच्चा खुश हो गया। माँ ने बताया कि **तुम्हें जीवन में वही मिलेगा, जो तुम किसी को दोगे। जीवन एक प्रतिध्वनि की तरह है।**

> **When you are good to others, you are best to your-self.** **Benjamin Franklin**
> जब आप दूसरों के लिए अच्छे होते हैं, तभी आप स्वयं के लिए सर्वोत्तम होते हैं। ***बैंजामिन फ्रेंकलिन***

आत्मविश्लेषण करें

एक कागज लें, उस पर एक ओर आप अपनी कमजोरियों (Weaknesses) को लिखें, वहीं दूसरी ओर अपनी ताकत (Strengths) I अब आप आत्मविश्लेषण करें। सफल व्यक्ति अपनी सीमाएँ (Limitations) जानते हैं, वे अपनी ताकत को बढ़ाते हैं एवं उसी दिशा में अपनी सारी ताकत और क्षमता को फोकस करते हैं, जहाँ वे जाना/पहुँचना चाहते हैं। "Focus on what you want to be rather than what you don't."

''सकारात्मक एवं नकारात्मक सोच : *एक प्रेरणा–स्रोत* ''

यह कहानी दो सगे भाइयों की है। एक भाई सफल व्यवसायी था और सभी प्रकार के व्यसनों से दूर था। समाज में उसका अच्छा नाम था एवं अपनी सज्जनता हेतु सभी की प्रशंसा का पात्र था। दूसरा भाई सारे दिन शराब पीता, घर में पत्नी, बच्चों से मार-पीट करता, कोई काम नहीं करता। सब उससे परेशान रहते। एक बार किसी ने उससे पूछा कि आप ऐसे क्यों हैं? तो उसने कहा कि अपने पिता के कारण मैं ऐसा हूँ। मेरे पिता हमेशा शराब

पीते रहते थे। मेरी माँ को मारते थे, हम भाइयों को भी पीटते थे। ऐसी परिस्थितियों में मेरा लालन-पालन हुआ है, तो मैं इसके अतिरिक्त और क्या बन सकता था?

जब ऐसा ही प्रश्न दूसरे भाई से किया गया तो उसने जवाब दिया, मैं मेरे पिता के कारण ऐसा हूँ। मेरे पिताजी शराबी, जुआरी थे। सभी को मारते-पीटते थे। कोई उन्हें सम्मान नहीं देता था। मैं छोटा था, तब से ही सोचता था कि मैं कोई भी व्यसन नहीं करूँगा एवं सभी की सहायता करूँगा। समाज में अपना नाम करूँगा, जिससे मेरे पिता के कृत्यों पर कुछ पर्दा पड़ सके। उनका नाम कुछ ठीक हो सके।

देखा आपने, प्रेरणा स्रोत एक, और सोच अलग-अलग। हम दोष किसी को भी नहीं दे सकते हैं, हम करते वही हैं, जो हम चाहते हैं।

> **हीरा, कोयले के साथ रहकर भी अपना अस्तित्व नहीं गंवाता है।**

उत्कट इच्छा एवं सफलता

एक व्यक्ति ने एक बार सुकरात से पूछा कि सफलता किसे मिलती है, सफलता का रहस्य क्या है? सुकरात ने उसे दूसरे दिन, नदी किनारे मिलने को कहा। दूसरे दिन वह व्यक्ति सुकरात को नदी किनारे मिला। सुकरात उसे नदी में ले गए एवं उसकी गर्दन को पकड़कर पानी के अन्दर डाल दिया। वह व्यक्ति छटपटाने लगा। सुकरात ने उसे छोड़ा नहीं, लेकिन जब देखा कि उसका चेहरा नीला-सा पड़ने लगा, तो उसे बाहर निकाला। बाहर निकलते ही उस व्यक्ति ने सबसे पहले गहरी सांस ली। सुकरात ने पूछा बाहर निकलने पर तुम्हारी सबसे उत्कट इच्छा क्या थी? उस व्यक्ति ने जवाब दिया-'सांस'। सुकरात ने कहा, बस यही सफलता का रहस्य है। जब तुम्हें सफलता की इतनी ही उत्कट इच्छा हो जाए, तो तुम्हें सफल होने से कोई नहीं रोक सकता। तुम अपनी सारी शक्ति उस इच्छा की पूर्ति हेतु झोंक दोगे।

> **A burning desire is the starting point of all accomplishments.**
> **बिना उत्कट इच्छा के सफलता अधूरी रहती है।**

अभिभावकों के लिए प्रेरक

जीव विज्ञान (Biology) की कक्षा में, प्रोफेसर छात्रों को लार्वा (Caterpillar) से तितली (Butterfly) बनने के सम्बन्ध में बता रहे थे, उन्होंने कहा कि देखें, यह लार्वा किस तरह अपने कोकून (Cocoon) से स्वयं बाहर आएगा एवं तितली बन जाएगा। प्रोफेसर ने छात्रों को लार्वा के कोकून से बाहर आने के संघर्ष को ध्यान से देखने को कहा। उन्होंने छात्रों को हिदायत दी कि कोई भी छात्र कोकून को तोड़कर इस लार्वा की सहायता नहीं करेगा। सभी ने देखा- लार्वा ने बहुत संघर्ष करके कोकून को तोड़ा एवं बाहर आते ही तितली बन गई, लेकिन, एक छात्र ने कोकून को तोड़ दिया, जिससे लार्वा बिना प्रयास या संघर्ष के बाहर आ गया एवं थोड़ी देर में मर गया। वास्तव में, यह संघर्ष ही लार्वा के पंखों को मजबूती प्रदान करता है। जिस लार्वा को उसे उड़ने की शक्ति ही नहीं मिली, वह मर गया, इसलिए कहा गया है कि

> **जीवन में बिना संघर्ष के सफलता नहीं मिलती, आपका विकास नहीं होता, आप शक्तिशाली नहीं बनते। सरलता से मिलने वाली सफलता आपको बड़ी असफलताओं की ओर धकेलती है।**

यह कहानी उन अभिभावकों के लिए बहुत प्रेरक है, जो अपने बच्चों को संघर्ष नहीं करने देना चाहते और सब कुछ उन्हें समय से पहले मुहैया करा देते हैं। ऐसे बच्चे जीवन में संघर्ष करने में असमर्थ रहते हैं एवं अधिकांश मात्र पिता के कार्य में ही संलिप्त हो पाते हैं। उनका अपना कुछ नहीं होता। अगर अपना कुछ करना है, तो संघर्ष करना होगा।

अपना-अपना दृष्टिकोण : काश ! मेरा भी ऐसा भाई होता!

एक व्यक्ति अपनी नई कार साफ कर रहा था। उसके पड़ोसी ने पूछा, आप यह कार कब लाए? कितने की लाए? उस व्यक्ति ने जवाब दिया, यह मेरे भाई ने मुझे दी है। पड़ोसी ने कहा, काश! मेरे पास भी ऐसी कार होती ....।

उस पड़ोसी की पत्नी भी यह वार्तालाप सुन रही थी। वह बहुत साहसी एवं मेहनती स्त्री थी। उसने कहा .... काश! मेरा भी ऐसा भाई होता ....

नज़रिया अपना-अपना है। किसी को कोई चीज मुफ्त में पाना अच्छा लगता है, तो कोई अपनी मेहनत करके पाना चाहता है एवं लोगों को देना भी चाहता है।

नकारात्मक दृष्टिकोण

कुछ लोग हमेशा कमियाँ ही देखते हैं, उनका सोचने, देखने का दृष्टिकोण हमेशा नकारात्मक रहता है।

एक व्यक्ति के पास एक कुत्ता था, जो पानी पर चल सकता था। एक बार वह अपने मित्र के साथ बत्तखों के शिकार पर गया। वह अपने साथ कुत्ता भी ले गया। नदी के किनारे वे बत्तखों का शिकार करने लगे। जैसे वे कोई बत्तख को शूट करते, वह नदी में गिर जाती। कुत्ता जाता और उस बत्तख को उठा लाता। इस तरह कुत्ता कई बार बत्तखें उठा लाया। उस व्यक्ति के मित्र ने उसे कुछ भी नहीं कहा। उस व्यक्ति को बहुत अजीब लगा कि उसका मित्र उसके कुत्ते की इस खासियत को नजर-अन्दाज कर रहा है। आखिर उसने अपने मित्र से पूछ ही लिया कि तुम्हें इस कुत्ते में कोई खास बात नजर नहीं आई? मित्र ने बड़ी उदासीनता से जवाब दिया हाँ, इस कुत्ते को तैरना नहीं आता।

यह कोई नई बात नहीं है। आपको ऐसे कई मित्र मिल जाएँगे, जो हमेशा कमियाँ ही देखते हैं। वे कभी प्रशंसा करना नहीं जानते। उनका दृष्टिकोण हमेशा नकारात्मक रहता है।

ऐसे व्यक्तियों से हमेशा दूरी बनाए रखें। ऐसे व्यक्तियों की कोशिश आपकी सफलता में सहायता करने की अपेक्षा आपको हतोत्साहित करने की रहती है।

छोटी-छोटी बातों का महत्त्व

एक व्यक्ति समुद्र किनारे सुबह घूम रहा था, उसने देखा कि ज्वार-भाटे के कारण बहुत सारी स्टारफिश (Star Fish) किनारे पर आ गई थीं। उनमें से बहुत सारी जिन्दा थीं। वह व्यक्ति एक-एक स्टारफिश को उठाता और समुद्र में फेंक देता। उसी समय एक और व्यक्ति वहाँ किनारे पर घूम रहा था। उसने पहले व्यक्ति से पूछा, आप ये क्या कर रहे हैं? पहले व्यक्ति ने बताया कि इन मछलियों को मैं पानी में वापस फेंक रहा हूँ। दूसरे व्यक्ति ने कहा, क्या फालतू काम कर रहे हो? ये तो सैंकड़ों मछलियाँ हैं? इससे क्या फर्क पड़ेगा?

पहले व्यक्ति ने एक मछली (Star Fish) उठाई और उसे समुद्र में फेंक कर कहा कि "और किसी को फर्क पड़े या नहीं, इस मछली पर तो फर्क पड़ेगा ही। यह फालतू कार्य इस मछली को जीवन देगा।"

बात बड़ी छोटी थी, लेकिन किसी के लिए इस कार्य का महत्त्व जीवनदान देने जैसा बड़ा था। आजकल लोग केवल स्वयं के हित की बात ही सोचते हैं। ऐसा

कार्य करना चाहते हैं, जो सभी को बड़ा लगे। उनके हर कार्य का उद्देश्य स्वयं को सार्थक प्रदर्शित करना होता है। लोग छोटा-सा भी कार्य करके, उसका विज्ञापन करके अपना नाम कमाना चाहते हैं। **यदि हर व्यक्ति छोटे-छोटे कार्य को निःस्वार्थ भाव से करे, तो बहुत बड़े-बड़े कार्य सरलता से सम्भव हो सकते हैं।**

यदि दूसरा व्यक्ति भी उन मछलियों को समुद्र में वापस फेंकने हेतु लग जाता, तो बहुत-सी और मछलियों का जीवन बचाया जा सकता था।

हार नहीं मानें : *पुरुषार्थ पर विश्वास करें*

एक बार दो राज्यों के बीच युद्ध की तैयारियाँ चल रही थीं। दोनों के शासक एक प्रसिद्ध सन्त के भक्त थे। वे अपनी-अपनी विजय का आशीर्वाद माँगने के लिए अलग-अलग समय पर उनके पास पहुँचे। पहले शासक को आशीर्वाद देते हुए सन्त बोले, 'तुम्हारी विजय निश्चित है।'

दूसरे शासक को उन्होंने कहा, 'तुम्हारी विजय संदिग्ध है'। दूसरा शासक सन्त की यह बात सुनकर चला आया, किन्तु उसने हार नहीं मानी और अपने सेनापति से कहा, हमें अपनी मेहनत और पुरुषार्थ पर विश्वास करना चाहिए। इसलिए हमें जोर-शोर से तैयारी करनी होगी। दिन-रात एक करके युद्ध की बारीकियाँ सीखनी होंगी। अपनी जान तक को झोंकने के लिए तैयार रहना होगा।

इधर पहले शासक की प्रसन्नता का ठिकाना न था, उसने अपनी विजय निश्चित जान अपना सारा ध्यान आमोद-प्रमोद व नृत्य-संगीत में लगा दिया। उसके सैनिक भी रंगरलियाँ मनाने में लग गए। निश्चित दिन युद्ध आरम्भ हो गया। जिस शासक को विजय का आशीर्वाद था, उसे चिन्ता ही न थी। उसके सैनिकों ने भी युद्ध का अभ्यास नहीं किया था। दूसरी ओर, जिस शासक की विजय संदिग्ध बताई गई थी, उन्होंने युद्ध में कई बारीकियों का प्रयोग किया और कुछ ही देर बाद पहले शासक की सेना को परास्त कर दिया।

अपनी हार पर पहला शासक बौखला गया और सन्त के पास जाकर बोला, "महाराज! आपकी वाणी में दम नहीं है। आप गलत भविष्यवाणी करते हैं।" उसकी बात सुनकर सन्त मुस्कुराते हुए बोले, "पुत्र! इतना बौखलाने की आवश्यकता नहीं है। तुम्हारी विजय निश्चित थी, किन्तु उसके लिए मेहनत और पुरुषार्थ भी तो जरूरी था। भाग्य भी हमेशा कर्मरत और पुरुषार्थी मनुष्यों का ही साथ देता है और उसने दिया भी है, तभी तो वह शासक जीत गया, जिसकी पराजय निश्चित थी।" सन्त की बात सुनकर पराजित शासक लज्जित हो गया और सन्त से क्षमा माँगकर वापस चला आया।

आशावादी बनें

एक बार एक युवक को संघर्ष करते-करते एक वर्ष से कुछ ज्यादा ही समय हो गया, लेकिन उसे सफलता नहीं मिली। वह निराश होकर जंगल में गया और वहाँ आत्महत्या करने ही जा रहा था कि अचानक एक सन्त प्रकट हो गए। सन्त ने कहा, "बच्चे क्या बात है, इस घनघोर जंगल में क्या कर रहे हो?"

उस युवक ने जवाब दिया, "मैं जीवन में संघर्ष करते-करते थक गया हूँ। मैं आत्महत्या करके अपने बेकार जीवन को नष्ट करने आया हूँ।" सन्त ने पूछा, "तुम कितने दिनों से संघर्ष कर रहे हो?"

युवक ने कहा, "मुझे पन्द्रह माह के लगभग हो गए। मुझे न तो कहीं नौकरी मिली है, न ही मैं किसी परीक्षा में सफल हो सका हूँ।"

सन्त ने कहा, "तुम्हें नौकरी भी मिल जाएगी एवं तुम सफल भी हो जाओगे। कुछ दिन और प्रयास करो, निराश न हो।"

युवक ने कहा, "मैं किसी योग्य भी नहीं हूँ। अब मुझसे कुछ नहीं होगा।"

सन्त ने उसे एक कहानी सुनाई।

सन्त ने कहा कि ईश्वर ने दो पौधे लगाए। एक बांस का, एक फर्न का (पत्तियों वाला)। फर्न वाले पौधे में कुछ ही दिनों में पत्तियाँ निकल आईं। फर्न का पौधा एक साल में काफी बढ़ गया, जबकि बांस (Bamboo) के पौधे में सालभर में कुछ नहीं हुआ।

ईश्वर निराश नहीं हुआ। दूसरे वर्ष भी बांस के पेड़ में कुछ नहीं हुआ एवं फर्न का पौधा और बड़ा हो गया, लेकिन ईश्वर ने निराशा नहीं दिखाई।

तीसरे वर्ष और इसी तरह चौथे वर्ष भी बांस का पेड़ वैसा ही रहा, उसमें कुछ नहीं हुआ, लेकिन फर्न का पौधा और बड़ा हो गया। ईश्वर फिर भी निराश नहीं हुआ। इसके कुछ दिनों बाद बांस का पौधा फूटा एवं देखते-देखते कुछ ही दिनों में ऊँचा हो गया। बांस के पेड़ को अपनी जड़ों को मजबूत करने में 4-5 वर्ष लग गए।

सन्त ने युवक से कहा कि यह आपका संघर्ष का समय है, अपनी जड़ें मजबूत करने का समय है। आप इस समय को व्यर्थ नहीं समझें एवं निराश न हों। जैसे ही आपकी जड़ें मजबूत, परिपक्व हो जाएँगी, आपकी सारी समस्याओं का निदान हो जाएगा। आप खूब सफल होंगे, फूलेंगे और फलेंगे।

आप स्वयं की तुलना अन्य लोगों से न करें, आत्मविश्वास न खोएँ। समय आने पर आप बांस के पेड़ की तरह बहुत ऊँचे हो जाओगे। सफलता की बुलन्दियों पर पहुँचोगे।

बात युवक की समझ में आ गई और वह पुनः संघर्ष के पथ पर चल दिया।

> **Never lose hope and never give up or quit. Success will come to you sooner or later.**

वास्तविक घटना : *आशा का दामन न छोड़ें*

एक युवक अर्थशास्त्र में एमए करने के बाद नौकरी हेतु प्रयास कर रहा था कि अचानक एक दिन दुर्घटना में बाईं टाँग में चोट लग गई। डॉक्टर को दिखाया तो पता चला कि उसकी टाँग की हड्डी टूट गई है। उसे तीन माह का प्लास्टर चढ़ाया गया। वह बहुत निराश हुआ और स्वयं को बहुत दुर्भाग्यशाली समझने लगा।

उसके पिता बहुत समझदार व्यक्ति थे, उन्होंने कहा कि कोई बात नहीं, सब ठीक हो जाएगा। क्या पता, इस दुर्घटना में भी कोई भलाई छिपी हो?

ऐसा ही हुआ। ठीक होने के बाद उसके पैर में लोच आ गया। उस युवक ने अपनी अपंगता का प्रमाण-पत्र बनवा लिया। थोड़े समय बाद यूनिवर्सिटी द्वारा अर्थशास्त्र के लेक्चरर्स के पद हेतु कुछ रिक्तियों की घोषणा की गई। उस युवक ने अपंगों हेतु आरक्षित पद के अन्तर्गत आवेदन किया और उसका चयन हो गया।

वह युवक यदि सामान्य अभ्यर्थी की तरह आवेदन करता, तो उसका चयन होना नामुमकिन था। वह न तो इतना होशियार था और न एमए में उसके अंक इतने अच्छे थे, लेकिन इस दुर्घटना ने, उसके जीवन की दिशा ही बदल दी।

> **चाहे कुछ भी हो, व्यक्ति को 'आशा' का दामन नहीं छोड़ना चाहिए। रात के अन्धकार के बाद, सुबह की किरणें अवश्य ही आती हैं।**

मनोभाव : *ज़िन्दादिली से जियो*

मेरे एक मित्र हैं। जब भी उनका हाल चाल पूछा जाए, तो उनका जवाब बड़ा प्रफुल्लित होता है— Marvellous या Fine.

यह जरूरी नहीं कि उनकी स्थिति Marvellous या Fine ही हो, लेकिन उनके जवाब में, एक आत्मविश्वास, एक आत्मबल की झलक मिलती है एवं उनसे बात करना अच्छा लगता है।

मेरे एक और मित्र हैं, उनसे जब भी पूछेंगे कि क्या हाल हैं?

तो जवाब मिलेगा—ठीक हैं, गाड़ी चल रही है, किसी तरह गुजर-बसर हो रही है।

बड़ा उदासी भरा-सा जवाब, बड़ी निराशा जैसी स्थिति उनसे बात करने में नजर आती है। ऐसे जवाब के बाद आप न तो उनसे सहानुभूति जता सकते हो और न कोई सलाह दे सकते हो। आपको पता होता है कि इसकी रोते रहने की आदत है।

अन्तर कुछ नहीं, अन्तर जीवन को जीने का है। Attitude का अन्तर है। एक व्यक्ति ज़िन्दादिली से जीता है, दूसरा रोते हुए जीवन व्यतीत करता है।

> **Your attitude is an expression of your values, beliefs and expectations.**

स्वाभिमान

एक औरत सिर पर लकड़ियों का एक बड़ा-सा गट्ठर उठाए शहर की ओर आ रही थी। गट्ठर भारी होने के कारण उसे चलने में परेशानी हो रही थी। उसी समय सामने से ईश्वर और ईश्वर-पत्नी उसी रास्ते पर आ रहे थे। ईश्वर-पत्नी को उस स्त्री पर दया आई।

"क्या तुम्हारे घर में कोई और कमाने वाला नहीं है?" ईश्वर-पत्नी ने करुण स्वर में पूछा।

"पति हैं। पहले बाहर का सारा काम वही देखते थे, मगर कुछ महीने पहले जंगल में लकड़ी बीनने आई औरतों को बचाने के लिए वे एक साँड से जूझ पड़े थे। साँड ने औरत को गिरा ही दिया था, लेकिन जब तक वह स्त्री को कुचल पाए, उससे पहले ही उन्होंने उसे एक ओर कर दिया। इस पर साँड झल्लाकर मेरे पति पर ही टूट पड़ा और उनके सम्भलने से पहले ही उसने

उन्हें अपने सींगों पर उठाकर पटक दिया। घायल अवस्था में भी वे साँड से उस समय तक जूझते रहे, जब तक कि वह हार मानकर वहाँ से भाग न गया। उस लड़ाई में उनका एक पैर खराब हो गया। अब वे बाहर आ-जा नहीं सकते, इसलिए घर का काम देखते हैं। जंगल का काम मुझे सम्भालना पड़ता है। औरत ने बोझ से दबी जा रही गर्दन को सीधा करते हुए कहा। ईश्वर-पत्नी ने अपने पति से उस स्त्री के दुःख को दूर करने हेतु कहा। ईश्वर-पत्नी ने उस स्त्री को कहा, "मेरे पति ईश्वर हैं। वे चाहें तो तुम्हें सुखमय जीवन का आशीर्वाद दे सकते हैं। उसके बाद तुम्हारे सारे कष्टों का अन्त हो जाएगा।"

"पर मुझे तो कोई कष्ट नहीं है।"

"सिर पर बोझ का गट्ठर लेकर चलना क्या कम कष्टदायक है?"

"वह तो हमारा रोज का काम है।" औरत ने सहज भाव से बताया।

"तुम चाहो तो अपने पति के स्वस्थ होने का वरदान माँग सकती हो।"

"उनकी पत्नी होने के नाते मैं तो यही चाहती हूँ कि वे जल्दी-से-जल्दी पहले की तरह स्वस्थ्य होकर चलने लगें। इलाज के लिए जरूरी रकम जुटा सकें, हमें विश्वास है कि बहुत जल्दी वह ठीक हो जाएँगे।" "उनके वरदान के बाद डॉक्टर की जरूरत नहीं पड़ेगी"... ईश्वर-पत्नी ने समझाया।

"जानती हूँ, मगर मेरे पति बहुत स्वाभिमानी हैं। फिर जब हम स्वयं इलाज करा सकते हैं, तो किसी का एहसान क्यों लें?"

"लगता है तुम्हें सुख से लगाव नहीं है?"

"**मैं सिर्फ अपनी आने वाली पीढ़ियों को निकम्मा और परजीवी होने से बचाना चाहती हूँ। आज आप मुझे वरदान देकर सुखी बना दोगे, मगर मेरे बच्चे, उन्हें तो मैं अपने जीवन से ही शिक्षा दे सकती हूँ।** बच्चों के पिता का कहना है कि मृत्युलोक में मिट्टी ही हमारा कल्याण कर सकती है और स्वर्ग में जहाँ का राजा बदचलन हो, जो पराई स्त्री को स्त्री न समझता हो, नग्न अप्सराओं का नाच जिसके लिए प्रतिष्ठा का विषय हो, वहाँ के बारे में सोचना भी क्या?"

उस स्त्री ने ईश्वर-पत्नी को कहा, "मैं अपने पति के स्वाभिमान को कम नहीं होने देना चाहती। आपका बहुत-बहुत धन्यवाद।" कहकर वह स्त्री अपना गट्ठर उठाकर चल दी।

कठिन समय में धैर्य रखें

एक शिक्षण संस्थान में यह परम्परा थी कि अन्तिम वर्ष के विद्यार्थियों में जो योग्यतम आठ-दस होते थे, उन्हें देश की औद्योगिक संस्थाएँ नियुक्त कर लेती थीं। उस साल भी वही हुआ। ऊपर के नौ लड़के ऊँची पद-प्रतिष्ठा वाली नौकरियाँ पाकर खुशी-खुशी चले गए, लेकिन उनके बीच का एक लड़का, जो चुने गए साथियों से किसी भी तरह कम नहीं था, रह गया।

चूँकि वह बहुत परिश्रमी था और उसके संस्थान को उसकी सेवा से लाभ ही होता, इसलिए उसे अस्थायी तौर पर कुछ भत्ता देकर उसी शिक्षण संस्थान में काम पर लगा लिया गया। फिर भी अपने साथियों की तुलना में उसकी यह नियुक्ति आर्थिक दृष्टि से बड़ी मामूली थी, लेकिन वह निराश नहीं हुआ। पूरी निष्ठा एवं लगन से वहीं पर कार्य करने लगा।

यह स्थिति अधिक दिन नहीं रही। एक बहुत नामी औद्योगिक संस्था ने अचानक उस शिक्षण संस्थान से सम्पर्क कर जिस तरह के व्यक्ति की माँग की, यह युवक पूरी तरह उसके अनुकूल सिद्ध हुआ।

उसे अपनी योग्यता के अनुरूप कार्य और वेतन मिला। बात इतनी ही नहीं थी, बल्कि उसकी नियुक्ति अपने साथियों की तुलना में बहुत ऊँची भी थी। अर्थ और सामाजिक प्रतिष्ठा–दोनों ही दृष्टि से वह उन सबसे श्रेष्ठ हो गया।

इसी तरह कभी-कभी अनुकूल समय के लिए प्रतीक्षा की घड़ियाँ बितानी पड़ती हैं। अक्सर इसे लोग भाग्य का दोष मान बैठते हैं, निराश एवं उदास हो जाते हैं, अपना कर्म छोड़ देते हैं।

जीवन एक संघर्ष है। ऐसे कठिन समय में थोड़ा धैर्य रखना चाहिए एवं पूर्ण आत्मविश्वास से अपना कर्म करते रहना चाहिए।

अवसर

एक गरीब मनुष्य ने देवता से वर प्राप्त करने हेतु तपस्या की। देवता सन्तुष्ट होकर बोले, "तुम ये पासा लो। इस पासे को जिन किन्हीं तीन कामनाओं से तीन बार फेंकोगे, वे तीनों पूरी हो जाएँगी।"

उसने प्रसन्न हो घर जाकर अपनी स्त्री के साथ विचार किया कि क्या वर माँगना चाहिए? स्त्री ने कहा धन दौलत माँगो, किन्तु पति ने कहा कि हम दोनों की नाक चपटी हैं। उसे देखकर लोग हमारी बड़ी हँसी उड़ाते हैं। अतः प्रथम बार पासा फेंककर सुन्दर नाक की प्रार्थना करनी चाहिए, किन्तु स्त्री

का मत वैसा नहीं था। दोनों में खूब तर्क-वितर्क हुआ। अन्त में पति ने क्रोध में आकर, यह कहकर पासा फेंक दिया कि हमें सुन्दर नाक मिले, सुन्दर नाक मिले, सुन्दर नाक मिले।

आश्चर्य! जैसे ही उसने पासा फेंका, वैसे ही उसके शरीर में तीन सुन्दर नाकें उत्पन्न हो गईं। तब उसने महसूस किया यह तो विपत्ति आ पड़ी। फिर उसने दूसरी बार पासा फेंका और कहा कि नाक चली जाएँ। इस बार सभी नाक चली गईं। उनकी अपनी नाक भी चली गई।

अब शेष रहा एक वर। तब उन्होंने सोचा कि यदि इस बार पासा फेंककर चपटी नाक के बदले में सुन्दर नाक प्राप्त करेंगे, तो लोग अवश्य ही चपटी नाक के स्थान पर अच्छी नाक देखकर उसके बारे में पूछताछ करेंगे। फिर तो हमें सभी बातें बतानी पड़ेंगी। तब वे हमें मूर्ख समझकर हमारी और भी हँसी उड़ाएँगे और कहेंगे कि ये लोग ऐसे तीन वरों को प्राप्त करके भी अपनी अवस्था में उन्नति नहीं कर सके। यह सोचकर उन्होंने पासा फेंककर अपनी पुरानी चपटी नाक ही माँग ली।

ठीक ही कहा जाता है कि समझ-बूझ कर काम न करने वाले लोग अवसरों को अपने हाथ से यों ही गँवा देते हैं। जो व्यक्ति हाथ में आए अवसर को इस तरह गँवा देता है, वह जीवन भर पछताता है।

सकारात्मक सोच

चार दीपक आपस में बात कर रहे थे। कुछ अपनी सुना रहे थे कुछ दूसरों की सुन रहे थे। पहला दीपक बोला,"मैं हमेशा बड़ा बनना चाहता था। सुन्दर, और आकर्षक घड़ा बनना चाहता था। पर क्या करूँ? जरा-सा दीपक बन गया।"

दूसरा दीपक बोला, "मैं भी अच्छी भव्य मूर्ति बनकर किसी अमीर के घर जाना चाहता था मैं उनके सुन्दर, सुसज्जित आलीशान घर की शोभा बढ़ाना चाहता था। पर क्या करूँ? मुझे कुम्हार ने छोटा-सा दीपक बना दिया।"

तीसरा दीपक बोला, "मुझे बचपन से ही पैसों से बहुत प्यार है। काश! मैं गुल्लक बनता, तो हर समय पैसों से भरा रहता।"

चौथा दीपक चुपचाप उनकी बातें सुन रहा था। अपनी बारी आने पर वह मुस्कुराकर अत्यन्त विनम्र स्वर में कहने लगा,"एक राज की बात मैं आपको बताता हूँ। कुछ उद्देश्य रखकर पूर्ण मेहनत से उसे हासिल करने के लिए प्रयास करना सही है, लेकिन यदि हम असफल हुए तो भाग्य को कोसने में

कहीं भी समझदारी नहीं है। यदि हम एक जगह असफल हो भी जाते हैं, तो और द्वार खुलेंगे। जीवन में अवसरों की कमी नहीं है, एक गया तो आगे और मिलेंगे। अब यह सोचो कि दीपों का पर्व-दीपावली आ रहा है। हमें सब लोग खरीद लेंगे, हमें पूजा घर में जगह मिलेगी, कितने घरों की हम शोभा बढ़ाएँगे, इसलिए दोस्तों, जहाँ भी रहो, हर हाल में खुश रहो, द्वेष मिटाओ। खुद जलकर भी दूसरों में प्रकाश फैलाओ, नाचो-गाओ और खुशी-खुशी दीपावली मनाओ।"

भाग्य को कोसने से कोई लाभ नहीं। आप जिस स्थिति में हैं, उसमें ही खुश रहें एवं सत्कर्म करें, सकारात्मक सोचें।

खानखाना की विनम्रता

अब्दुर्रहीम खानखाना हिन्दी काव्य जगत के दैदीप्यमान नक्षत्र हैं। उनके दोहे आज भी लोगों के कण्ठ में समाए हुए हैं। ऐसा कौन हिन्दी-प्रेमी होगा, जिसे उनके दस-पाँच दोहे याद न हों। उनके कितने ही दोहे तो लोकोक्तियों की तरह प्रयोग में लाए जाते हैं।

खानखाना अकबर के दरबार के सबसे बड़े दरबारी थे और तत्कालीन समय में कोई भी अमीर या उमरा पद-मर्यादा या वैभव में उनसे टक्कर न ले सकता था। वे बड़े उदार हृदय व्यक्ति थे। स्वयं अच्छे कवि थे और अन्य कवियों का सम्मान ही नहीं, उनकी मुक्तहस्त से सहायता भी करते थे। इतने वैभवशाली, शक्तिमान और विद्वान् तथा सुकवि होते हुए भी उनमें सज्जन सुलभ विनम्रता थी।

उनकी दानशीलता और विनम्रता से प्रभावित होकर गंग कवि ने एक बार उनसे यह दोहा कहा—

> सीखे कहाँ नवाब जू, ऐसी दैनी दैन।
> ज्यों-ज्यों कर ऊँचौं कियौं, त्यों-त्यों नीचे नैन।

खानखाना ने बड़ी सरलता से दोहे में ही उत्तर दिया

> देनहार कोउ और है, देत रहत दिन-रैन।
> लोग भरम हम पै करें, तासों नीचे नैन।

रहीम के समान ऊँचे विचारों वाला व्यक्ति ही यह उत्तर दे सकता है।

धैर्य की पराकाष्ठा

बाल गंगाधर तिलक भारत के स्वतन्त्रता संग्राम के अग्रणी नेता थे, पर साथ-ही-साथ वे अद्वितीय कीर्तनकार, तत्त्व-चिन्तक, गणितज्ञ, धर्म प्रवर्तक और दार्शनिक भी थे। हिन्दुस्तान में राजकीय असन्तोष मचाने वाले इस निग्रही महापुरुष को अंग्रेज सरकार ने मण्डाले के कारागृह में 6 साल के लिए भेज दिया।

यहीं से उनके तत्त्व-चिन्तन का प्रारम्भ हुआ। दुःख और यातना सहते-सहते शरीर को व्याधियों ने घेर लिया था। ऐसे में ही उन्हें अपनी पत्नी की मृत्यु की खबर मिली, उन्होंने अपने घर एक खत लिखा–

"आपका तार मिला। मन को धक्का तो जरूर लगा है। हमेशा आए हुए संकटों का सामना मैंने धैर्य के साथ किया है, लेकिन इस खबर से मैं थोड़ा उदास जरूर हो गया हूँ। हम हिन्दू लोग मानते हैं कि पति से पहले पत्नी की यदि मृत्यु होती है तो वह भाग्यवान है, उसके साथ भी ऐसा ही हुआ है। उसकी मृत्यु के समय मैं वहाँ उसके करीब नहीं था, इसका मुझे बहुत अफसोस है। वस्तुतः होनी को कौन टाल सकता है? परन्तु मैं अपने दुःख भरे विचार सुनाकर आप सबको और दुःखी करना नहीं चाहता। मेरी गैर-मौजूदगी में बच्चों को अधिक दुःख होना स्वाभाविक है।

उन्हें मेरा सन्देशा पहुँचा दीजिए कि जो होना था, वह हो चुका है। इस दुःख से अपनी और किसी तरह की हानि न होने दें, पढ़ने में ध्यान दें, विद्या ग्रहण करने में कोई कसर ना छोड़ें। अपने माता-पिता के देहान्त के समय मैं उनसे भी कम उम्र का था। संकटों की वजह से ही स्वावलम्बन सीखने में सहायता मिलती है। दुःख करने से समय का दुरुपयोग होता है, जो हुआ है, उस परिस्थिति का धीरज से सामना करें।"

अत्यन्त कष्ट के समय पत्नी के निधन का समाचार एक कठिन परीक्षा के समान था, किन्तु बाल गंगाधर तिलक ने अपना धीरज न खोते हुए परिवार वालों को धैर्य बँधाया व जीवन की इस परीक्षा को सफलता से पास किया।

सोचकर बोलें

एक व्यक्ति ज्योतिषि के पास अपना भविष्य जानने हेतु गया। ज्योतिषि ने उसकी कुण्डली देखकर बताया कि "तुम्हारे देखते-देखते तुम्हारे सारे रिश्तेदार, घरवाले मर जाएँगे। तुम इस दुनिया में अकेले रह जाओगे।"

उस व्यक्ति को बहुत क्षोभ हुआ, उसे बहुत क्रोध आया। ज्योतिषि को भला-बुरा कहा और चला आया।

अब वह व्यक्ति एक-दूसरे ज्योतिषाचार्य के पास गया। उसने कहा-अरे आपकी उम्र तो बहुत लम्बी है। आप बहुत समय तक जीओगे। आप अपने नाती, पोतों का भी सुख देखोगे। उनकी शादी भी आपके द्वारा ही की जाएगी।

वह व्यक्ति बहुत प्रसन्न हुआ, उसने ज्योतिषाचार्य को पर्याप्त दक्षिणा भी दी।

बात एक ही थी, कहने के ढंग अलग-अलग थे। व्यक्ति का बोलने का ढंग, उसके व्यक्तित्व को प्रभावशाली बनाने में बहुत और महत्त्वपूर्ण भूमिका निभाता है। हमेशा सोचकर बोलें, वाणी संयमित हो तथा दूसरों को कटु न लगे, ऐसा प्रयास करें।

पुरुषार्थ करो

एक युवक अपना अधिकांश समय चुपचाप एकान्त में बैठकर व्यतीत करता है। न वह खेलने जाता और न वह पढ़ाई में ही ध्यान लगाता। माँ ने एक दिन पूछा-बेटा, क्या बात है? आजकल तुम न खेलने जाते हो, न स्कूल की पढ़ाई करते हो, चुपचाप घर के इस कमरे में बैठे रहते हो।

बेटे ने विनम्र भाव से उत्तर दिया–"माँ! मैं शान्तिपूर्वक अपना जीवन जीने का प्रयास कर रहा हूँ। धीरे-धीरे मैं इसका आदी हो जाऊँगा।"

माँ ने कहा-नहीं पुत्र! चुपचाप, गुमसुम बैठे रहकर जीवन व्यतीत करने का नाम शान्ति नहीं है। यह तो अकर्मण्यता, आलसीपन एवं निष्क्रियता के अतिरिक्त कुछ नहीं है।

जीवन को पुरुषार्थ के साथ जियो। धैर्यपूर्वक, परिस्थितियों का पूर्ण आत्मविश्वास से मुकाबला करना ही मनुष्य का कर्त्तव्य है।

इससे ही शान्ति मिलेगी। अकर्मण्यता, आलसीपन छोड़ो और पुरुषार्थ करो।

समय की पाबन्दी

बात साबरमती आश्रम में गाँधीजी के प्रवास के दिनों की है। एक दिन एक गाँव के कुछ लोग बापू के पास आए और उनसे कहने लगे, "बापू! कल हमारे गाँव में एक सभा हो रही है। यदि आप समय निकालकर जनता के समक्ष देश की स्थिति व स्वाधीनता के सम्बन्ध में कुछ विचार रखें, तो आपकी कृपा होगी।"

गाँधीजी ने अपना कल का कार्यक्रम देखा और गाँव के लोगों के मुखिया से पूछा, "सभा के कार्यक्रम का समय कब है?" मुखिया ने कहा, "हमने चार बजे निश्चित कर रखा है।" गाँधीजी ने आने की अपनी सहमति दे दी।

मुखिया बोला, "बापू! मैं गाड़ी से एक व्यक्ति को भेज दूँगा, जो आपको ले आएगा। आपको अधिक कष्ट नहीं होगा। गाँधीजी मुस्कुराते हुए बोले," अच्छी बात है, कल निश्चित समय मैं तैयार रहूँगा।"

अगले दिन जब पौने चार बजे तक मुखिया का आदमी नहीं पहुँचा, तो गाँधीजी को चिन्ता हुई, उन्होंने सोचा अगर मैं समय से नहीं पहुँचा, तो लोग क्या कहेंगे। उनका समय व्यर्थ नष्ट होगा।

गाँधीजी ने एक तरीका सोचा और उसी के अनुसार अमल किया। कुछ समय पश्चात् मुखिया गाँधीजी को लेने आश्रम पहुँचा, तो गाँधीजी को वहाँ नहीं पाकर उन्हें बहुत आश्चर्य हुआ। वापस आने पर उसने देखा कि गाँधीजी भाषण दे रहे हैं और सभी लोग तन्मयता से उन्हें सुन रहे हैं।

भाषण के उपरान्त मुखिया गाँधीजी से मिला और उनसे पूछने लगा, "मैं आपको लेने आश्रम गया था, लेकिन आप वहाँ नहीं मिले। फिर आप यहाँ तक कैसे पहुँचे?"

गाँधीजी ने कहा, "जब आप पौने चार बजे तक नहीं पहुँचे, तो मुझे चिन्ता हुई कि मेरे कारण इतने लोगों का समय नष्ट हो सकता है, इसलिए मैंने साइकिल उठाई और तेजी से चलाते हुए यहाँ आ पहुँचा।"

मुखिया बहुत शर्मिन्दा हुआ। गाँधीजी ने कहा, "समय बहुत मूल्यवान होता है। हमें समय का सदुपयोग करना चाहिए। किसी भी राष्ट्र की प्रगति में समय के सदुपयोग का बहुत महत्त्व है।"

स्वाभिमान

कलकत्ता विश्वविद्यालय के उपकुलपति का एक पत्र पाकर पं. मदन मोहन मालवीय असमंजस में पड़ गए। वे बुदबुदाए-"अजीब प्रस्ताव रखा है यह तो उन्होंने। क्या कहूँ , क्या लिखूँ?"

पास बैठे एक सज्जन ने पूछा, "ऐसी क्या अजीब बात लिखी है पण्डित जी उन्होंने?"

वे मुस्कुराकर बोले, "कलकत्ता विश्वविद्यालय के उपकुलपति महोदय, मेरी सनातन उपाधि छीनकर एक नई उपाधि देना चाहते हैं।" यह कहकर वे पत्र

पढ़ने लगे। उस पत्र में लिखा था—"कलकत्ता यूनिवर्सिटी आपको डॉक्टरेट की सम्मानित उपाधि से अलंकृत करके अपने आपको गौरवान्वित करना चाहती है। हम भी गौरवान्वित हो सकेंगे। आप अपनी बेशकीमती स्वीकृति से शीघ्र ही सूचित करने की कृपा कीजिए।"

"प्रस्ताव तो उचित ही है। आप ना मत कर दीजिएगा मालवीय जी महाराज, यह तो हम वाराणसीवासियों के लिए विशेष गर्व एवं गौरव की बात होगी।" एक अन्य सज्जन ने हाथ जोड़कर उनसे कहा।

"अरे! बहुत ही भोले हो भैय्ये तुम तो। वाराणसी के गौरव में वृद्धि नहीं होगी। यह तो वाराणसी के पाण्डित्य को जलील करने का प्रस्ताव है। बनारस के पण्डितों को अपमानित करने वाली तहजीव है यह।" बहुत ही व्यथित मन से मालवीय जी बोले।

अगले ही क्षण उन्होंने पत्र का उत्तर लिखा- "मान्य महोदय! आपके प्रस्ताव के लिए धन्यवाद। मेरे उत्तर को अपने प्रस्ताव का अनादर मत मानिएगा। मेरा पक्ष सुनकर आप उस पर पुनर्विचार ही कीजिएगा। आपका यह उपाधि वितरण प्रस्ताव मुझको अर्थहीन लग रहा है। मैं जन्म और कर्म दोनों से ही ब्राह्मण हूँ। किसी भी ब्राह्मण धर्म की मर्यादाओं के अनुरूप जीवन बिताता हूँ। 'पण्डित' से बढ़कर अन्य कोई भी उपाधि नहीं हो सकती। मैं 'डॉक्टर मदन मोहन मालवीय' कहलाने की अपेक्षा 'पण्डित मदन मोहन मालवीय' कहलवाना अधिक पसन्द करूँगा। आशा है आप इस ब्राह्मण के मन की भावना का आदर करते हुए इसे 'डॉक्टर' बनाने का विचार त्यागकर 'पण्डित' ही बना रहने देंगे।" इसी तरह, उनके जीवन का एक और प्रसंग उल्लेखनीय है ....

वृद्धावस्था में भी मालवीय जी तत्कालीन वायसराय की कौन्सिल के वरिष्ठ काउंसलर थे। उनकी गहन और तथ्यपूर्ण आलोचनाओं के बाद भी वायसराय उनकी मेधा, सहजता, पाण्डित्य आदि के कायल (मानने वाले) थे। एक बार वायसराय ने कहा— "पण्डित मालवीय, हिज मेजेस्टी की सरकार आपको 'सर' की उपाधि से अलंकृत करना चाहती है। आप इस उपाधि को स्वीकार करके इस उपाधि का गौरव बढ़ाने में हमारी मदद करें।"

मालवीय जी ने शीघ्र मुस्कुराकर उत्तर दिया—"महामहिम वाइसराय जी, आपका बहुत-बहुत धन्यवाद कि आप मुझे इस योग्य मानते हैं। मैं वंश परम्परा से प्राप्त अपनी सनातन उपाधि नहीं त्यागना चाहता। एक ब्राह्मण के लिए

'पण्डित' की उपाधि ही सर्वोपरि उपाधि है। यह मुझे ईश्वर ने प्रदान की है। मैं इसे त्यागकर उसके बन्दे की दी गई उपाधि को क्यों स्वीकार करूँ?''

वायसराय उनके तर्क से खुश होकर बोले—''आपका निर्णय सुनकर हमें आपके पाण्डित्य पर जो गर्व था, वह दोगुना हो गया। आप वाकई सच्चे पण्डित हैं, जो उसके गौरव गरिमा की रक्षा के लिए कोई भी प्रलोभन त्याग सकते हैं।''

इसी प्रकार .....

एक बार काशी के पण्डितों की एक सभा ने मालवीय जी महाराज का नागरिक अभिनन्दन करके उन्हें उस समारोह के दौरान ही 'पण्डितराज' की उपाधि प्रदान किए जाने का प्रस्ताव किया। यह सुनकर सभा के कार्यकर्ताओं के सुझाव का विरोध करते हुए वे बोले—''अरे पण्डितों, पाण्डित्य का मखौल क्यों बना रहे हो? पण्डित की उपाधि तो स्वतः ही विशेषणातीत है, इसलिए आप मुझको पण्डित ही बना रहने दीजिए।''

फिर वे हँसकर बोले—''जानते हो 'पण्डित' जब 'महापण्डित' बन जाता है, तो उसका एक पर्यायवाची वैशाखनन्दन 'गधा' बनकर मुस्कुराता है, व्याकरणाचार्यों के पाण्डित्य पर।'' और पण्डित जी के विनोद में बात आई गई हो गई।

वे न तो 'डॉक्टर' बने, न 'सर' हुए और न ही 'पण्डितराज'। इस सबसे दूर स्वाभिमान के साथ जीवनभर पाण्डित्य का गौरव बढ़ाते रहे।

महानता के लक्षण

एक बालक प्रतिदिन स्कूल में पढ़ने जाता था। घर में उसकी माता अपने बेटे पर प्राण न्यौछावर किए रहती थी। उसकी हर माँग पूरी करने में आनन्द का अनुभव करती। पुत्र भी पढ़ने-लिखने में बड़ा तेज और परिश्रमी था। एक दिन दरवाजे पर किसी ने-'माई! ओ माई!' पुकारते हुए आवाज लगाई, तो बालक हाथ में पुस्तक पकड़े हुए द्वार पर गया। उसने देखा कि एक फटेहाल बुढ़िया अपने काँपते हुए हाथ फैलाए खड़ी थी।

उसने कहा, 'बेटा! कुछ भीख दे दे।' बुढ़िया के मुँह से बेटा सुनकर वह बालक भावुक हो गया और माँ से आकर कहने लगा, "माँ! एक बेचारी गरीब माँ, मुझे बेटा कहकर कुछ माँग रही है।"

उस समय घर में कुछ खाने की चीज थी नहीं, इसलिए माँ ने कहा, 'बेटा! रोटी-भात तो कुछ बचा नहीं है, चाहो तो चावल दे दो।

पर बालक ने हठ करते हुए कहा - "माँ! चावल से क्या होगा? तुम जो अपने हाथ में सोने का कंगन पहने हो, वही दे दो न उस बेचारी को। मैं जब बड़ा होकर कमाऊँगा, तो तुम्हें दो कंगन बनवा दूँगा।"

माँ ने बालक का मन रखने के लिए सच में ही सोने का अपना कंगन कलाई से उतारा और कहा,'लो, दे दो।'

बालक खुशी-खुशी वह कंगन उस भिखारिन को दे आया। भिखारिन को तो मानो एक खजाना ही मिल गया। कंगन बेचकर उसने अपने परिवार के बच्चों के लिए अनाज, कपड़े आदि जुटा लिए। उसका पति अन्धा था। उधर वह बालक पढ़-लिखकर बड़ा विद्वान् हुआ, काफी नाम कमाया।

एक दिन वह माँ से बोला, "माँ! तुम अपने हाथ का नाप दे दो, मैं कंगन बनवा दूँ।" उसे बचपन का अपना वह वचन याद था।

पर माता ने कहा, "उसकी चिन्ता छोड़। मैं इतनी बूढ़ी हो गई कि अब मुझे कंगन शोभा नहीं देंगे। हाँ, कलकत्ते के तमाम गरीब बालक विद्यालय और चिकित्सा के लिए मारे-मारे फिरते हैं, उनके लिए तू एक विद्यालय और एक चिकित्सालय खुलवा दे, जहाँ निःशुल्क पढ़ाई और चिकित्सा की व्यवस्था हो।" माँ के उस पुत्र का नाम था—ईश्वरचन्द्र विद्यासागर।

साधुमन

भारतीय साहित्य में ऐसे अनेक प्रसंग मिलते हैं, जो हमारे जीवन में प्रेरणा-स्रोत बन जाते हैं और अनजाने ही हमें एक ऐसा सन्देश भी दे जाते हैं, जो हमारे संस्कारों को भी परिष्कृत करता है। एक ऐसा ही प्रसंग स्वामी विवेकानन्द के सन्दर्भ में आज भी हमें भावविह्वल कर जाता है।

बात उस समय की है, जब विवेकानन्द जी को शिकागो की धर्मसभा में भारतीय संस्कृति पर बोलने के लिए आमन्त्रित किया गया था। वे भारत के प्रथम सन्त थे, जिन्हें सर्वधर्म सभा में प्रवचन देने हेतु आमन्त्रित किया गया था।

स्वामी विवेकानन्द के गुरु रामकृष्ण परमहंस का देहान्त हो चुका था, इसलिए इस महती यात्रा पर जाने से पूर्व उन्होंने गुरु माँ शारदा (स्वामी रामकृष्ण परमहंस की धर्मपत्नी) से आशीर्वाद लेना आवश्यक समझा। वे गुरु माँ के पास गए, उनके चरण स्पर्श किए और उन्हें अपना मंतव्य बताते हुए बोले, "माँ, मुझे भारतीय संस्कृति पर बोलने के लिए अमेरिका से आमन्त्रण मिला है। मुझे आपका आशीर्वाद चाहिए ताकि मैं अपने प्रयोजन में सफल हो सकूँ।"

माँ शारदा ने अधरों पर मुस्कान लाते हुए कहा, "आशीर्वाद के लिए कल आना। मैं पहले देख लूँगी कि तुम्हारी पात्रता है भी या नहीं? और बिना सोचे-विचारे मैं आशीर्वाद नहीं दिया करती हूँ।"

विवेकानन्द जी सोच में पढ़ गए, मगर गुरु माँ के आदेश का पालन करते हुए दूसरे दिन फिर उनके सम्मुख उपस्थित हो गए। माँ शारदा रसोइघर में थीं।

विवेकानन्द जी ने कहा, "माँ! मैं आशीर्वाद लेने आया हूँ।"

"ठीक है, आशीर्वाद तो तुझे मैं सोच-समझकर दूँगी। पहले तू मुझे वो चाकू उठाकर दे दे, मुझे सब्जी काटनी है।" माँ शारदा ने कहा।

विवेकानन्दजी ने चाकू उठाया और विनम्रतापूर्वक माँ शारदा की ओर बढ़ाया। चाकू लेते हुए ही माँ शारदा ने अपने स्निग्ध आशीर्वचनों से स्वामी विवेकानन्द को नहला-सा दिया। वे बोलीं, "जाओ नरेन्द्र! मेरे समस्त आशीर्वाद तुम्हारे साथ हैं। तुम अपने उद्‌देश्य में अवश्य ही सफलता प्राप्त करोगे। तुम्हारी सफलता में मुझे कोई सन्देह नहीं रहा है।"

स्वामी हतप्रभ हो गए, उनकी समझ में नहीं आ रहा था कि गुरु माँ के आशीर्वाद और मेरे चाकू उठाने के बीच ऐसा क्या घटित हो गया? शंका निवारण के प्रयोजन से उन्होंने गुरु माँ से पूछ ही लिया,

"आपने आशीर्वाद देने से पहले मुझसे चाकू क्यों उठवाया था?"

"तुम्हारा मन देखने के लिए। माँ शारदा ने कहा, "प्रायः जब भी किसी व्यक्ति से चाकू माँगा जाता है, तो वह चाकू की मूठ अपनी हथेली में समा लेता है और चाकू की तेज फाल दूसरे के समक्ष करता है, मगर तुमने ऐसा नहीं किया। तुमने चाकू की फाल अपनी हथेली में रखी मूठवाला सिरा मेरी ओर बढ़ाया।"

यही तो साधु का मन होता है, जो सारी आपदा को स्वयं झेलकर भी दूसरे को सुख ही प्रदान करना चाहता है। अगर तुम साधुमन नहीं होते, तो तुम्हारी हथेली में भी चाकू की मूठ होती, फाल नहीं।

सफलता को बनाया इन्होंने दासी

प्रस्तुत पुस्तक के इस भाग में कुछ ऐसे व्यक्तियों के जीवन–प्रसंगों को लिया गया है, जो सचमुच आपको जीवन में आगे बढ़ने हेतु प्रेरित करते हैं, प्रोत्साहित करते हैं तथा आपकी सुषुप्त ऊर्जा को पुनः जाग्रत कर, उन्हें प्रगतिपथ पर प्रशस्त होने की हिम्मत प्रदान करते हैं। वस्तुतः सफलता व्यक्ति की सोच में होती है। जब हम विषम परिस्थितियों में सफल होने वाले साधारण व्यक्ति की कहानी पढ़ते हैं, तो इन कहानियों से मिलने वाली प्रेरणा हमारे मन–मस्तिष्क को उद्वेलित कर हमें सफलता की बुलन्दियों को छूने के लिए तैयार करती है, प्रोत्साहित करती है।

ये ऐसी जीवन्त कहानियाँ हैं, जो आपके जीवन की दिशा, आपके सोचने का ढंग एवं आपके जीने का अन्दाज बदलने हेतु आप में पर्याप्त ऊर्जा का संचार कर सकती हैं।

आप इन सभी प्रेरणास्पद व्यक्तित्व की सफलता की कहानियों को बार–बार पढ़ें एवं स्वयं की परिस्थितियों से तुलना करें। आप पाएँगे कि आपकी परिस्थितियाँ कितनी अनुकूल हैं, जबकि इन व्यक्तियों ने कितनी प्रतिकूल परिस्थितियों में संघर्ष कर जीवन में सफलताएँ अर्जित की हैं।

डॉ. ग्लेन कनिंघम : *दृढ़ संकल्प–शक्ति के महानायक*

एक बार एक छोटा–सा (8 वर्ष का) बच्चा स्कूल में आग से बुरी तरह जल गया। उसकी टाँगें बहुत बुरी तरह से जल गईं थीं। डॉक्टरों ने कहा कि वह कभी चल नहीं पाएगा। उसके पैरों का सारा माँस जल चुका था। अस्पताल से जब वह घर आया, तो उसकी माँ उसके पैरों की रोजाना मालिश करती और उसे ह्वील चेयर पर घुमाने पास के मैदान में ले जाती। उस बच्चे में बड़ा दृढ़ विश्वास था, उसकी संकल्पशक्ति काबिले तारीफ़ थी। **उसे विश्वास था कि चाहे कुछ भी हो, वह चलेगा।**

एक दिन जब उसकी माँ उसे ह्वील चेयर पर बैठाकर कहीं चली गई, तो उसने स्वयं को उस चेयर पर से गिरा लिया एवं स्वयं को घसीटना शुरू कर दिया। वह रोजाना ही ऐसा करता रहा और धीरे–धीरे उसके पैरों में कुछ जान आने लगी। वह खड़ा होने लगा, फिर बहुत धीरे–धीरे चलने लगा। फिर सामान्य तरह से चलने लगा। फिर वह दौड़ने लगा।

एक दिन वह अमेरिका का एक मील दौड़ने वाला सबसे तेज धावक बन गया। उसने 1500 मी की दौड़ में विश्व रिकॉर्ड बनाया। वह कोई और नहीं डॉ. ग्लेन कनिंघम थे। कनिंघम की संकल्प-शक्ति को बार-बार नमन है।

हाथों का मोहताज नहीं हौसला : *जिद की तो बदली दुनिया*

सकारात्मक सोच के साथ ज़िद की जाए तो वास्तव में दुनिया बदल सकती है। ऐसा ही कर दिखाया है श्रीराम कॉलोनी सांगानेरी निवासी 15 वर्षीय किशोर रोशन नागर ने। वर्ष 2002 में हुए हादसे में दोनों हाथ व एक पैर गवाँ देने के बाद पढ़ाई का सपना चूर हो चुका था। घर के बड़े बुजुर्गों की हिम्मत भी जवाब दे चुकी थी, लेकिन रोशन ने जिद की और आज वह दसवीं की बोर्ड परीक्षा दे रहा है।

वर्ष 2002 में घर की छत से गुजर रही हाइटेंशन लाइन के तारों में दोस्त की पतंग सुलझाने के दौरान रोशन नंगे पैर ही छत पर चला गया। लोहे का सरिया हाथ में लेकर रोशन पतंग के लिए लपका, तो उसे ऐसा करण्ट लगा कि एक पैर और दोनों हाथ गँवाने पड़े। दो ऑपरेशन के बाद दादा नारायण उसे घर ले आए।

इलाज के करीब दस माह बाद रोशन ने पढ़ने की इच्छा जाहिर की। उसकी इस ज़िद पर दादी किसना देवी ने हौसला बढ़ाया, उन्होंने उसके हाथ में कलम बाँधकर लिखने का अभ्यास करवाया। कड़ी मेहनत के बाद उसने वर्ष 2003 में पाँचवीं कक्षा में फिर से स्कूल जाना शुरू किया। इसी लगन के साथ उसने छठी में 52%, सातवीं में 62%, आठवीं में 79% और नौवीं में 64% अंक हासिल किए। बिना हाथ के 15 वर्षीय रोशन नागर का हौसला देखिए। रोशन ने कटे हाथ पर कलम बाँधकर जयपुर के नेवटा केन्द्र पर दसवीं की परीक्षा दी है। रोशन कहता है—वह किसी पर बोझ बनकर नहीं रहना चाहता। वह सीए बनना चाहता है।

अभिनव बिन्द्रा : *जिद और जुनून ने दिलाया गोल्ड*

ओलम्पिक में भारत को गोल्ड मेडल मिलने से हर भारतवासी खुशी से झूम उठा। बिन्द्रा की ज़िद और जुनून ने उन्हें इस मुकाम पर पहुँचाया है। बैंकॉक में हुए वर्ल्ड शूटिंग चैम्पियनशिप में बिन्द्रा की टीममेट रहीं इण्टरनेशनल शूटर श्वेता चौधरी ने कहा कि बिन्द्रा ने जो कहा, वह कर दिखाया। श्वेता मामूली अन्तर से ओलम्पिक टीम में जगह बनाने में नाकाम रहीं। श्वेता ने बताया कि बिन्द्रा ओलम्पिक गोल्ड के लिए पिछले चार साल से अनवरत मेहनत कर रहे थे। बिन्द्रा ने जो कहा, वह कर दिखाया।

ऐसे बदली दुनिया श्वेता बताती हैं कि एथेन्स ओलम्पिक के बाद अभिनव के व्यवहार में चेन्ज आया। एथेन्स ओलम्पिक में पदक हासिल न करने के बाद ही उन्होंने निश्चय कर लिया था कि वह अगला मौका (बीजिंग ओलम्पिक) नहीं गँवाएँगे। एक स्मरण सुनाते हुए श्वेता ने कहा कि बैंकॉक में वर्ल्ड चैम्पियनशिप के दौरान जब भारतीय टीम के अन्य शूटर शाम को शहर घूमने गए थे, बिन्द्रा जिम में एक्सरसाइज कर रहे थे। शायद अभिनव को एथेन्स ओलम्पिक में पदक नहीं जीतने का सदमा ऐसा लगा कि उनके व्यवहार में काफी परिवर्तन आ गया। उसके बाद से वह रिजर्व रहने लगे। इसके पहले वह साथियों के बीच आकर हँसी-मजाक करते थे। इसके बाद वह लगातार विदेशों में जाकर प्रैक्टिस करते रहे।

श्वेता ने बताया कि बिन्द्रा ने स्वयं ही अपने लिए प्राइवेट कोच, साइकलॉजिस्ट व फिजियो नियुक्त किया था। इसके बावजूद, छोटी प्रतियोगिताओं में उनके मेडल न जीतने पर कई बार उनकी आलोचना भी हुई, परन्तु उनको जानने वाले जानते थे कि अभिनव में वह क्षमता है, जो वक्त आने पर बड़ी प्रतियोगिता में अवश्य दिखेगा। उनका टारगेट ओलम्पिक ही था।

गोल्फ कैडी *(गोल्फर का बैग लेकर चलने वाला)* : *चैम्पियन बनने की अज़ब दास्तान*

बंगलुरु के गोल्फ क्लब में कैडी (अर्थात् खिलाड़ियों के पीछे बैग उठाकर चलने वाले लड़के) का कार्य करने वाले, चिन्ना स्वामी मनियप्पा ने 11 अक्टूबर, 2009 को 12.5 लाख डॉलर की हीरो होण्डा इण्डियन ओपन चैम्पियनशिप जीतकर सभी को अचम्भे में डाल दिया। जब डीएलएफ गुडगाँव गोल्फ क्लब के मैदान पर चिन्ना स्वामी ने दक्षिण कोरिया के प्रतिष्ठित खिलाड़ी **ली सुंग** को हराया, तो लोग विश्वास न कर सके।

कर्नाटक के चिन्ना स्वामी मनिअप्पा ने बिना किसी कोच के स्वयं की मेहनत एवं लगन के बल पर यह प्रतियोगिता जीतकर यह साबित कर दिया कि लगन निष्ठा एवं आत्मविश्वास से कोई भी लक्ष्य हासिल करना सम्भव है।

चिन्ना स्वामी आज तक कर्नाटक गोल्फ क्लब के सदस्य नहीं हैं। चिन्ना स्वामी के माता-पिता कर्नाटक के उसी गोल्फ मैदान पर दैनिक मजदूर थे, जहाँ आज उनका बेटा गोल्फ की प्रैक्टिस करता है।

चिन्ना स्वामी ने गोल्फ की बारीकियाँ कैडी का कार्य करते-करते सीखीं एवं प्रोफेशनल गोल्फर बने। हमें गर्व है ऐसे भारतीय पर। चिन्ना स्वामी आज हर उस युवक के लिए प्रेरणास्रोत हैं, जो आर्थिक मजबूरी को अपनी सफलता के मार्ग की रुकावट समझते हैं।

शूज के पैसे भी नहीं थे उसैन बोल्ट के पास

वर्ष 2009 में बर्लिन में हुई विश्व एथलेटिक्स चैम्पियनशिप में उसैन बोल्ट (Usain Bolt) ने 100 M एवं 200 M की रेस में स्वयं का ही विश्व रिकॉर्ड तोड़कर तथा 9.50 एवं 19.19 सेकण्ड्स का नया रिकॉर्ड बनाकर, विश्व को चौंका दिया।

दुनिया के सबसे तेज धावक के बचपन की कहानी, उसी की माँ की जुबानी

यह कहानी उस व्यक्ति की है, जो फ़र्श से अर्श तक पहुँचा है। कहानी उस व्यक्ति की, जो बचपन में खेलता था क्रिकेट, लेकिन आज धूम मचा रहा है एथलेटिक्स में और बन गया है दुनिया का सबसे तेज दौड़ने वाला। आप उसे उसैन बोल्ट (Usain Bolt) के नाम से जानते हैं, लेकिन मेरे लिए वह मेरा प्रिय बेटा ही है। मेरे पति वेलेस्ले गाँव में छोटी-सी दुकान चलाते हैं, इसलिए बचपन में उसैन को स्पोर्ट्स शूज नहीं दिला पाए थे। स्कूल प्रबन्धन ने उसे ये जूते दिलाए, जिससे उसकी ट्रेनिंग ने रफ्तार पकड़ी। उसैन का जन्म जमैका के छोटे से गाँव ट्रेलॉनी पेरिश (शेरवुड कन्टेंट) में हुआ, जहाँ स्ट्रीट लाइट्स नहीं थी और पीने का पानी भी नहीं के बराबर था। जहाँ बजुर्ग आज भी गधे पर बैठकर इधर-उधर जाते हैं और लोगों को पीने के पानी के लिए सार्वजनिक नल के सामने घण्टों लाइन लगानी पड़ती है।

उसैन बचपन में हाइपर एक्टिव था। वो जब तीन सप्ताह का था, तो मैं उसे बिस्तर पर लिटाकर कमरे से बाहर चली गई। जब मैं कमरे में आई, तो देखा वो बिस्तर से गिर गया था, लेकिन उस पर चढ़ने की कोशिश में जुटा हुआ था। उसी समय मुझे लग गया था कि यह साधारण बच्चा नहीं है। उसका जन्म तय समय से डेढ़ सप्ताह बाद हुआ था। मुझे लगता है उसकी रफ्तार सिर्फ उसी समय धीमी रही होगी। मेरे पिता ने सबसे पहले यह नोट किया कि इस बच्चे में कुछ खास बात है। उसके बाद से मैंने उसैन के खान-पान पर ध्यान देना शुरू किया। हमने उसैन का एडमिशन विलियम निब स्कूल में कराया था। वहाँ की प्रिन्सिपल लोर्ना थोर्पो ने कुछ दिन बाद हमें बताया कि हमारा बेटा खेलों में बहुत अच्छा है, इसलिए उसकी ट्रेनिंग का ध्यान भी स्कूल ही रखेगा। बीजिंग में जब उसैन चैम्पियन बना, तो थोर्पे की खुशी देखने लायक थी। बीजिंग ओलम्पिक में रिकॉर्ड बनने के बाद, उस सफलता के बाद गाँव पर खूब पैसा बरसा।

– माँ (जेनिफर बोल्ट)

विषमताओं में भी सफल होते हैं, महान् व्यक्तित्व के धनी

एक बच्चे का जन्म, अपने पिता की मृत्यु के तीन माह बाद हुआ। इस बच्चे का जन्म, समय से पूर्व (Prematurely) हुआ। जन्म के समय वह बच्चा बहुत कमजोर था। जब वह मात्र तीन वर्ष का था, तो उसकी माँ ने दूसरी शादी कर ली एवं बच्चे को उसकी नानी के पास पालन-पोषण हेतु छोड़ दिया। गाँव के स्कूल में बच्चा पढ़ने लगा। जब वह 15 वर्ष का ही था, तो उसके सौतेले पिता का देहान्त हो गया। बच्चे की माँ वापस आ गई एवं उसने बच्चे की पढ़ाई छुड़वाकर उसे खेत में कार्य करने को कहा। बच्चे को खेत में काम करना पसन्द नहीं था। इस समय हाईस्कूल के एक अध्यापक ने उसकी सहायता की और वह पुनः स्कूल जाने लगा।

19 वर्ष की उम्र में उसे एक लड़की से प्यार हो गया और उसने उससे शादी कर ली, लेकिन बहुत जल्दी ही वह लड़की उसे छोड़कर चली गई। इसके बाद उस लड़के ने कभी शादी नहीं की। जन्म से ही दुर्भाग्यशाली उस बच्चे को जीवन में हर क्षेत्र में विषमताओं का सामना करना पड़ा। आप सोच सकते हैं कि वह बच्चा जीवन में क्या कर सकता है?

यह बच्चा बड़ा होकर विश्व प्रसिद्ध वैज्ञानिक 'न्यूटन' के रूप में विख्यात हुआ, जिसने गुरुत्वाकर्षण के नियमों का प्रतिपादन किया।

अड़सठ की उम्र में हिमालय जीता

उत्तरकाशी की चन्द्रप्रभा अटवाल ने कायम की मिसाल, 6133 मी ऊँची चोटी श्रीकंठ पर लहराया तिरंगा।

उत्तरकाशी की 68 वर्षीय चन्द्रप्रभा अटवाल पहाड़ों की गोद में खेलकर बड़ी हुई और होश सम्भालने पर इन्हीं से दिल लगा बैठीं। उम्र के इस पड़ाव में भी चन्द्रप्रभा के हौसले इतने बुलन्द हैं कि उन्होंने हिमालय की 6133 मी ऊँची चोटी श्रीकंठ पर तिरंगा फहराकर मिसाल कायम की है।

आठ महिला पर्वतारोहियों के दल का नेतृत्व करने वाली चन्द्रप्रभा को पहाड़ों से इस कदर मोह हो गया कि उन्होंने शादी भी नहीं की। पर्वतारोहण का 40 साल का अनुभव रखने वाली चन्द्रप्रभा ने कई अन्य देशों में पर्वतारोहण किया है।

इस पर्वतारोही ने नेपाल, चीन, जापान में पहाड़ों की ऊँचाई नापी है। चन्द्रप्रभा को माउण्ट एवरेस्ट पर तिरंगा नहीं फहरा पाने का मलाल आज भी है। उन्होंने बताया कि वे तीन बार एवरेस्ट मिशन के लिए चुनी गईं, लेकिन वे इन्हें पूरा नहीं कर पाईं।

विल्मा रूडोल्फ : *अपंगता हार गई*

विल्मा रूडोल्फ का जन्म एक गरीब परिवार में हुआ था। जब वे मात्र चार वर्ष की थीं, तो उन्हें भयंकर निमोनिया एवं ज्वर हो गया, जिससे उन्हें पोलियो हो गया। डॉक्टर ने उन्हें पैर में 'ब्रेस' पहना दिया और कहा कि अब वे कभी पैर से नहीं चल सकेंगी। विल्मा की माँ उन्हें हमेशा प्रोत्साहित करती रहती और उन्हें ईश्वर प्रदत्त योग्यता का उपयोग करने एवं हिम्मत से काम लेने हेतु उत्साहित करती रहती थी। विल्मा रूडोल्फ बहुत हिम्मत वाली लड़की थी। हार मानना तो जैसे वह जानती ही न थी। नौ वर्ष की उम्र में, डॉक्टरों की सलाह के विपरीत, उन्होंने अपने पैर से ब्रेस उतार दिए एवं धीरे-धीरे पैरों पर चलना शुरू किया।

13 वर्ष की उम्र में दौड़ में हिस्सा लिया। वह दौड़ में बार-बार पराजित हुईं, लेकिन एक दिन ऐसा भी आया, जब वह प्रथम आईं।

15 वर्ष की उम्र में वह Tennessee State University गई। वहाँ वह एक Temple नामक कोच से मिली, उन्होंने कोच से कहा कि मैं दुनिया की सबसे तेज धाविका बनना चाहती हूँ। कोच ने उनकी लगन, निष्ठा एवं दृढ़ संकल्प को देखते हुए, कहा कि

''तुम्हें कोई नहीं रोक सकता और इसमें मैं तुम्हारी सहायता करूँगा, तुम्हें ट्रेनिंग दूँगा।''

वह दिन भी आया, जिसका विल्मा रूडोल्फ को बेसब्री से इन्तजार था। वह वर्ष 1960 के ओलम्पिक खेलों में हिस्सा ले रही थी। विल्मा का मुकाबला जुत्ता हायने (Jutta Heine) नामक धाविका से था, जो कभी हारी ही नहीं थी।

पहली दौड़ 100 मी की थी। विल्मा ने जुत्ता को पराजित किया एवं अपना प्रथम स्वर्ण पदक जीता।

दूसरी दौड़ 200 मी की हुई, उसमें भी विल्मा ने जुत्ता को पराजित किया एवं अपना दूसरा स्वर्ण पदक जीता।

तीसरी दौड़ 400 मी की बेटन रिले रेस थी। यहाँ भी वह जुत्ता हायने के मुकाबले में थी। इस दौड़ में सबसे तेज धावक को सबसे अन्त में रखा जाता है। यहाँ तीन धावकों के दौड़ने के बाद जब बेटन विल्मा को दिया गया, तो बेटन, विल्मा के हाथ से गिर गया, लेकिन जैसे ही विल्मा ने जुत्ता को दौड़ते हुए देखा, उसने तुरन्त बैटन उठाया और अविश्वसनीय गति से मशीन की तरह दौड़ लगा दी।

इस तरह उसने तीसरा स्वर्ण पदक भी अपने नाम किया। यह ऐतिहासिक घटना थी। विल्मा ने इतिहास रच दिया था। उसने दुनिया की सबसे तेज दौड़ने वाली महिला बनने का सपना साकार कर लिया।

अपंग महिला का यह कारनामा इतिहास में दर्ज है एवं जीतने की इच्छा रखने वालों के लिए एक शानदार प्रेरणापुँज है। यह उन लोगों के लिए सबक है, जो अपनी असफलता के न जाने कितने बहाने बताते हैं, परिस्थितियों को दोष देते हैं। सफलता हिम्मती, साहसी और संकल्पित लोगों की दासी है, यह सिद्ध किया विल्मा रूडोल्फ ने। विल्मा रूडोल्फ को शत्-शत् नमन।

लिज्जत पापड़ की कहानी

(मात्र ₹ 80 से शुरू होकर ₹ 500 करोड़ से अधिक की अविश्वसनीय बिक्री का लेखा-जोखा)

अच्छी क्वालिटी एवं सुरुचिपूर्ण स्वाद के लिए पहचाने जाने वाले लिज्जत पापड़ की सफलता की कहानी, निश्चित रूप से सहकारी क्षेत्र में सफलता की शानदार मिसाल है। मात्र ₹ 80 में केवल 7 महिलाओं द्वारा वर्ष 1959 में शुरू किए गए महिला गृह उद्योग ने आज ₹ 500 करोड़ से अधिक की बिक्री का आँकड़ा पार कर लिया है। आज इस संस्थान से 42000 से अधिक महिलाएँ जुड़ी हुई हैं। इसने एक बीमार, बन्द पड़ी पापड़ बनाने की इकाई को खरीदकर 15 मार्च, 1959 को पापड़ बनाने का कार्य शुरू किया। चार पैकेट पापड़ बनाने से इस उद्योग की मुम्बई में शुरूआत हुई। धीरे-धीरे यह को-ऑपरेटिव में परिवर्तित हो गया और आज एक बड़े उद्योग के रूप में इसे जाना जाता है।

इसकी पहले वर्ष की बिक्री मात्र ₹ 6196 थी। आज इसकी बिक्री ₹ 500 करोड़ से भी अधिक है।

यह कहानी महिलाओं के सशक्तीकरण एवं उनकी मेहनत से उपजी अभूतपूर्व सफलता की कहानी है। आज लिज्जत पापड़ न केवल हमारे देश के घर-घर में प्रयुक्त होता है, बल्कि इसका निर्यात भी किया जा रहा है। इस संस्थान का कोई एक मालिक नहीं है, बल्कि संस्थान से जुड़ी हर महिला इसकी स्वामिनी है, लाभ एवं हानि बराबर से सभी द्वारा साझा किए जाते हैं।

इस संस्थान में न दान लिया जाता है, न ही किसी तरह का भी दान स्वीकार किया जाता है। संस्थान में निर्णय थोपा नहीं जाता, बल्कि सभी के द्वारा सर्वसम्मति से लिया जाता है। सचमुच महिला गृह उद्योग-लिज्जत पापड़, एक अनूठा संस्थान है, जिसकी सफलता की कहानी भी अद्‌भुत है।

सातवीं कक्षा तक पढ़े कर्नल ने दुनिया में KFC की चेन शुरू की

कर्नल साण्डर्स (Colonel Sanders), जिनका पूरा नाम हारलैण्ड डेविड साण्डर्स (Harland David Sanders) था। एक अमेरिकन व्यवसायी थे, जिन्होंने KFC (Kentucky Fried Chicken) उत्पादकों की चेन सारी दुनिया में फैलाई।

साण्डर्स जब 5 वर्ष के ही थे, तो उनके पिता का देहान्त हो गया, चूँकि उनकी माँ नौकरी पर जाती थी, तो घर का खाना उन्हें ही पकाना होता था। जब वे 7वीं कक्षा में थे, तो उन्हें पढ़ाई छोड़नी पड़ी। जब उनकी माँ ने दूसरी शादी कर ली तो साण्डर्स घर से भाग गए। जीवन की शुरूआत में साण्डर्स को बहुत संघर्ष करना पड़ा। कभी स्टीम बोट में नौकरी की, तो कभी इंश्योरेंस में सेल्समैन का कार्य किया, तो कभी रेलरोड में फायरमैन का कार्य किया। 16 वर्ष की उम्र में (अपनी उम्र को गलत बताकर) वे आर्मी में भरती होकर क्यूबा में नौकरी करते रहे।

40 वर्ष की उम्र में साण्डर्स चिकन बनाते थे एवं जो उनके सर्विस स्टेशन पर रुकते, उनके लिए वे चिकन काम आते। उस समय उनके पास कोई रेस्तराँ नहीं था। चिकन की गुणवत्ता के कारण शीघ्र ही उसकी बिक्री बढ़ने लगी और वे 142 सीट वाले होटल में मुख्य कुक (Chef) की तरह कार्य करने लगे। वहाँ उन्होंने चिकन पकाने का नया तरीका Pressure Fryer ईजाद किया।

वर्ष 1935 में गवर्नर रूबी लफून (Ruby Laffoon) द्वारा उन्हें Kentucky Colonell की उपाधि दी गई। अब धीरे-धीरे कर्नल साण्डर्स का KFC चिकन बहुत प्रसिद्ध हो गया। वर्ष 1964 में कर्नल ने KFC Corporation का हिस्सा 2 मिलियन डॉलर्स में बेच दिया। कर्नल ने कनाडा में अपनी फ्रेंचाइजी बेची एवं खूब धन कमाया।

यह कहानी बताती है कि अपनी उच्च क्वालिटी एवं कड़ी मेहनत से आप अत्यन्त कठिन परिस्थितियों में भी बहुत बड़ी सफलता अर्जित कर सकते हैं।

संजय अखाडे : *संघर्ष और दृढ़ निश्चय की जीती–जागती मिसाल*

कुली पिता और बीड़ी बनाने वाली माँ के लाडले संजय अखाडे ने तय किया आईएएस अधिकारी बनने का सफर।

किसी चीज को पाने के लिए यदि पूरी शिद्दत के साथ कोशिश की जाए, तो मानकर चलिए कि आपको कामयाब होने से कोई भी नहीं रोक सकता, इसका उदाहरण है संजय अखाडे। महाराष्ट्र के नासिक जिले के संजय अखाडे, घोर विपन्नता के बावजूद आईएएस बनने में कामयाब रहे।

नासिक के मखमलाबाद रोड की तंग गलियों में बने एक घर की चाहरदीवारी में कुली के बेटे के रूप में जन्मे मेधावी संजय अखाडे। माँ महीने के तीसों दिन आधे पेट रहकर फैक्ट्री में बीड़ी बनाती, तब उम्मीद बन्धती कि कम–से–कम बच्चे चाय में डुबोकर डबल रोटी तो खा ही लेंगे। पिता का कोई कसूर नहीं। स्टेशन पर कुली का काम कर रहे व्यक्ति को आखिर मिलता ही क्या है? दूसरों के थैले और बोरियाँ उठाते–उठाते वह यह भी भूल जाता कि देर हुई, तो उसके बच्चे आज भी भूखे पेट ही सोएँगे। माता–पिता की ऐसी हालत देख संजय बचपन से ही मजदूरी करने लगे।

कई सालों तक संजय ने होटलों में टेबिल साफ करके, मेडिकल की दुकान पर काम करके, अखबार बाँटकर और एसटीडी की दुकान पर बैठकर अपने पिता का साथ दिया। पिता ने स्कूल में भी डाला तो केवल इस मकसद से कि वे दिनभर की मिली मजदूरी को गिन सकें, लेकिन संजय तो जैसे बने ही कुछ खास बनने के लिए थे। स्कूल में मन लगाकर पढ़ते और बाकी बचे वक्त में मजदूरी कर खुद का पेट पालते। वे खाने, पहनने, रहने में जरूर लोगों से पीछे रहे, लेकिन पढ़ने में सबसे अव्वल रहे। हर कक्षा में उनका पहला स्थान पक्का रहता था। संजय मराठी के अतिरिक्त कोई अन्य भाषा नहीं जानते थे। ऐसे में सुबह अखबार बाँटने के बाद बचे हुए अंग्रेजी अखबारों को पढ़कर उन्होंने अपनी अंग्रेजी सुधारी। मुसीबतों से जूझते हुए संजय स्नातक तक की पढ़ाई पूरी करके प्रतियोगी परीक्षाओं की तैयारी में जुट गए। सारा दिन मजदूरी करने के बाद जो वक्त मिलता, संजय उसका पूरी ईमानदारी के साथ पढ़ाई में इस्तेमाल करते। बकौल संजय, 'मैंने संघर्ष के दिनों में एक मिनट भी बरबाद नहीं की।

मैं जानता था कि अगर मैंने वक्त की कीमत नहीं पहचानी, तो वक्त भी मुझे नहीं पहचानेगा। संजय कहते हैं, ''शुरू-शुरू में मैं हीन भावना से ग्रसित था। न मैं देखने में अच्छा था और न मेरी पारिवारिक पृष्ठभूमि मजबूत थी और न ही मुझे अंग्रेजी बोलनी आती थी। ऐसे में मैं होशियार छात्रों का सामना कर पाऊँगा? लेकिन ज्यों-ज्यों मैं पढ़ाई करता गया, मेरे आत्मविश्वास के आगे सारी कमियाँ न जाने कहाँ गायब हो गईं।''

इसी दौरान संजय को मार्गदर्शक के रूप में पुणे के आईएएस अविनाश धर्माधिकारी मिले। उन्होंने संजय का न केवल हौसला बढ़ाया, बल्कि कोचिंग भी कराई। संजय की मेहनत और अविनाश का मार्गदर्शन रंग लाया। इस साल की संघ लोकसेवा आयोग परीक्षा में सफल प्रत्याशियों की सूची में एक नाम संजय का भी था। संजय को यह सफलता चौथे प्रयास में मिली। अब वे आईएएस बन चुके हैं।

संजय कहते हैं, ''**हालात कितने ही बुरे हों, कितनी गरीबी हो। इसके बाद भी यदि आपकी विल पावर मजबूत हो, आपको हर हाल में सफल होने की सनक हो, तो दुनिया की कोई ताकत आपको कामयाबी का वरण करने से नहीं रोक सकती।**''

इसलिए मित्रों! उठो, जागो और तब तक चैन से मत बैठो, जब तक तुम कामयाब न हो जाओ।

वर्नर हाइजेनबर्ग : *गेटकीपर से नोबेल पुरस्कार विजेता तक का सफर*

बीसवीं शताब्दी के महान् भौतिकविद् वर्नर हाइजेनबर्ग (1901-1976) जर्मन सैद्धान्तिक भौतिकशास्त्री थे, उन्होंने क्वाण्टम मैकेनिक्स के क्षेत्र में अभूतपूर्व योगदान दिया। क्वाण्टम भौतिकी में प्रयुक्त किया जाने वाला अनिश्चितता का सिद्धान्त उन्होंने ही प्रतिपादित किया था। नाभिकीय भौतिकी, क्वाण्टम फील्ड थ्योरी और आर्टिकल थ्योरी के क्षेत्र में भी उन्होंने अनेक नियमों, संकल्पनाओं और सिद्धान्तों को अन्वेषित किया।

वर्नर हाइजेनबर्ग उन्नीस साल की उम्र में एक स्कूल में गेटकीपर की नौकरी करते थे, उन्हें पढ़ने का शौक था और वे स्कूल की लाइब्रेरी से पढ़ने के लिए

किताबें ले लिया करते थे, एक बार उन्हें प्राचीन यूनानी दार्शनिक प्लेटो की पुस्तक 'तिमैयस' मिल गई, जिसमें प्लेटो ने परमाणुओं एवं पदार्थ से सम्बन्धित अपने सिद्धान्त प्रस्तुत किए थे। मामूली शिक्षा प्राप्त वर्नर हाइजेनबर्ग को इस किताब को पढ़ते-पढ़ते भौतिकी में इतनी रुचि हो गई कि उन्होंने इसका विधिवत् अध्ययन करने की ठान ली।

इसके बाद जो हुआ, वह शिक्षा और प्रतिभा में अनुपम उदाहरण के रूप में हमेशा याद रखा जाएगा। वर्नर हाइजेनबर्ग ने भौतिकी का इतना विशद् अध्ययन किया कि मात्र 23 वर्ष की उम्र में वे महान् भौतिकीशास्त्री मैक्स प्लांक के सहायक के रूप में नियुक्त हो गए। 26 वर्ष की उम्र में वे लीप्जिग में भौतिकी के प्रोफेसर बन गए।

32 वर्ष की उम्र में उन्हें पिछले कुछ वर्षों के दौरान भौतिकी के क्षेत्र में किए गए उल्लेखनीय कार्यों के लिए नोबेल पुरस्कार मिल गया।

13 वर्ष की छोटी अवधि में एक गेटकीपर से नोबेल पुरस्कार विजेता तक का सफर तय करने की मिसाल दुनिया में और कोई नहीं है। एक किताब से प्रेरणा पाकर एक साधारण नवयुवक कितनी ऊँचाइयों तक पहुँच सकता है, वर्नर हाइजेनबर्ग की यह कहानी हमें यही बताती है।

फोर्ड मोटर के मालिक : *हेनरी फोर्ड*

फोर्ड मोटर के मालिक हेनरी फोर्ड दुनिया के चुनिन्दा धनी व्यक्तियों में शुमार किए जाते थे, उनकी गाड़ी की प्रशंसा दुनिया भर में होती थी। एक बार एक भारतीय उद्योगपति भारत में मोटर कारखाना लगाने से पहले फोर्ड से सलाह करने अमेरिका गए। भारतीय उद्योगपति ने अमेरिका पहुँचकर हेनरी फोर्ड से मिलने का समय माँगा।

फोर्ड ने कहा, "दिन में मैं आपके लिए अधिक समय नहीं निकाल पाऊँगा, इसलिए आप शाम छह बजे आ जाइए।" भारतीय उद्योगपति उनके घर पहुँचे। वहाँ एक आदमी बर्तन साफ कर रहा था। उन्होंने उससे कहा, 'मुझे हेनरी साहब से मिलना है।' वह आदमी उन्हें बैठक में बैठाकर अन्दर चला गया। थोड़ी देर बाद उसने उनके सामने आकर कहा, "तो आप हैं वह भारतीय उद्योगपति। मुझे हेनरी कहते हैं।"

भारतीय उद्योगपति को असमंजस में देखकर हेनरी ने कहा, ''लगता है आपको मेरे हेनरी होने पर सन्देह हो रहा है।'' भारतीय उद्योगपति ने सकपका कर कहा, **''हाँ सर, अभी आप को एक नौकर का काम करते देखकर ताज़्ज़ुब हुआ। इतनी बड़ी कम्पनी के मालिक को बर्तन साफ करते हुए देखकर किसी को भी भ्रम पैदा हो सकता है। यह काम तो नौकरों का है।''**

हेनरी ने कहा, ''शुरूआत में मैं भी एक साधारण इन्सान था। अपना काम खुद करता था। अपने हाथ से किए गए कठोर परिश्रम का ही फल है कि आज मैं फोर्ड मोटर का मालिक हूँ। मैं अपने अतीत को भूल न जाऊँ और मुझे लोग बड़ा आदमी न समझने लगें, इसलिए मैं अपने सभी काम अपने हाथ से करता हूँ। अपना काम करने में मुझे किसी तरह की शर्मिन्दगी और झिझक नहीं होती।''

भारतीय उद्योगपति उठ खड़े हो गए और बोले, **''सर! अब मैं चलता हूँ। मैं जिस मकसद से आपके पास आया था, वह एक मिनट में ही पूरा हो गया। मेरी समझ में आ गया कि सफलता की कुंजी दूसरों पर भरोसा करने में नहीं, स्वयं पर भरोसा करने में है।''**

फ्लोरेन्स चैडविक : *लक्ष्य पर दृष्टि और मन में आत्मविश्वास*

4 जुलाई, 1952 को फ्लोरेन्स चैडविक 'कैटेलिना चैनल' को तैरकर पार करने वाली पहली महिला बनने जा रही थी। इंग्लिश चैनल पर वह पहले ही विजय प्राप्त कर चुकी थी। पूरी दुनिया उसके इस करिश्मे को देख रही थी। हड्डियाँ जमा देने वाले ठण्डे पानी में कोहरे को चीरती हुई फ्लोरेन्स आगे बढ़ रही थी, वहाँ शार्कों का खतरा भी था।

फ्लोरेन्स ने हार मान ली। बाद में उसे यह जानकर बड़ा दुःख हुआ कि वह सागर तट से सिर्फ आधा मील दूर थी। फ्लोरेन्स ने हार इसलिए नहीं मानी कि वह वाकई तैरते-तैरते थक गई थी, बल्कि इसलिए कि उसे अपना लक्ष्य नहीं दिख रहा था।

इस बात को लेकर फ्लोरेन्स ने कोई बहाना नहीं बनाया। उसने कहा-''मैं झूठ नहीं बोलूँगी..... यदि मुझे जमीन धुँधली-सी भी दिख जाती, तो मैं तैर गई होती ''।

दो महीने बाद वह वापस कैटेलिना चैनल की ओर आई। इस बार पहले से भी बुरे मौसम के बाद भी उसने न केवल चैनल को पार करने वाली पहली महिला बनने का खिताब पाया, बल्कि पुरुषों के रिकॉर्ड को भी दो घण्टे के बड़े अन्तर से पीछे कर दिया।

आत्म विजेता ही असली विजेता

कहते हैं, जिसने खुद को जीता, उसने दुनिया जीत ली। अपने ऊपर विजय प्राप्त करने वाले को सबसे बड़ा योद्धा माना गया है। मनुष्य का असली शत्रु तो वह स्वयं ही है। वस्तुतः हमारे असली शत्रु हमारे कुसंस्कार, हमारी बुरी आदतें, हमारे कुविचार और हमारा भ्रष्ट आचरण आदि हैं।

दीमक लकड़ी को, विषाणु स्वास्थ्य को चाट जाते हैं। व्यसन एवं दुर्गुण मनुष्य को गर्त में धकेलते हैं और उसके उत्कर्ष का कोई प्रयास सफल नहीं होने देते।

दूसरों का दोष हमें तुरन्त दिखाई देता है, जबकि अपने दोषों के प्रति हम आँखें मूँदे रहते हैं। यदि हम अपने व्यसनों, दुर्गुणों, चारित्रिक दोषों का परिमार्जन कर सकें, अपने कुसंस्कारों पर विजय प्राप्त कर सकें, तो हम असली विजेता हैं। इन शत्रुओं पर विजय प्राप्त करना सबसे कठिन एवं दुरूह कार्य है, इन्हें परास्त करने वाला ही वास्तविक विजेता है।

करसन भाई पटेल : *गरीबी से सम्पन्नता की यात्रा*

एक मध्यम वर्गीय किसान परिवार में जन्मे करसन भाई पटेल का जन्म गुजरात के मेहसाना कस्बे में हुआ, उन्होंने अपना जीवन गुजरात के खान विभाग में लैब एसिस्टेन्ट की नौकरी से शुरू किया। वर्ष 1969 में जब करसन भाई की उम्र मात्र 25 वर्ष थी, उन्होंने घर में ही एक लघु उद्योग स्थापित किया, जिसमें उन्होंने डिटरजेन्ट बनाना शुरू किया।

यह ऐसा समय था, जब बाजार में विदेशी कम्पनियों के ही डिटरजेण्ट मिला करते थे और किसी भारतीय उद्योग द्वारा डिटरजेण्ट बनाने की कल्पना भी नहीं की जा सकती थी।

करसन भाई घर–घर जाकर तीन रुपये प्रति किलो की दर से निरमा डिटरजेण्ट बेचा करते थे। उन्होंने निरमा नाम अपनी बेटी निरूपमा के नाम से लिया। निरमा पाउडर ने डिटरजेण्ट पाउडर की दुनिया में तहलका मचा दिया। एक व्यक्ति से शुरू इस उद्योग में आज करसन भाई के पास 15000 व्यक्तियों का समूह है। आज निरमा का वार्षिक टर्न ओवर ₹ 35500 करोड़ से अधिक है।

करसन भाई हर उस व्यक्ति के लिए सदैव प्रेरणा के स्रोत रहेंगे, जो जीवन में कड़ी मेहनत करके कुछ करने की इच्छा रखते हैं।

फोर्ब्स पत्रिका के अनुसार, सन् 2005 में करसन भाई की कुल पूँजी 640 मिलियन डॉलर थी।

भारत रत्न प्राप्त डॉ. एपीजे अब्दुल कलाम

अब्दुल कलाम का जन्म 15 अक्टूबर, 1931 को तमिलनाडु के एक गाँव धनुषकोडी में हुआ था। इनके पिता, मछुआरों को किराए पर नाव देते थे।

कलाम ने अपनी पढ़ाई के लिए धन की पूर्ति हेतु अखबार बेचने का कार्य भी किया। डॉ. कलाम ने जीवन में अनेक चुनौतियों का सामना किया। उनका जीवन सदा संघर्षशील रहने वाले एक ऐसे व्यक्ति की कहानी है, जिसने कभी हार नहीं मानी तथा देशहित में अपना सर्वस्व न्योछावर करते हुए, सदा उत्कृष्टता के पथ पर चलते रहे एवं आज भी निःस्वार्थ सेवा के पथ पर अग्रसर हैं। 71 वर्ष की आयु में भी वे अथक् परिश्रम करते हुए भारत को सुपर पावर बनाने की ओर प्रयासरत हैं।

भारत रत्न डॉ. अब्दुल कलाम भारत के 11वें राष्ट्रपति बने। वे भारत रत्न से सम्मानित होने वाले तीसरे राष्ट्रपति हैं। भारत के मिसाइल कार्यक्रम के जनक, डॉ. कलाम ने देश को 'अग्नि' एवं 'पृथ्वी' जैसी मिसाइलें देकर, चीन एवं पाकिस्तान को इनकी रेंज में लाकर, दुनिया को चौंका दिया।

एक बार एयरफोर्स के पायलेट के साक्षात्कार में 9वें नम्बर पर आने के कारण (कुल आठ प्रत्याशियों का चयन करना था) उन्हें निराश होना पड़ा था।

वे ऋषिकेश बाबा शिबानन्द के पास चले गए एवं अपनी व्यथा उन्हें सुनाई। बाबा ने उन्हें कहा ....

> **Accept your destiny and go ahead with your life. You are not destined to become an Airforce Pilot. What you are destined to become is not revealed now but it is predetermined. Forget this failure, as it was essential to lead you to your existence. Become one with yourself, my son. Surrender yourself to the wish of God.**

बाबा शिवानन्द का कहने का अर्थ यह था कि असफलता से निराश होने की आवश्यकता नहीं। यह असफलता आपकी दूसरी सफलताओं के द्वार खोल सकती है। तुम्हें जीवन में कहाँ पहुँचना है, इसका पता नहीं। आप कर्म करो, ईश्वर पर विश्वास करो।

डॉ. कलाम का जीवन, हर उस नवयुवक के लिए आदर्श प्रेरणा स्रोत है, जो अपने जीवन में एक असफलता मिलने पर ही निराश हो जाते हैं। डॉ. कलाम ने अपने सारे जीवन में नि:स्वार्थ सेवा कार्य किया है। उनका राष्ट्र प्रेम और उनका देशभक्ति का ज़ज़्बा हर भारतीय के लिए सबक एवं प्रेरणा का पुंज है और हमेशा रहेगा।

प्रकाश कँवर : *अनपढ़ माँ की जिद ने अपनी बेटी को बनाया आईएएस*

प्रकाश कँवर को अपने अनपढ़ होने का मलाल था, लेकिन साधारण परिस्थिति में गुजर-बसर करते हुए आज अपनी बेटी डॉ. रतनकँवर गढ़वी चारण (24) को आईएएस बना देखकर वे गौरवान्वित हैं।

रतनकँवर ने पहले अपनी मेहनत से एमबीबीएस की डिग्री हासिल की और इस वर्ष यूपीएससी की परीक्षा में 124वीं रैंक हासिल करने में कामयाब रही। रतनकँवर बचपन से ही पढ़ाई में होशियार रही है। दसवीं और बारहवीं की परीक्षाओं में उसने 91% से अधिक अंक प्राप्त किए। रतनकाँवर ने एमबीबीएस करने के बाद आईएएस बनने की ठानी। रतनकँवर का कहना है कि आईएएस बनकर उसने माँ की वर्षों पुरानी इच्छा पूरी कर दी है।

रतनकँवर ने भी अपनी सफलता का श्रेय माँ को देते हुए बताया, ''डॉक्टर बनने के पहले और यूपीएससी की परीक्षा की तैयारी के दौरान, ऐसा लगता था, जैसे माँ को ही परीक्षा देनी है। वे मेरे साथ पूरी रात जागती रहती थीं।''

नरेश गोयल : *जेट एयरवेज के चेयरमैन*

23 दिसम्बर, 1950 को जन्मे नरेश गोयल ने अपने जीवन में बहुत संघर्ष किया है। नरेश गोयल को स्कूल जाने के लिए कई मील पैदल चलना पड़ता था, क्योंकि उस समय उनके पिता की आर्थिक स्थिति साइकिल खरीदने की नहीं थी।

गोयल ने अपना जीवन अपने मामा की कम्पनी में ₹ 300 प्रतिमाह की कैशियर की नौकरी से शुरू किया। आज उनकी कुल पूँजी ₹ 8100 करोड़ की आँकी जाती है।

नरेश गोयल ने कभी भी अपने पुराने समय को नहीं भुलाया। वे जीवन में बहुत विनम्र एवं संयमित हैं। वर्ष 1967 में कॉमर्स से स्नातक करने के बाद उन्होंने लेबनीज एयरलाइन्स में सेल्स एजेण्ट की तरह कार्य करना शुरू किया।

वर्ष 1967 में इराकी एयरवेज में पब्लिक रिलेशन ऑफिसर एवं 1971 से 1974 तक जॉर्डन एयरलाइन्स में रीजनल मैनेजर के पद पर कार्य किया। इस तरह कई एयरलाइन्स में कार्य अनुभव प्राप्त करने के बाद 1992 में नरेश गोयल ने जेट एयरवेज को शुरू करके, अपने जीवन के सपने को पूरा किया। जीवन के इस मुकाम तक पहुँचने वाले गोयल, उन सभी नवयुवकों के प्रेरणा स्रोत हैं, जो परिस्थितिवश अपना जीवन बहुत छोटे स्तर से शुरू कर पाते हैं।

नरेश गोयल ने हमेशा बड़े सपने देखे और उन्हें पूरा करने हेतु खूब मेहनत से संघर्ष भी किया एवं सफल हुए।

सुब्रोतो राय : *सहारा ग्रुप के चेयरमैन*

सुब्रोतो राय का जन्म 10 जून, 1947 में बिहार के एक गाँव अररिया में हुआ। सुब्रोतो राय ने वर्ष 1978 में तीन व्यक्तियों की टीम के साथ एक पैरा बैंकिंग व्यवसाय मात्र 43 डॉलर की रकम से शुरू किया। आज सहारा ग्रुप कम्पनियों की कुल पूँजी लगभग 50 बिलियन डॉलर की आँकी जाती है। आज सहारा समूह मनोरंजन, मीडिया, प्रोपर्टीज एवं हवाई यात्रा जैसे विभिन्न महत्त्वपूर्ण क्षेत्रों में अपना अच्छा दखल रखता है।

सुब्रोतो राय की सफलता की कहानी योजनाबद्ध कार्यकुशलता, उच्च प्रबन्धन क्षमता एवं लक्ष्य निर्धारण कर उस दिशा में अपनी क्षमता एवं योग्यता को लगाकर, सफलता की बुलन्दियों पर पहुँचने की है।

सर एम विश्वेश्वरैया : *सादगी, ईमानदारी एवं कर्मठता की प्रतिमूर्ति*

सर एम. विश्वेश्वरैया को लोग सर एमवी के नाम से जानते, पहचानते थे। उनका जन्म 15 सितम्बर, 1860 को पुराने मैसूर राज्य के गाँव मुदेनहाली (Muddenahalli) में हुआ था। उनके पिता श्रीनिवास शास्त्री संस्कृत के विद्वान् थे, उनकी माता एक धार्मिक महिला थी।

पढ़ाई में प्रारम्भ से ही मेधावी रहे सर एमवी ने अपना कैरियर नासिक में सहायक इन्जीनियर की तरह शुरू किया। उन्होंने सिन्धु नदी से सुक्कु कस्बे को पानी सप्लाई का तरीका ईजाद किया। उन्होंने पानी को व्यर्थ बहने से रोकने हेतु बाँध पर स्टील के दरवाजे लगवाए। कृष्णा राज सागर बाँध का डिजाइन भी सर एमवी ने ही तैयार किया। वह पूरी तरह ईमानदार एवं सचरित्र व्यक्तित्व के धनी थे।

वर्ष 1912 में मैसूर के महाराजा ने उन्हें दीवान नियुक्त करने की पेशकश की। इस नियुक्ति को स्वीकार करने से पूर्व उन्होंने अपने सभी रिश्तेदारों को रात्रिभोज पर आमन्त्रित किया और सभी से स्पष्ट कहा कि वह दीवान के पद को तब ही स्वीकार करेंगे, जब आप मुझे यह आश्वासन देंगे कि कोई मुझसे पक्षपातपूर्ण कार्य हेतु आग्रह नहीं करेगा।

मैसूर के दीवान के रूप में उन्होंने बहुत शानदार कार्यों को अन्जाम दिया। चन्दन तेल की फैक्टरी, स्टील फैक्टरी, मेटल फैक्टरी, भद्रावती आयरन एवं स्टील फैक्टरी उन्हीं के समय में स्थापित हुईं। वर्ष 1955 में उन्हें भारत रत्न से नवाजा गया। ऐसे महान् व्यक्तित्व ईमानदारी एवं कर्मठता की अनूठी मिसाल हैं एवं सभी के लिए प्रेरणास्रोत हैं।

मेघनाद साहा : *महान् वैज्ञानिक*

6 अक्टूबर, 1883 को साहा का जन्म ढाका (जो अब बांग्लादेश में है) जिले के एक छोटे से गाँव में हुआ था। उनके पिता एक परचून की दुकान चलाते थे। उनका परिवार काफी गरीब था। मेघनाद साहा की स्कूल की फीस इत्यादि की पूर्ति एक स्थानीय डॉक्टर अनन्ता दास द्वारा की जाती थी।

साहा शुरू से ही बहुत मेहनतकश एवं मेधावी छात्र थे। कलकत्ता यूनिवर्सिटी की प्रवेश परीक्षा में वर्ष 1909 में साहा ने पूर्वी बंगाल में सभी छात्रों में प्रथम स्थान प्राप्त किया। एस्ट्रोफिजिक्स के क्षेत्र में मेघनाद साहा ने बहुत शानदार एवं सराहनीय कार्य किया।

1947 में उन्होंने 'न्यूक्लीयर फिजिक्स इन्स्टीट्यूट' की स्थापना की, जिसे बाद में 'साहा इन्स्टीट्यूट ऑफ न्यूक्लीयर फिजिक्स' के नाम में परिवर्तित कर दिया गया।

एक गरीब परिवार में जन्म लेने के बाद भी मेघनाद साहा, अपनी संकल्पशक्ति, प्रबल आत्मविश्वास एवं कठिन मेहनत के कारण देश के महान् वैज्ञानिकों में गिने जाते हैं। उनका निधन वर्ष 1956 में हृदयगति रुक जाने से अचानक हुआ।

महान् गणितज्ञ रामानुजन : *धुन के पक्के*

रामानुजन का जन्म एक गरीब परिवार में 22 दिसम्बर, 1807 को तमिलनाडु के इरोड़ कस्बे में हुआ था। उनके पिता एक साड़ी की दुकान पर क्लर्क का काम करते थे। रामानुजन के जीवन पर उनकी माँ का बहुत प्रभाव था। जब वे 11 वर्ष के थे, तो उन्होंने SL Loney द्वारा लिखित गणित की किताब की पूरी मास्टरी कर ली थी। गणित का ज्ञान तो जैसे उन्हें ईश्वर के यहाँ से ही मिला था। 14 वर्ष की उम्र में उन्हें मेरिट सर्टीफिकेट्स एवं कई अवार्ड मिले।

वर्ष 1904 में जब उन्होंने टाउन हाईस्कूल से स्नातक पास की, तो उन्हें के. रंगनाथा राव पुरस्कार, प्रधानाध्यापक कृष्ण स्वामी अय्यर द्वारा प्रदान किया गया।

वर्ष 1909 में उनकी शादी हुई, उसके बाद वर्ष 1910 में उनका एक ऑपरेशन हुआ। घरवालों के पास उनके ऑपरेशन हेतु पर्याप्त राशि नहीं थी। एक डॉक्टर ने उनका मुफ्त में यह ऑपरेशन किया था। इस ऑपरेशन के बाद रामानुजन नौकरी की तलाश में जुट गए। वे मद्रास में जगह-जगह नौकरी के लिए घूमे। इसके लिए उन्होंने ट्यूशन भी किए। वे पुनः बीमार पड़ गए। इसी बीच वे गणित में अपना कार्य करते रहे। ठीक होने के बाद, उनका सम्पर्क नेलौर के जिला कलेक्टर-रामचन्दर राव से हुआ। वह रामानुजन के गणित में कार्य से बेहद प्रभावित हुए।

उन्होंने रामानुजन की आर्थिक मदद भी की। वर्ष 1912 में उन्हें मद्रास में चीफ अकाउण्टेंट के ऑफिस में क्लर्क की नौकरी भी मिल गई। वे ऑफिस का कार्य जल्दी पूरा करने के बाद, गणित का रिसर्च करते रहते, इसके बाद वे इंग्लैण्ड चले गए। वहाँ उनके कार्य को खूब प्रशंसा मिली। उनके गणित के अनूठे ज्ञान को खूब सराहना मिली।

वर्ष 1918 में उन्हें ट्रिनिटी कॉलेज कैम्ब्रिज का फेलो (Fellow of Trinity College Cambridge) चुना गया। वह पहले भारतीय थे, जिन्हें इस सम्मान (Position) के लिए चुना गया।

वे बहुत मेहनती एवं धुन के पक्के थे। कोई भी विषम परिस्थिति, आर्थिक कठिनाइयाँ, बीमारी एवं अन्य परेशानियाँ उन्हें अपनी 'धुन' से नहीं डिगा सकीं। वे अन्ततः सफल हुए।

आज उन्हें विश्व के महान् गणितज्ञों में शुमार किया जाता है। 32 वर्ष की छोटी उम्र में ही इस प्रतिभाशाली व्यक्ति का देहावसान हो गया। दुनिया ने एक महान् गणितज्ञ को खो दिया।

ब्रह्मचारिणी कमलाबाई : *कर्मठता एवं जीवन्तता की मिसाल*

राजस्थान के नागौर जिले के कुचामन कस्बे में सन् 1923 में जन्मी कमलाबाई की जीवन कथा आत्मविश्वास, स्वाभिमान एवं संघर्षों की ऐसी प्रेरणास्पद कथा है, जो हर महिला, पुरुष को विषम परिस्थितियों में कर्मठता एवं जीवन्तता बनाए रखने हेतु प्रेरित करती है।

12 वर्ष की उम्र में शादी एवं दो वर्ष बाद विधवा होने पर कमलाबाई को भाग्य ने बहुत भयानक त्रासद स्थिति में लाकर खड़ा कर दिया। फिर वह पूरी तरह अनपढ़ थी। क्या करें, क्या नहीं करें? कोई सहारा नजर नहीं आ रहा था। कमलाबाई, श्री महावीर मुमुक्षा महिला आश्रम (महिलाओं हेतु एक अनाथालय) के साथ जुड गईं। वहाँ उन्होंने लिखना, पढ़ना सीखा। भारतीय संस्कृति एवं इतिहास को मन से पढ़ा। पढ़ते-पढ़ते, उनके अन्दर पिछड़े इलाकों में लड़कियों एवं महिलाओं को पढ़ाने एवं उन्हें पढ़ने के लिए प्रेरित करने हेतु आन्तरिक इच्छा जाग्रत हुई।

तीस वर्ष की उम्र में उन्होंने आदर्श महिला विद्यालय शुरू किया, जिसमें शुरू में मात्र 6 लड़कियों ने प्रवेश लिया। आज उस विद्यालय में 2000 छात्राएँ हैं, जिनमें अधिकांश पिछड़े वर्ग एवं जनजाति समुदाय की लड़कियाँ है। वहाँ उन्होने लड़कियों का एक हॉस्टल भी बनाया, जिसमें 650 लड़कियाँ रहती हैं। लड़कियों एवं महिलाओं में शिक्षा के प्रसार को ही **ब्रह्मचारिणी कमलाबाई** ने अपने जीवन का लक्ष्य बना लिया है। वर्ष 1999 में कमलाबाई को देवी अहल्याबाई होल्कर स्त्री शक्ति पुरस्कार से नवाजा गया। ब्रह्मचारिणी कमलाबाई ने विषम परिस्थितियों से जूझते हुए केवल, स्वयं के जीवन को ही सार्थक नहीं बनाया, बल्कि हजारों पिछड़ी एवं जनजाति समुदाय की महिलाओं को भी शिक्षित कर, उनके जीवन में आशा का संचार किया।

सुधा चन्द्रन : *दृढ़ संकल्प–शक्ति की मिसाल*

दुर्घटना में एक पैर गँवाने के बाद, कोई महिला जीवन में 'नृत्य करने' के सम्बन्ध में सोचने की कल्पना भी नहीं कर सकती, लेकिन सुधा चन्द्रन ने अपने अदम्य आत्मविश्वास, दृढ़ संकल्प-शक्ति के बल पर, अकल्पनीय को भी हकीकत में बदल डाला।

दुर्घटना में अपना एक पैर गँवाने के बाद सुधा चन्द्रन ने 'जयपुर फुट' लगाकर अपनी डांस प्रैक्टिस शुरू की और फिल्म 'नाचे मयूरी' में उनका शानदार डांस देखकर लोग अचम्भित रह गए, लोगों ने दाँतों तले अँगुली दबा ली।

आज सुधा चन्द्रन की गणना, बहुत शानदार एवं सफल नर्तकी, टीवी एवं फिल्म एक्ट्रेस के तौर पर की जाती है।

सुधा चन्द्रन का कहना है कि जब हेलेन कीलर अपंगता से बाहर आ सकती है, तो मैं क्यों नहीं? उनका मानना है कि सफलता व्यक्ति की सोच में होती है। हम जो चाहे, वह प्राप्त कर सकते हैं, लेकिन इसके लिए चाहिए दृढ़ आत्मविश्वास।

शिव नाडार : *एचसीएल टैक्नोलोजीज के चेयरमैन*

वर्ष 1976 में मात्र ₹ 187000 से छः व्यक्तियों द्वारा मिलकर शुरू किए गए व्यवसाय को कई परिवर्तनों के बाद मि. नाडार के विश्वास एवं संकल्प ने वर्ष 1999 में देश की आईटी कम्पनियों में टीसीएस के बाद दूसरे नम्बर पर ला खड़ा किया।

नाडार ने अपने जीवन में कई उतार-चढ़ाव देखे, लेकिन हार नहीं मानी और लगातार संघर्षशील रहे। दृढ़ आत्मविश्वास के धनी, योजनाबद्ध कार्य करने वाले, इन्जीनियर नाडार आज देश के सफल उद्योगपतियों में गिने जाते हैं।

अमिताभ बच्चन : *सदी के महानायक*

इस सदी के महानायक, बॉलीवुड के सबसे लोकप्रिय अभिनेता, भारतीय सिनेमा जगत में जिनका कोई सानी नहीं, ऐसे सफलतम व्यक्तित्व का जीवन भी संघर्षों से भरा रहा है। अमिताभ बच्चन ने आज जो मुकाम हासिल किया है, वह न जाने कितने उतार-चढ़ाव, सफलता-असफलता के दौर से गुजरने के बाद हासिल किया है। अमिताभ बच्चन ने अपना कैरियर कोलकाता की एक शिपिंग कम्पनी में नौकरी करने से शुरू किया था। उन्होंने एक बार एक रेडियो सेवा में बतौर समाचार वाचक की नौकरी चाही थी, लेकिन उनकी आवाज को उपयुक्त नहीं माना गया।

वे संघर्ष के दिनों में 7 वर्ष तक प्रसिद्ध हास्य अभिनेता महमूद साहब के निवास पर रहे। उन्होंने राजनीति में भी अपना दांव आजमाया, सांसद भी चुने गए, लेकिन राजनीति उन्हें रास नहीं आई और बीच में ही त्यागपत्र देकर पुन: सिनेमा जगत में भाग्य अजमाने लगे। बोफोर्स विवाद में भी इनका नाम घसीटा गया, जिसके लिए उन्हें अदालत जाना पड़ा, लेकिन अन्तत: उन्हें निर्दोष माना गया।

अमिताभ बच्चन ने वर्ष 1996 में ABCL (Amitabh Bachchan Corporation Ltd.) की स्थापना की। एबीसीएल ने कुछ फिल्में बनाईं, लेकिन वे फ्लॉप रहीं। एबीसीएल ने वर्ष 1997 में बैंगलोर में आयोजित 1996 की मिस वर्ल्ड सौन्दर्य प्रतियोगिता (1996 Miss World Beauty Pageant) का आयोजन किया, लेकिन खराब प्रबन्धन के कारण इसे करोड़ों रुपये का नुकसान उठाना पड़ा। वर्ष 1997 में यह वित्तीय एवं क्रियाशील दोनों तरीकों से ध्वस्त हो गई। कम्पनी प्रशासन के हाथ में चली गई और बाद में इसे भारतीय उद्योग मण्डल द्वारा असफल करार दे दिया गया।

इसके बाद 'कौन बनेगा करोड़पति' के टीवी प्रोग्राम का एंकर बनकर अमिताभ बच्चन ने पुन: अपनी साख जमाई। इस कार्यक्रम की सफलता से उन्हें एवं उनके परिवार को नैतिक एवं आर्थिक सम्बल मिला और पुन: सफलता के द्वार खुल गए।

हर विषम परिस्थितियों को साहसपूर्वक और धैर्यपूर्वक झेलते हुए अमिताभ बच्चन ने कभी अपना आत्मविश्वास नहीं खोया। बच्चन लगातार संघर्षरत रहते हुए आज सफलता की उन ऊँचाइयों पर पहुँच गए हैं, जहाँ पहुँचने की कल्पना शायद उन्होंने स्वयं भी नहीं की होगी।

महमूद अली : *महान् बॉक्सर*

महमूद अली का जन्म 17 जनवरी, 1942 को लुइस विले केन्टकी में एक गरीब पेन्टर के घर हुआ। बचपन से ही अली का बॉक्सर बनने का सपना था। उन्होंने तीन बार विश्व हेवीवेट चैम्पियन का खिताब जीता, उनका जीवन काफी संघर्षमय रहा।

एक बार यूएस मिलीटरी में जाने से मना करने पर उनका बॉक्सिग टाइटल सस्पेण्ड कर दिया गया। बाद में उनकी अपील पर सुप्रीम कोर्ट द्वारा उनके पक्ष में फैसला हुआ। बहुत से लोगों द्वारा बॉक्सिग का आज तक का सर्वश्रेष्ठ बॉक्सर महमूद अली को माना जाता है। ESPN. Com द्वारा उन्हें बॉक्सिग इतिहास में दूसरे नम्बर का सर्वश्रेष्ठ बॉक्सर माना गया है।

ज़िद के पक्के, अदम्य आत्मविश्वास के धनी अली ने अपनी संकल्प-शक्ति के बल पर, दुनिया में अपनी सफलता के झण्डे फहराए हैं।

निक वुजिसिक

4 दिसम्बर, 1982 को निक का जन्म ऑस्ट्रेलिया के मेलबॉर्न में हुआ। जन्म से ही निक के कंधों से दोनों हाथ नहीं थे एवं पैरों के नाम पर एक छोटा-सा बायाँ पैर, जिस पर मात्र दो अँगुलियाँ थीं। आप कल्पना कर सकते हैं, कितनी कठिनाइयों एवं पीड़ा का सामना किया होगा निक ने अपने जीवन में। धीरे-धीरे उसके कई दोस्त बने। बच्चों ने 'निक' को दोस्त स्वीकार करना शुरू कर दिया। निक ने अपने पैर की दो अँगुलियों से लिखना भी शुरू कर दिया। अपनी उन्हीं दो अँगुलियों से लिखना सीखा, कम्प्यूटर चलाना सीखा, फोन पर बात करना, जवाब देना सीखा। धीरे-धीरे वह टेनिस बॉल भी फेंकने लगे। पानी का गिलास स्वयं उठाना, दाढ़ी बनाना आदि काम वह स्वयं करने लगे। 21 वर्ष की उम्र में कॉलेज से स्नातक पास की तथा अकाउन्टिंग एवं फाइनेन्सियल प्लानिंग में डबल डिग्री प्राप्त की।

आज वह लोगों को प्रेरणादायक उपदेश देते हैं, उन्हें लोग प्रोत्साहक एवं प्रेरक वक्ता (Inspiring and motivational Preacher) की तरह जानते हैं। 'निक' आश्चर्यजनक व्यक्तित्व के धनी हैं। वह 'Life Without limb' के निदेशक हैं। निक हर व्यक्ति के लिए प्रेरणा के ऐसे ऊर्जावान स्रोत हैं, जो आपको रोमांच से सराबोर कर दे।

एक निर्जीव व्यक्ति में जान फूँक सकने वाले निक वास्तव में हमारे सलाम के काबिल हैं। आत्मविश्वास, आत्मबल से सराबोर ऐसे योद्धा को हमारा बार-बार नमन।

जॉर्ज वाशिंगटन : *समय का सम्मान*

अमेरिका के प्रथम राष्ट्रपति जॉर्ज वाशिंगटन समय के बड़े पाबन्द थे। एक बार उन्होंने कुछ विशिष्ट अतिथियों को तीन बजे दोपहर के भोजन के लिए आमन्त्रित किया। साढ़े तीन बजे उन्हें सैनिक कमाण्डरों की आवश्यक बैठक में भाग लेना था। ठीक तीन बजे भोजन तैयार था। भोजन टेबल पर लगा दिया गया, लेकिन राष्ट्रपति महोदय के अतिथि नहीं आए। प्रतीक्षा करने की अपेक्षा राष्ट्रपति ने ठीक तीन बजे अकेले भोजन करना आरम्भ किया। आधा भोजन समाप्त होने पर, मेहमान आ पहुँचे।

उन्हें दु:ख भी हुआ एवं अप्रसन्नता भी हुई, लेकिन वे भोजन में शामिल हो गए। राष्ट्रपति महोदय ने समय पर अपना भोजन समाप्त किया एवं उनसे विदा लेकर बैठक में भाग लेने चले गए। यह घटना समय प्रबन्धन के महत्त्व को दर्शाती है।

यह घटना आपको अतिरंजित लग सकती है, लेकिन समय की पाबन्दी, समय के महत्त्व को परिलक्षित करने वाली यह घटना, एक व्यक्ति की चारित्रिक दृढ़ता को व्यक्त करती है।

महानायक सुभाषचन्द्र बोस

सुभाषचन्द्र बोस जब बच्चे थे, तो एक दिन माँ के साथ लेटे हुए बिस्तर से उठकर जमीन पर जाकर सो गए। माँ के पूछने पर उन्होंने बताया कि आज अध्यापक जी ने बताया है कि हमारे ऋषि-मुनि जमीन पर सोते एवं कठोर जीवन जीते थे। मैं भी ऋषि बनूँगा। पिताजी ने भी उनकी बात सुनी, तो उन्होंने कहा "मात्र जमीन पर सोना ही पर्याप्त नहीं है, ज्ञान संचय तथा सामाजिक एवं राष्ट्रीय सेवा में संलग्न होना भी आवश्यक है। अभी तुम छोटे हो, माँ के पास जाकर सो जाओ। बड़े होने पर तीनों काम करना।" सुभाष ने पिता की सलाह की गाँठ बाँध ली। **आईसीएस** की परीक्षा पास करने के बाद वह खूब ठाठ-बाट का जीवन व्यतीत कर सकते थे, लेकिन उन्होंने कहा, "मैं अपने जीवन का लक्ष्य निश्चित कर चुका हूँ। मातृभूमि की सेवा करूँगा।"

सुभाष बोस का बलिदान, इस देश के स्वतन्त्रता संग्राम के सेनानियों में पहले नम्बर पर गिना जाता है। ऐसे राष्ट्रभक्त को शत् शत् नमन।

धीरूभाई अम्बानी : ₹ 300 से ₹ 75000 *करोड़ तक का सफर*

23 दिसम्बर, 1932 को धीरूभाई का जन्म मोढ़ वैश्व परिवार में गुजरात में हुआ था। धीरूभाई के पिता हीराचन्द गोवर्धनदास अम्बानी एक अध्यापक थे।

जब धीरूभाई 16 वर्ष के थे, तो वे यमन (Yemen) चले गए, जहाँ उन्होंने ए. बीस एण्ड कम्पनी (A.Besse & Co.) में ₹ 300 प्रतिमाह पर काम किया। कुछ दिनों बाद इस कम्पनी के शैल कम्पनी की डिस्ट्रीब्यूटर्स बन जाने से, धीरूभाई इस कम्पनी के पेट्रोल पम्प का कार्य देखने लगे।

वर्ष 1958 में वे भारत वापस लौट आए और उन्होंने एक टैक्सटाइल ट्रेडिंग कम्पनी की स्थापना की। धीरे-धीरे पूर्ण निष्ठा एवं लगन से आगे बढ़ते हुए, धीरूभाई ने अपने व्यवसाय को इतना बढ़ाया कि लोग दाँतों तले अँगुली दबाने को बाध्य हो गए।

रिलाइन्स इण्डस्ट्रीज के नाम से विश्व में विख्यात उनके टैक्सटाइल्स इण्डस्ट्रीज का टर्नओवर महानायक धीरूभाई अम्बानी के जीवन के अन्त समय में लगभग ₹ 75000 करोड़ था। धीरूभाई की प्रगति यात्रा बहुत उतार-चढ़ाव भरी रही और उन्हें अपने जीवन में हर सफलता के पथिक की तरह कड़े संघर्ष एवं प्रतिस्पर्द्धा का सामना करना पड़ा। धीरू भाई ने कभी हार नहीं मानी एवं लगातार संघर्ष करते हुए आगे बढ़ते रहे। आज धीरूभाई अम्बानी की सफलता की यात्रा को लोग एक ऐतिहासिक संघर्ष की गाथा के रूप में जानते हैं।

आर माधवन : *बेमिसाल शख्सियत*

भारत को कम-से-कम 10 लाख माधवन की आवश्यकता है। *एपीजे अब्दुल कलाम* (पूर्व राष्ट्रपति)

ONGC जैसी नवरत्न कम्पनी की नौकरी छोड़कर खेती के व्यवसाय में उतरने वाले आर माधवन एक बेमिसाल शख्सियत हैं। उनकी सफलता की कहानी कुछ इस प्रकार है ....

माधवन जी को बचपन से ही पेड़-पौधे लगाने, सब्जियाँ उगाने में बेहद रुचि थी। किशोरावस्था में ही उन्होंने कई बार अपनी माँ को खुद की उगाई हुई सब्जियाँ लाकर दी थीं और माँ की शाबाशी पाकर उनका उत्साह बढ़ जाता था। बचपन से उनका सपना 'किसान' बनने का ही था, लेकिन जैसा भारत के लगभग प्रत्येक मध्यवर्गीय परिवार में होता है कि 'खेती करोगे? कमाओगे क्या? और भविष्य क्या होगा?' जैसा सवाल प्रत्येक युवा से पूछा जाता है, इनसे भी पूछा गया। परिवार के दबाव के कारण किसान बनने का कार्यक्रम माधवन को उस समय छोड़ना पड़ा।

माधवन जी ने आईआईटी-जेईई परीक्षा दी और आईआईटी चेन्नई से मेकेनिकल इन्जीनियर की डिग्री प्राप्त की। जाहिर है कि एक उम्दा नौकरी, एक उम्दा कैरियर और एक चमकदार भविष्य उनके आगे खड़ा था, लेकिन कहते हैं ना कि "बचपन का प्यार एक ऐसी शै है, जो आसानी से नहीं भूलती ....।" इसके अतिरिक्त, आईआईटी करने के दौरान 'किसानी' का यह शौक उनके लिए "आजीविका के साथ समाजसेवा" का रूप ले चुका था। ONGC में काम करते हुए भी उन्होंने अपने इस शौक को पूरा करने की 'जुगत' लगा ही ली।

समुद्र के भीतर तेल निकालने के 'रिग' (Oil Rig) पर काम करने वालों को लगातार 14 दिन काम करने के बाद अगले 14 दिनों का सवैतनिक अवकाश दिया जाता है। माधवन ने यह काम लगातार नौ साल तक किया। 14 दिन तक मेकेनिकल इन्जीनियरिंग का काम और अगले 14 दिन, खेती-किसानी के नए-नए प्रयोग एवं अनुभव।

"माधवन के शब्दों में जब मैंने पिता से कहा कि इतने सालों की नौकरी के बाद अब मैं खेती करना चाहूँगा, तो उस वक्त भी उन्होंने मुझे मूर्ख ही समझा था। चार साल की नौकरी में मैंने इतना पैसा बचा लिया था कि चेन्नई के निकट चेंगलपट्टू गाँव में 6 एकड़ जमीन खरीद सकूँ। वर्ष 1989 में गाँव में पैंट-शर्ट पहनकर खेती करने वाला मैं पहला व्यक्ति था और लोग मुझे आश्चर्य से देखते थे ....।"

6 एकड़ में उनकी सबसे पहली फसल मात्र 2 टन की ही थी और इससे वे बेहद निराश हुए, लेकिन उन्होंने हिम्मत नहीं हारी।

वर्ष 1996 में उनके जीवन का 'टर्निंग प्वॉइंट' साबित हुई उनकी इजराइल यात्रा। उन्होंने सुन रखा था कि 'टपक-सिंचाई' (Drip Irrigation) और जल-प्रबन्धन के मामले में इजराइल की तकनीक सर्वोत्तम है। इजराइल जाकर उन्होंने देखा कि भारत में एक एकड़ में एक टन उगने वाली मक्का को इजराइली एक एकड़ में सात टन कैसे उगाते हैं?

जितनी जमीन पर भारत में 6 टन टमाटर उगाया जाता है, उतनी ही जमीन पर इजराइली लोग 200 टन टमाटर का उत्पादन कर लेते हैं, उन्होंने इजराइल में 15 दिन रहकर सारी तकनीकें सीखीं।

इजराइल में उन्हें मिले एक और हमवतन, डॉ. लक्ष्मणन, जो एक तरह से उनके 'किसानी-गुरु' माने जा सकते हैं। कैलिफोर्निया में रहने वाले डॉ. लक्ष्मणन पिछले 35 सालों से अमेरिका में खेती कर रहे हैं और लगभग 60,000 एकड़ जमीन के मालिक हैं।

उन्होंने माधवन की ज़िद, तपस्या और संघर्ष को देखकर उन्हें लगातार 'गाइडेन्स' दिया। उनसे मिलकर माधवन को लगा कि पैसे के लिए काम करते हुए, यदि मन की खुशी भी मिले, तो काम का आनन्द दोगुना हो जाता है।

लगभग 8 साल के सतत् संघर्ष, घाटे और निराशा के बाद सन् 1997 में उन्हें पहली बार खेती में 'प्रॉफिट' हुआ। माधवन बताते हैं **"इतने संघर्ष के बाद भी मैंने हार नहीं मानी। मेरा मानना था कि यह एक सीखने की प्रक्रिया है और इसमें मैं गिरुँगा और फिर उठूँगा, भले ही कोई मुझे सहारा दे या ना दे। मुझे स्वयं ही लड़ना है और जीतकर दिखाना है।"**

माधवन के जीवन का एक और स्वर्णिम क्षण तब आया, जब पूर्व राष्ट्रपति से तय 15 मिनट की मुलाकात दो घण्टे में बदल गई और अन्ततः कलाम साहब के मुँह से निकला कि **"भारत को कम-से-कम दस लाख माधवन की आवश्यकता है ....।"**

स्वभाव से बेहद विनम्र श्री माधवन कहते हैं कि "यदि मैं किसी उद्यमशील युवा को प्रेरणा दे सकूँ, तो यह मेरे लिए खुशी की बात होगी।"

एनआर नारायणमूर्ति

वर्ष 1946 में जन्मे नारायणमूर्ति के पिता एक स्कूल अध्यापक थे। शुरू से ही मेधावी छात्र रहे नारायणमूर्ति ने इलेक्ट्रिकल इन्जीनियरिंग की डिग्री मैसूर विश्वविद्यालय से प्राप्त की एवं बाद में IIT, खड़गपुर से कम्प्यूटर साइन्स की पढ़ाई पूरी की।

वर्ष 1981 में अपने छः अन्य साथियों के साथ, उन्होंने मात्र 50 की पूँजी से अपना व्यवसाय शुरू किया। तब से वर्ष 1991 तक का, दस वर्ष का समय काफी मेहनत एवं कठिनाइयों में बीता। नारायणमूर्ति अपनी पत्नी के साथ एक कमरे के मकान में रहते थे। वर्ष 1991 में उदारीकरण की शुरूआत के साथ उनकी कम्पनी इंफोसिस (Infosys) के दिन बदल गए।

Infosys प्रथम भारतीय कम्पनी है, जिसके शेयर NASDAQ में लिस्ट हुए। आज Infosys दुनिया की सफलतम कम्पनियों में गिनी जाती है। नारायण मूर्ति सरलता एवं सादगी के प्रतीक हैं। नारायणमूर्ति का सारा परिवार आज भी दिखावटी खर्चे का विरोधी है। नारायणमूर्ति के बच्चों को भी स्वयं के द्वारा किए गए व्यय का हिसाब रखना आवश्यक है।

> **A True leader is one who leads by examples and sacrifies more than anyone else, in his or her pursuit of excellence.**
> **Honesty is the best policy and it pays immensely in your life.**
> **NR Narayana Murthy**

आज भी नारायणमूर्ति की धर्मपत्नी सुधा अपने घर का सारा कार्य स्वयं करने में विश्वास रखती हैं और उन्होंने इस हेतु कोई 'बाई' (Maid) नहीं रखी हुई है। नारायणमूर्ति अपना कार्य स्वयं करने में विश्वास रखते हैं।

> **I don't have a maid at home, because I don't see the need for one. When children see both parents working hard, living a simple life, most of the time they tend to follow.**
> **Sudha Krishnamurthy**

वर्ष में करोड़ों रुपयों का दान करने वाली कम्पनी Infosys के कर्ता-धर्ता, यह दम्पति वास्तव में सादगी, सरलता, सच्चरित्रता, कड़ी मेहनत से प्राप्त सफलता की ज्वलन्त मिसाल है।

> **A leader has to raise the confidence of followers. He should make them understand that though times are a part of life and that they will come out better at the end of it. He has to sustain their hope and their energy levels to handle the difficult days.**
> **NR Narayan Murthy**

डॉ. रवीन्द्र कोल्हे : *आदिवासियों के मसीहा*

रवीन्द्र कोल्हे नामक नौजवान ने नागपुर विश्वविद्यालय से एमबीबीएस की पढ़ाई के बाद मेलघाट के अति-पिछड़े इलाके में नौकरी की तो उन्हें अहसास हुआ कि इन आदिवासियों की गहन पीड़ा और आवश्यकताएँ अलग हैं। इसके बाद उन्होंने वापस जाकर एमडी की डिग्री हासिल की और पुनः मेलघाट आकर कोरकू आदिवासियों के बीच काम करने लगे। वे शुरू से ही विनोबा भावे के कार्यों और विचारों से बेहद प्रभावित थे।

डॉ. रवीन्द्र ने मध्य प्रदेश, महाराष्ट्र और गुजरात के कई जिलों का दौरा किया, उन्होंने पाया कि महाराष्ट्र का गढ़चिरौली इलाका नक्सलवाद, गरीबी और बीमारी से जूझ रहा है, तब उन्होंने मेलघाट को ही अपना स्थाई ठिकाना बनाने का फैसला किया। उनकी माँ ने नक्सलवाद के खतरे को देखते हुए उन्हें मनाने की बहुत कोशिश की, लेकिन रवीन्द्र कोल्हे ठान चुके थे कि उन्हें इन आदिवासियों के बीच ही काम करना है। उनका पहनावा और हुलिया देखकर कोई भी नहीं कह सकता कि यह एक MD डॉक्टर हैं।

अपने पुराने दिनों को याद करते हुए डॉ. रवीन्द्र कोल्हे कहते हैं, "उन दिनों इस पूरे इलाके में सिर्फ 2 स्वास्थ्य केन्द्र थे। मुझे अपनी क्लिनिक तक पहुँचने के लिए धारणी से बैरागढ़ तक रोजना 40 किमी पैदल चलना पड़ता था। मुझे इन जंगलों में रोजाना कम-से-कम एक शेर तो जरूर दिखाई दे जाता था, हालाँकि पिछले 4 साल में मैने यहाँ कोई शेर नहीं देखा ....।"

टाइगर रिजर्व इलाका होने की वजह से यहाँ किसी प्रकार का 'इन्फ्रास्ट्रक्चर' बनाया ही नहीं गया है। अलबत्ता केन्द्र और राज्य से बाघ संरक्षण के नाम पर पैसा खूब आ रहा है।

जंगलों के अन्दर आदिवासियों के गाँव तक पहुँचने के लिए सिर्फ जीप का ही सहारा है, जो ऊबड़-खाबड़ जमीन पर चल जाती है। यहाँ के आदिवासी सिर्फ पहाड़ी झरनों और छोटी नदियों के सहारे ही छोटी-मोटी खेती करके अपना पेट पालते हैं, क्योंकि न तो यहाँ सिंचाई व्यवस्था है, न ही पम्प, और बिजली भी नहीं है। ऐसी जगह पर डॉ. रवीन्द्र कोल्हे 24 साल से अपना काम एक निष्काम कर्मयोगी की तरह कर रहे हैं।

पहली बार जब भी कोई रोगी आता है, तब वे उससे सिर्फ दो रुपये फीस लेते हैं और अगली बार जब भी वह दोबारा चेक-अप के लिए आता है, तब एक रुपया। अपने खुद के खर्चों से उन्होंने एक छोटा क्लिनिक खोल रखा है और वे वहीं रहते भी हैं, जहाँ कोई भी 24 घण्टे उनकी सलाह ले सकता है।

इतने साल बाद, इलाके में थोड़ी-बहुत तरक्की हुई है, लेकिन आज भी कोल्हे की फीस ₹2 ही है।

आज डॉक्टरों को अपनी तनख्वाह बढ़ाने के लिए माँग करते, कई राज्यों में डॉक्टरों को हड़ताल करते और निजी डॉक्टरों, नर्सिंग होम्स एवं 5 सितारा अस्पतालों को मरीजों का खून चूसते देखकर, डॉ. कोल्हे का यह समर्पण एक असम्भव एवं सपने जैसी बात लगती है।

आज के गन्दगी भरे समाज, पैसे के भूखे भ्रष्टाचारी भेड़ियों, महानगर की चकाचौन्ध में कुत्ते के बिस्किट पर महीने के हजारों रुपये खर्च करने वाले और हर साल कार एवं हर महीने मोबाइल बदलने, घृणित धनपिपासुओं की चारों ओर फैली सडान्ध के बीच ऐसे लोग ही ईमानदार एवं कर्त्तव्यनिष्ठ व्यक्तियों के मन में आशा और विश्वास का संचार करते हैं कि "मानवता अभी जिन्दा है......।" और हमें सम्बल मिलता है कि बुराइयाँ कितनी भी हों, हमें उनसे निरन्तर लड़ते रहना है......।

डॉ. कोल्हे, रस्किन बॉण्ड के इस वाक्य को दोहराते हैं कि "**यदि आप मानव की सच्ची सेवा करना चाहते हैं, तो जाइए और सबसे गरीब एवं सबसे उपेक्षित लोगों के बीच जाकर काम कीजिए ......।**"

सचमुच धन्य हैं डॉ. कोल्हे। उन्हें हमारा शत्-शत् नमन्।

चार्ल्स डिकेन्स : *बूट पॉलिश से उपन्यास लेखन तक*

बारह वर्ष की उम्र में बूट पॉलिश फैक्ट्री में काम किया-विश्व प्रसिद्ध उपन्यासकार चार्ल्स डिकेन्स ने।

चार्ल्स डिकेन्स का जन्म सन् 1812 में हैम्पशायर में हुआ था। उनके पिता नेवी में क्लर्क थे। यद्यपि उन्हें अच्छी तनख्वाह मिलती थी, लेकिन पैसों के मामले में उचित समझ न होने के कारण वे हमेशा तंगी में रहते थे।

चार्ल्स डिकेन्स जब 12 वर्ष के ही थे, तो उन्हें लन्दन में एक बूट पॉलिश की फैक्ट्री में नौकरी करनी पड़ी। सन् 1824 से 1827 तक उन्होंने वेलिंग्टन हाउस एकेडमी लन्दन में पढ़ाई की। फिर एक लॉ-ऑफिस में क्लर्क का काम किया। फिर एक शोर्टहैण्ड रिपोर्टर बने।

लिखने के शौकीन डिकेन्स, मॉर्निंग क्रॉनिकल में रिपोर्टर बने।

सन् 1833 में उनका पहला लेख "A Dinner at Poplar walk" छपा। इसके बाद उनके जीवन की रूपरेखा ही बदल गई।

जीवन में सफलता की शुरूआत हो गई। धारावाहिक रूप में अखबारों में उपन्यास प्रकाशित करने की परम्परा चार्ल्स डिकेन्स ने ही शुरू की।

'All the Year Round' एक Weekly की शुरूआत सन् 1859 में उन्होंने की। प्रसिद्ध उपन्यास 'David Copperfield' के रचनाकार चार्ल्स डिकेन्स ही हैं।

किंग कैम्प जिलेट

किंग जिलेट का जन्म सन् 1855 में एक छोटे-से कस्बे में हुआ था, उनके माता-पिता कुछ-न-कुछ 'नया काम' (Innovation) करते रहते थे। उनके पिता का हार्डवेयर का व्यवसाय था। सन् 1871 में जब वह सोलह वर्ष के थे, तो आग से उनके पिता का सारा सामान जल गया और वे लोग सड़क पर आ गए। उनका परिवार शिकागो से न्यूयॉर्क चला गया।

जिलेट एक कम्पनी में सेल्समैन का कार्य करते थे। एक बार काम पर जाने के लिए वे शेव (Shave) बनाना चाहते थे, तो उन्होंने देखा कि उस्तरे में धार नहीं थी। धार लगाने का समय भी नहीं था और वह ऐसी स्थिति में भी नहीं था कि उस पर धार लग सके। उनके दिमाग में एक विचार (Idea) कौंधा कि कोई ऐसी ब्लेड (Blade) बनाई जाए, जिसे प्रयोग कर फेंक दिया जाए और जिसमें धार इत्यादि लगाने की कोई झंझट ही न हो।

वे इस पर सोचते रहते और एक ऐसा दिन आया, जब उन्होंने अपनी कम्पनी बनाई तथा वर्ष 1990 में उन्होंने अपने आविष्कार को पैटेन्ट करा लिया। शुरू में इस रेजर की लागत उसे बेचने की कीमत से अधिक आती थी, लेकिन उन्होंने हार नहीं मानी।

वर्ष 1990 में वे मात्र 51 रेजर एवं 168 ब्लेड्स ही बेच सके। दूसरे वर्ष रेजर की बिक्री 90,884 एवं ब्लेड्स की बिक्री 1,23,648 थी। वर्ष 1998 में उन्होंने अपनी Factory लगाई एवं रेजर की बिक्री 4,500 तथा ब्लेड्स की बिक्री 70 मिलियन हुई और इस तरह सफलता के नए-नए आयाम उन्होंने हासिल किए।

जिलेट के जीवन से हम निम्न प्रेरणा पाते हैं

> **Keep your eyes open for opportunities.**
> **Don't give up your idea.**
> **Good ideas come from common problems.**

जेके रोलिंग : *हैरी पोटर सीरीज उपन्यास की लेखिका*

रोलिंग का जन्म वर्ष 1965 में एक सामान्य परिवार में इंग्लैण्ड में हुआ था। अपनी शिक्षा पूरी करने के बाद, रोलिंग ने पुर्तगाल में अंग्रेजी भाषा पढ़ाने की नौकरी की। तभी उसकी शादी पुर्तगाल के एक टेलीविजन जर्नलिस्ट से हुई। एक वर्ष बाद ही उनका तलाक हो गया। उसके एक पुत्र जेसिका ने जन्म लिया। वर्ष 1994 में रोलिंग बेरोजगार हो गई एवं पैसे-पैसे के लिए मोहताज हो गई। राज्य द्वारा प्रदत्त पेंशन पर गुजारा करने लगी।

वर्ष 1994 में उसने अपना पहला उपन्यास पूरा किया। वर्ष 1995 में उसने अपना दूसरा उपन्यास 'Harry Potter and The Philosphers Stone' पूरा किया, लेकिन कोई भी प्रकाशक उसके उपन्यास को छापने को तैयार नहीं हुआ।

कई बार नकारे जाने के बाद, अन्ततः एक सम्पादक उसका उपन्यास छापने को तैयार हुआ। इसी बीच उसे Scottish Art Council से कुछ स्कॉलरशिप मिलनी शुरू हो गई, जिससे वह अपना लेखन कार्य जारी रख सकी।

अगले वर्ष, अमेरिका में उसके उपन्यास को छापने के अधिकार को लेकर नीलामी की गई, जिसमें उसे एक लाख अमेरिकन डॉलर मिले।

> **Rowling said that nearly died, when she heared the news.**

जून, 1997 में उसका उपन्यास 'Philosopher's Stone' प्रकाशित हुआ और उसे Nestle Smarties Gold Awards में प्रथम पुरस्कार मिला। बाद में इस उपन्यास को British Book Award भी मिला। वर्ष 1998 में अमेरिका में 'Philosopher's Stone' उपन्यास, 'Harry Potter and the Sorcerer's Stone' के नाम से छापा गया। दिसम्बर, 1999 में हैरी पोटर सीरीज का तीसरा उपन्यास प्रकाशित हुआ। आज उसकी आय, ब्रिटेन की महारानी की आय से भी अधिक है।

"जीवन में जेके रोलिंग ने बहुत कष्ट उठाए, लेकिन वह अपने लेखन कार्य को निरन्तर करती रही। कई बार मिली असफलताओं के बाद भी वह निराश नहीं हुई, उसने हार नहीं मानी और आज उनके उपन्यास, सर्वाधिक बिक्री वाले उपन्यास हैं।"

सरोश होमी कपाड़िया

ऑफिस ब्वॉय से मुख्य न्यायाधीश बनने की अद्भुत रोमांचक यात्रा

> I come from a poor family. I started my career as a class IV employee and the only asset I possess is intergrity ...... **S.H. Kapadia**

ये शब्द हैं भारत के उच्चतम न्यायालय के पूर्व मुख्य न्यायाधीश श्री एसएच कपाड़िया जी के, जो उन्होंने स्वयं के बारे में, सुप्रीम कोर्ट के न्यायाधीश बीआर कृष्णा अय्यर को लिखे एक पत्र में लिखे थे। भारत के 38वें मुख्य न्यायाधीश श्री कपाड़िया जी ने अपनी जीवन-यात्रा एक ऑफिस असिस्टेन्ट की तरह प्रारम्भ की थी।

उनकी 'जज' बनने की अदम्य, उत्कट इच्छा थी। एक निम्न मध्यमवर्गीय पारसी परिवार में जन्मे कपाड़िया जी के पिता एक क्लर्क थे एवं माता गृहणी। पढ़ाई का बोझ उन पर काफी भारी था, इसलिए होमी कपाड़िया को बेहराम जी जीजीभाई (Behramjee Jeejeebhoy) नामक लॉ फर्म पर नौकरी करनी पड़ी। कभी किसी ने कल्पना भी नहीं की थी कि यह लड़का कभी भारत के मुख्य न्यायाधीश के पद को भी सुशोभित कर सकता है।

27 वर्ष की उम्र में सन् 1974 में वे आयकर विभाग में Counsel बने। वर्ष 1991 में बॉम्बे हाईकोर्ट में उन्हें एडीशनल जज के रूप में नियुक्ति मिली। 5 अगस्त, 2003 को उन्हें हाईकोर्ट में मुख्य न्यायाधीश तथा दिसम्बर 2003 में उच्चतम न्यायालय में जज बनाए गए। 12 मई, 2010 को उन्हें भारत के मुख्य न्यायाधिपति की शपथ राष्ट्रपति द्वारा दिलाई गई।

न्यायमूर्ति एसएच कपाड़िया ने स्वयं को हर प्रकार के राजनैतिक दबाव से मुक्त रखा है एवं अनेक महत्त्वपूर्ण निर्णय दिए हैं। इस देश की न्याय प्रणाली में समुचित परिवर्द्धन एवं सुधार हेतु अनेक सफल प्रयास किए हैं।